집합건물
경매 · 재건축 · 관리 實務

김은유 · 임승택 · 김태원 변호사 공저

▶ 재테크 블루오션! 특수 집합건물 경매(건물만, 토지만 경매)
▶ 소규모 연립, 다세대, 상가건물 재건축 및 매도청구 방법
▶ 집합건물 관리의 모든 것
▶ 업종제한, 단전 · 단수

머리글

 통계청의 2015년 통계수치를 보면, 우리나라는 전체 주택 16,367,006가구 중에, 아파트가 9,806,062가구, 연립주택이 485,349가구, 다세대가 1,898,090가구로서, 집합건물이 전체 가구 수의 약74%를 차지한다. 또한 집합건물 상가도 매우 많다.

 따라서 집합건물법은 매우 중요함에도 그동안 대중의 관심은 많지 않았다. 그러나 최근 소규모 연립주택이나 빌라, 주상복합아파트에서 「도시 및 주거환경정비법」에 의한 주택재건축사업이 아니라 순수하게 「집합건물법」에 의한 재건축을 추진하려는 움직임이 많은 상황이고, 나아가 상가건물등도 대부분 건축한 지 30년이 넘는 것들이 많아 「집합건물법」에 의해 재건축을 할 수밖에 없는 상황이다.

 또한 그동안 상가관리에 대해서 다소 무관심하던 소유자나 임차인들이 관리비 문제, 상가업종제한 문제, 단전·단수 문제 등을 계기로 상가관리운영에 대한 관심이 높아지고 있다. 여기에 부동산경매 시장에서 특수물건 중의 특수물건으로 꼽히는 대지만 경매에 나온 경우 또는 건물만 경매에 나온 경우에 대한 체계적인 해설서도 많지 않은 실정이다. 특히 집합건물법은 도시정비법 등에 비해 민원이 많지도 않은 실정이라 법 개정도 잘 이루어지지 못하고 있다.

부동산 공법(토지수용보상, 재개발·재건축, 도시개발, 지역주택조합)을 전문적으로 취급하는 필자는 집합건물법 해설집을 단행본으로 내려고 거의 15년을 틈틈이 준비하여 왔고, 그 성과가 이번에 책으로 나오는 것이다.

　다만, 집합건물법 전체를 모두 다루지 못하고, 우선 ① 집합건물의 성립과 경매, ② 재건축, ③ 관리·운영만을 다루고 있다. 공용부분의 사용문제 등 나머지 부분은 조속히 보완할 것을 약속한다.

　이 책은 총3편으로 구성되어 있다. 제1편은 집합건물이 정의와 성립, 경매시 제반문제, 제2편은 집합건물법에 의한 재건축과 매도청구 문제, 제3편은 관리, 업종제한 단전·단수 문제를 다루고 있다.

　제1편은 집합건물의 성립문제를 먼저 서술하고 뒤이어 경매에서 특수물건으로 꼽히는 미준공집합건물 경매, 준공이 되었지만 대지만 경매에 나오거나, 건물만 경매에 나온 경우의 권리분석 방법 등 집합건물 경매 시 입찰참여자 등 관계자가 알아야 할 사항을 서술하였고, 제2편은 집합건물법에 의해서 재건축을 할 경우에 매도청구권 행사가 가능한지 여부와 실제 매도청구권을 행사한 후에 어떻게 재건축을 할지, 이 경우 소유자들은 어떻게 대응을 하여야 하는지를 서술하였고, 제3편은 집합건물의 관리문제, 즉 관리단 구성 및 운영방법, 관리단 권한 및 관리단 집회 방법, 상가업종제한 가능여부, 단전·단수 가능여부 등을 상세히 서술하였다.

따라서 이 책은 집합건물에 대한 경매 참여자, 상가 관리단 및 상가 관리에 관심이 있는 자, 상가임차인, 상가 및 소규모 아파트를 집합건물법에 의해 재건축을 하고자 하는 소유자 및 건축관계자, 시행자, 이에 부수되는 변호사, 공인중개사 등 전문가에게 요긴한 책이다. 다만 집합건물법을 처음 공부하는 초보자에게는 다소 어려울 것으로 보이므로, 여러 번 정독을 권한다.

이 책은 2016. 11. 15.까지의 법 개정사항과 판례, 유권해석을 반영하였다.

이 책은 서울자산관리 김미영 사장, 윤덕수 공인중개사, 김법구 건축사, 강경호 법무사의 지원이 있었기에 집필이 가능하였다. 지면을 빌어 감사를 전한다. 또한 법무법인 강산 임직원의 헌신이 있었다.

모쪼록 이 책이 집합건물법을 발전시키는 계기가 되기를 기대해 본다. 여러 가지로 미흡한 책이지만 부족한 부분은 조속히 최선을 다하여 개정할 것을 약속한다.

2016. 11. .

방배동 연구실에서 대표 저자 김은유 씀

▶ 책 내용 및 구입 문의
○ 02-592-6390
○ lawmain@hanmail.net

목차

PART1 집합건물 경매

제1장 | 집합건물법 제정   12

    1. 집합건물법 제정   12
    2. 집합건물법 개정 연혁   14

제2장 | 구분소유권의 정의 및 본질   19

    1. 구분소유권의 정의   19
    2. 집합건물의 본질   19

제3장 | 일반건물 원시취득자   21

    1. 수급인이 자기의 노력과 재료를 들여 건축한 경우   21
    2. 하도급과 소유권 귀속   22
    3. 건축주가 공사를 하던 중 중단되고, 제3자가 이를 인도받아
       나머지 공사를 완공한 경우   23

제4장 | 구분소유권의 성립시기   25

    1. 총설   25
    2. 1동의 건물   27
    3. 구조상·이용상 독립성   28
    4. 1동의 건물이 존재하고, 구조상·이용상 독립성이 생기는 시기   38
    5. 구분행위   62
    6. 기타   63

제5장 | 집합건물과 대지권 취득　　　　　　　　　　67

1. 대지사용권 의의　　　　　　　　　　67
2. 대지사용권의 종류　　　　　　　　　　72
3. 대지사용권의 성립요건　　　　　　　　　　82

제6장 | 분리처분 금지　　　　　　　　　　88

제1절 집합건물 대지와 분리처분 금지　　　　　　　　　　88

제2절 분리처분 금지 예외　　　　　　　　　　90

1. 규약 또는 공정증서로서 달리 정한 경우　　　　　　　　　　90
2. 법이 효력발생 전에 분리처분된 것도 유효　　　　　　　　　　91
3. 구분소유권 성립이전에 분리된 경우, 구분소유권 성립 이전에
   설정된 저당권, 가압류로 인한 분리처분　　　　　　　　　　91
4. 재건축으로 종전 아파트가 철거되어 구분소유권이 소멸한 이후
   토지 분리처분　　　　　　　　　　92
5. 구분소유자 아닌 자가 전유부분과 무관하게 대지를 소유하는 경우　　92

제3절 선의의 제3자　　　　　　　　　　94

제7장 | 쟁점별 검토　　　　　　　　　　95

제1절 미준공 집합건물 및 대지　　　　　　　　　　95

1. 구분소유권 성립여부가 가장 중요　　　　　　　　　　95
2. 경매집행대상여부　　　　　　　　　　96

제2절 준공 집합건물　　　　　　　　　　97

1. 대지만 경매　　　　　　　　　　97
2. 건물만 경매　　　　　　　　　　112

3. 대지사용권 성립 후 가압류의 효력　　　　　　121
4. 전유부분에 설정된 전세권의 효력　　　　　　125
5. 대지사용권 소멸을 예상한 통정허위표시에 의한 가등기　126

제8장 | 구분소유권 매도청구　　　　　　　　　　128

1. 법 규정　　　　　　　　　　　　　　　　　128
2. 철거청구 선행여부　　　　　　　　　　　　128
3. 철거 청구가 신의칙에 기해 제한되는 경우　　130
4. 승소사례　　　　　　　　　　　　　　　　131

제9장 | 대지소유자의 분할청구 금지　　　　　　133

1. 법 규정　　　　　　　　　　　　　　　　　133
2. '건물의 사용에 필요한 범위 내의 대지'에 해당여부　134

제10장 | 집합건물에 대한 구분소유적 공유 문제　135

1. 의의　　　　　　　　　　　　　　　　　　135
2. 분할 가능여부　　　　　　　　　　　　　　137
3. 분리처분금지　　　　　　　　　　　　　　138
4. 경매 시 구분소유적 공유 관계 판단 방법　　138
5. 구분건물로 등기하는 방법　　　　　　　　　139

제11장 | 기타　　　　　　　　　　　　　　　　142

1. 특별승계인의 관리비 납부 의무　　　　　　142
2. 하자보수금 승계여부　　　　　　　　　　　148
3. 상가업종제한이 있는지 여부　　　　　　　　148

PART2 집합건물 재건축과 매도청구

1. 서설 152
2. 도시정비법상 재건축과의 구별 152
3. 집합건물법상 재건축의 개념 153
4. 재건축 결의 요건 155
5. 재건축 결의의 효력 168
6. 재건축 결의의 하자 169
7. 매도청구권 171
8. 명도기한의 허여 185
9. 재건축사업 지연시 환매청구 186
10. 합의 의제 188
11. 매도청구 후 재건축방법 190
12. 소규모 재건축 시 시행사 부도 위험방지 방법 195

PART3 집합건물의 관리

제1장 | 관리단 198

1. 관리단의 의의 198
2. 입주자대표회의와 구별 206
3. 관리단의 성립 207
4. 관리단의 구성원 209
5. 관리단의 재산 209
6. 관리단의 채무에 대한 구분소유자의 책임 209
7. 관리단의 소멸 210

제2장 | 관리인 211

1. 관리인 211
2. 관리인의 선임과 해임 등 211
3. 관리인의 자격 223
4. 대표권의 제한 223
5. 관리인의 임기 224

6. 관리인의 권한과 의무　　　　　　　　　　　　224
　　7. 위임관계에 기한 관리인의 권리와 의무　　　　231
　　8. 관리위원회　　　　　　　　　　　　　　　　233

제3장 | 관리규약　　　　　　　　　　　　　　　238

　　1. 개설　　　　　　　　　　　　　　　　　　　238
　　2. 규약 내용　　　　　　　　　　　　　　　　　239
　　3. 규약의 설정·변경·폐지　　　　　　　　　　　243
　　4. 규약의 보관 및 열람 등본 발급 청구　　　　　250
　　5. 임의적인 단전·단수가 가능한가.　　　　　　　250

제4장 | 상가업종제한　　　　　　　　　　　　258

　　1. 머리글　　　　　　　　　　　　　　　　　　258
　　2. 분양계약상 업종제한 의무　　　　　　　　　　262
　　3. 관리규약의 효력과 업종제한　　　　　　　　　265
　　4. 분양계약과 관리규약에 모두 업종준수의무가 있는 경우　266
　　5. 결론　　　　　　　　　　　　　　　　　　　267

제5장 | 집회　　　　　　　　　　　　　　　　268

제1절 서설　　　　　　　　　　　　　　　　　268

　　1. 집회의 중요성　　　　　　　　　　　　　　　268
　　2. 집회의 결의사항　　　　　　　　　　　　　　269

제2절 집회의 종류 및 소집권자, 소집절차, 결의사항　　272

　　1. 정기관리단 집회　　　　　　　　　　　　　　272
　　2. 임시관리단집회　　　　　　　　　　　　　　　273
　　3. 집회의 소집절차　　　　　　　　　　　　　　274
　　4. 결의사항　　　　　　　　　　　　　　　　　277

제3절 의결권 279

1. 의결권의 비율   279
2. 의결권 행사자 지정   279
3. 의결방법   282
4. 서면 또는 대리인에 의한 의결권 행사   286
5. 서면 또는 전자적 방법에 의한 결의   290
6. 대의제에 의한 의결권의 행사   292
7. 점유자의 의견진술권   292

제4절 집회 의장, 의사록 293

1. 의장   293
2. 의사록   293
3. 규약(의사록)의 보관 및 열람   293

제5절 결의의 효력 등 295

1. 특별승계인   295
2. 점유자   295
3. 결의 취소의 소   295

집합건물 경매

제1장 집합건물법 제정

1. 집합건물법 제정

「집합건물의 소유 및 관리에 관한 법률」(이하 '집합건물법'이라고만 한다)은 1984. 4. 10. 제정되어, 1985. 4. 11.부터 시행되었다.

주요내용은 다음과 같다. 그중 가장 핵심내용인 분리처분금지 조항은 이 법의 시행일로부터 2년이 경과한 날로부터 적용한다(부칙 제4조). 다만, 법률 제3726호 부동산등기법중개정법률 부칙 제2조제2항의 규정에 의한 등기를 완료한 건물에 대하여는 그 등기를 완료한 날의 다음날로부터 이 법 제20조 내지 제22조의 규정을 적용한다.〈개정 1986.5.12.〉

▶집합건물법 주요내용

①구분소유의 대상을 "1동의 건물중 구조상 구분된 수개의 부분이 독립한 건물로서의 사용목적을 달성할 수 있는 부분"에 한하도록 함.

②구분소유자의 전원 또는 그 일부가 공동으로 사용하는 복도·계단등 구조상 공용부분과 구분소유자의 합의로서 공동으로 이용할 것으로 정하는 건물부분은 그 공유에 속하는 것으로 함.

③구분소유권과 그 대지에 대한 권리 및 공용부분의 지분과의 불가분성 내지 일체성을 인정함.

④구분소유자는 건물의 보존에 해로운 행위 및 공동생활의 이익에 반하는 행위를 하지 못하도록 함.

⑤전세자를 포함한 점유자도 구분소유건물의 공동생활에 있어 규율을 지키도록 하는 등 의무조항을 두도록 함.

⑥구분소유자가 그 대지에 대한 권리를 상실한 때에는 구분소유자 또는 대지의 권리자에게 각 대지 또는 구분소유권의 매수청구권을 인정함으로써 구분건물의 철거라는 국민경제적 손실을 방지하고 건물입주자들의 주거생활을 보호함.

⑦아파트, 연립주택등 집합건물 분양자에게 민법상 도급에 관한 규정을 준용하여 건물의 기본구조에 관하여는 10년간의 하자담보책임을 부과, 견고한 건물을 짓도록 유도하기 위해 담보책임을 가중함.

⑧공동부분 및 대지의 유지·관리를 위하여 관리단, 관리인, 규약 및 집합에 관한 규정을 두고, 특히 구분소유자가 10인 이상일 때에는 관리인의 선임을 의무화함.

⑨건물이 노후화되어 그 건물을 철거하고 재건축 및 복구하는 경우에 대비, 재건축을 할 수 있게 하는 요건 및 재건축에 반대하는 구분소유자에 대한 조치사항과 재건축후의 이해조정의 방법등을 정함.

⑩집합건물의 가옥대장의 비치에 관하여 근거규정을 마련함.

집합건물법은 법시행전에 건축되거나 구분된 건물에 관하여도 그 적용이 있다(대법원 1989. 4. 11. 선고 88다카2981 판결).

한편 집합건물법 부칙(84. 4. 10) 제4조에 따라 같은 법 제20조(분리처분금지)가 적용되기 전에 구분소유자가 전유부분과 분리하여 대지사용권을 처분한 경우, 이는 유효하고, 위와 같이 분리된 전유부분과 대지사용권이 같은 조가 적용된 후에 각각 처분된 경우에도 유효하다(대법원 2011. 1. 27. 선고 2010다72779 판결).

2. 집합건물법 개정 연혁

집합건물법은 제정 후 7차례 개정되었다. 개정연혁은 다음과 같다.

[시행 1986.5.12.] [법률 제3826호, 1986.5.12., 일부개정]
[일부개정]
  현행 집합건물의소유및관리에관한법률은 아파트등 집합건물의 전유부분과 그 대지사용권을 서로 분리하여 매매등 처분을 할 수 없도록 하되, 이를 시행하기 위한 등기부정리를 위하여 2연간 동 분리처분금지 규정의 적용을 유예하고 있는 바, 등기부정리작업이 예정보다 빨리 진척되어 가까운 시일안에 완료될 것이 확실시되므로 <u>등기부정리가 끝난 기존집합건물의 경우에는 2년안에라도 본래의 취지에 따라 전유부분과 대지사용권을 분리하여 처분할 수 없도록 하려는 것임.</u>

[시행 2004.1.19.] [법률 제6925호, 2003.7.18., 일부개정]
◇개정이유
  상가 등의 집합건물안의 구분된 점포 등은 독립하여 거래되고 있는 것이 사회적 현실임에도 현행법상 구분소유권의 목적이 되지 아니하고 전체 건물에 대한 지분등기만이 허용되고 있어 집합건물안 점포 소유자의 소유권 행사 등에 제약요인이 되고 있는 점을 고려하여, 상가 등의 집합건물안의 구분된 점포가 일정한 요건을 갖춘 경우 구분소유권의 대상이 되게 하고, 이를 통하여 부동산등기법에 의한 단독소유 형태의 소유권등기가 가능하도록 하려는 것임.

◇주요골자

 가. 이용상 구분된 점포가 용도·면적 등에 관한 일정한 요건을 갖춘 경우 그 구분점포를 구분소유권의 대상이 되도록 함(법제1조의2 신설).

 나. 구분점포를 건축물대장에 등록하는 경우에는 구분점포의 용도에 해당하는 바닥면적의 합계를 포함하여 등록하도록 하고, 전유부분 용지의 구조란에는 경계벽이 없다는 뜻을 기재하도록 함(법 제54조제1항 및 제6항 신설).

 다. 구분점포에 대하여 신규로 건축물대장 등록신청을 하는 경우에는 건축사 또는 측량기술자가 작성한 평면도를 첨부하도록 함(법 제56조제2항).

 라. 구분점포에 대하여는 구분점포로 인정될 당시의 용도를 다른 용도로 변경할 수 없도록 함(법 제57조제4항 신설).

 마. 구분점포에 관하여 건축물대장의 신규 또는 변경 등록신청이 있는 경우 소관청이 건축물의 현황 등을 조사하도록 함(법 제59조제2항 신설0.

 바. 구분점포의 경계표지 또는 건물번호표지에 대하여 손괴 등의 행위를 한 자는 3년 이하의 징역 또는 1천만원 이하의 벌금에 처하도록 하고, 건축사 또는 측량기술자가 평면도를 사실과 다르게 기재한 때에는 2년 이하의 징역 또는 500만원 이하의 벌금에 처하도록 함(법 제65조제1항 및 제2항 신설).

[시행 2005.5.26.] [법률 제7502호, 2005.5.26., 일부개정]
◇제정이유 및 주요내용
 공동주택의 하자담보책임기간을 내력구조부별 및 시설공사별로 10년 이내의 범위에서 합리적으로 정하는 내용으로 「주택법」이 개정됨에 따라 법률 상호간의 모순과 충돌을 방지하기 위하여 관련 규정을 정비하려는 것임.

[시행 2008.12.26.] [법률 제9172호, 2008.12.26., 일부개정]
◇개정이유 및 주요내용
 휴양 콘도미니엄은 일반 주택과 달리 소유권 개념이 약하고 구분소유자들의 참여 또한 낮아 집회 개최 또는 서면합의가 어려워 공용부분의 변경이 지체됨에 따라,

휴양 콘도미니엄의 공용부분 변경요건을 구분소유자 및 의결권의 각 4분의 3 이상의 집회결의 또는 각 5분의 4 이상의 서면합의에서 구분소유자 및 의결권의 각 과반수의 집회결의 또는 서면합의로 완화하여 휴양 콘도미니엄의 리모델링을 보다 쉽게 하도록 하고 이를 통해 관광산업의 경쟁력 및 콘도 이용객들의 편의를 높이는 데 기여하는 한편,

「건축법」의 개정(법률 제7696호, 2005. 11. 8. 공포, 2006. 5. 9. 시행)에 따른 용어의 변경 사항을 반영하는 등 현행 제도의 운영상 나타난 미비점을 개선·보완하려는 것임.

[시행 2009.5.8.] [법률 제9647호, 2009.5.8., 일부개정]
◇개정이유 및 주요내용

건축물대장의 등록과 관련한 공무원의 조사를 건물의 소유자가 거부·방해하거나 기피한 경우 행정형벌인 벌금에 처하는 것은 비교적 경미한 위반행위에 대하여 과도한 제재를 가하는 것으로 판단되어 이를 과태료 부과로 전환하는 한편,

이 법의 위반행위에 부과되는 과태료(5만원 이하)가 위반의 정도에 비하여 지나치게 낮으므로 보다 현실적이고 규범력 있는 제재를 위하여 이를 상향조정(100만원 이하)하며, 그 밖에 과태료 부과·징수의 주체를 명확히 규정하려는 것임.

[시행 2010.3.31.] [법률 제10204호, 2010.3.31., 일부개정]
  법률의 한글화, 어려운 용어 순화

[시행 2013.6.19.] [법률 제11555호, 2012.12.18., 일부개정]
◇ 개정이유

「주택법」과의 관계에서 해석상 문제가 되어 온 집합건물의 하자담보책임 규정을 합리적으로 개선·정비하고, 집합건물의 임차인 등도 일정한 요건 하에 관리단집회에 참석하여 의결권을 행사할 수 있도록 하는 등 집합건물의 관리과정에 실거주자의 참여기회를 확대하는 한편, 집합건물에 관한 분쟁을 신속하고 효율적으로 해결하기 위한 방안으로서 각 시·도에 관계 전문가로 구성되는 집합건물분쟁조정위원회를 설치·운영할 수 있도록 하려는 것임.

◇ 주요내용

가. 하자담보책임의 범위 및 책임기간 개선(안 제2조의2 및 제9조의2 신설, 법률 제3725호 집합건물의소유및관리에관한법률 부칙 제6조 삭제)

1) 현재는 아파트 등 공동주택의 하자담보책임에 관하여는 「주택법」이 적용되고, 그 밖의 집합건물의 하자담보책임에 관하여는 이 법이 적용되고 있어, 권리보호의 필요성이 큰 대형 아파트 등의 하자담보책임기간이 다른 집합건물보다 짧아지는 등 구분소유자의 권리가 부당하게 제한되고 있음.

2) 「주택법」에 따른 공동주택에 대하여 이 법의 적용을 배제하던 규정을 삭제하여 집합건물의 하자담보책임 범위와 책임기간을 일치시키는 한편, 하자담보책임기간을 건물의 주요구조부와 지반공사 하자의 경우에는 10년으로, 그 밖의 경우에는 5년의 범위에서 대통령령으로 정하도록 하여 공사의 성격에 맞게 합리적인 범위에서 담보책임기간을 재설정함.

3) 그동안 부당하게 제한되었던 공동주택 소유자의 권리를 회복시키고, 하자담보책임기간과 범위를 명확하게 함으로써 구분소유자, 분양자 및 시공자 사이의 이해관계를 합리적으로 규율할 수 있을 것으로 기대됨.

나. 구분소유자에 대한 시공자의 법정 하자담보책임 인정(안 제9조)

1) 현재는 집합건물의 하자에 대하여 구분소유자는 분양자에게만 직접적 담보책임을 물을 수 있고, 시공자에 대해서는 일정한 경우 채권자대위권을 행사하는 방법으로 책임을 물을 수 있도록 되어 있어 구분소유자의 권리 보호가 불충분할 뿐만 아니라, 권리 행사방법도 쉽지 않은 실정임.

2) 집합건물의 하자에 관하여 분양자 외에 시공자도 구분소유자에 대하여 직접적 담보책임을 지도록 하되, 시공자의 책임이 지나치게 확대되는 것을 막기 위하여 시공자의 담보책임범위는 시공자가 분양자에게 지는 담보책임 범위로 한정함.

3) 구분소유자가 분양자를 거치지 아니하고도 시공자에 대하여 직접 하자보수나 손해배상을 청구할 수 있게 됨으로써, 구분소유자의 권리를 두텁게 보호하고 권리행사에 따르는 시간과 비용도 절감할 수 있을 것으로 기대됨.

다. 임차인 등에게 공용부분 관리 등에 관한 의결권 부여(안 제16조제2항, 제24조제4항 및 제26조의3제2항 신설)

 1) 현재는 집합건물의 소유자가 아닌 임차인이나 전세입자 등에게는 집합건물 관리에 필요한 의사결정과정에 참여할 수 있는 권한이 주어지지 않아 집합건물의 관리가 부실해지는 원인이 되고 있음.

 2) 원칙적으로 임차인 등도 공용부분의 관리, 관리인이나 관리위원회 위원 선임에 관한 관리단집회에 참석하여 구분소유자를 대신하여 의결권을 행사할 수 있도록 함.

 3) 임차인 등 집합건물에 실제 거주하는 주민의 권익을 증진하고, 집합건물의 관리도 더욱 건실해질 수 있을 것으로 기대됨.

라. 전자투표제도 도입(안 제38조 및 제41조)

인터넷 등을 활용한 전자적 투표방식으로도 관리단집회의 결의를 할 수 있도록 함으로써 집회 참석에 따른 불편을 덜어주는 동시에 관리단집회가 보다 활성화되고 다수 주민의 의사를 충분히 반영할 수 있도록 함.

마. 집합건물분쟁조정위원회 설치[안 제2장의2(제52조의2부터 제52조의9까지) 신설]

 1) 주상복합아파트, 오피스텔, 복합상가 등 새로운 형태의 집합건물의 급증으로 관련 분쟁이 늘어나고 있으나, 소송 외의 분쟁해결 제도가 미흡하여 분쟁해결이 지연되고 분쟁비용도 증가하고 있는 추세임.

 2) 집합건물에 관한 각종 분쟁을 소송 외의 방법으로 간이하고 신속하게 해결하기 위한 제도로서 집합건물분쟁조정 제도를 도입하고, 이를 위해 각 시·도 단위로 관계 분야의 전문가들로 구성되는 집합건물분쟁조정위원회를 설치·운영하도록 함.

 3) 집합건물 소유자, 분양자 및 시공자 사이의 분쟁을 예방하고, 신속하고 저렴한 비용으로 분쟁 해결이 가능해질 것으로 기대됨.

제2장 구분소유권의 정의 및 본질

1. 구분소유권의 정의

집합건물법은 "1동의 건물 중 구조상 구분된 여러 개의 부분이 독립한 건물로서 사용될 수 있을 때에는 그 각 부분은 이법이 정하는 바에 따라 각각 소유권의 목적으로 할 수 있다."고 규정하고(제1조), 1동의 건물 중 독립한 건물로서 사용될 수 있는 건물부분, 즉 전유부분을 목적으로 하는 소유권을 구분소유권이라고 정의하고 있다(제2조 제1호, 제3호). 그리고 이와 같이 1동의 건물에 대하여 구분소유권이 성립하는 경우, 그 1동의 건물을 집합건물이라고 하고 1동의 건물 중 구분된 건물부분을 구분건물이라고 한다.

2. 집합건물의 본질

집합건물의 본질에 대해서는 2원설과 1원설이 대립한다. 즉, 2원설은 전유부분과 공유부분 2개이고, 전유부분이 본체라는 견해로서, 다수설·판례 입장이고, 1원설은 전체가 하나의 공유인데, 공유지분 중 특정부분을 전속적으로 사용하는 부분이 전유부분이고, 이를 전용사용권이라 한다. 사견은 여러 사람이 사용하는 건물이므로 전유부분과 공유부분이 필연적으로 있을 수밖에 없다는 점을 고려하면 2원설이 타당하다고 본다.

제3장 일반건물 원시취득자

1. 수급인이 자기의 노력과 재료를 들여 건축한 경우

　수급인이 자기의 노력과 출재로 완성한 건물의 소유권은 도급인과 수급인 사이의 특약에 의하여 달리 정하거나 기타 특별한 사정이 없는 한 수급인에게 귀속된다(대법원 1990. 2. 13. 선고 89다카11401 판결, 대법원 2011. 8. 25. 선고 2009다67443 판결). 다만 도급계약에 있어서는 수급인이 자기의 노력과 재료를 들여 건물을 완성하더라도 도급인과 수급인 사이에 도급인 명의로 건축허가를 받아 소유권보존등기를 하기로 하는 등 완성된 건물의 소유권을 도급인에게 귀속시키기로 합의한 것으로 보여질 경우에는 그 건물의 소유권은 도급인에게 원시적으로 귀속된다(대법원 1996. 9. 20. 선고 96다24804 판결).

　소유권 귀속에 관한 특약은 반드시 명시적일 필요는 없고 묵시적으로도 된다. 즉, 공사도급계약서에 의하면, 공사대금 지불은 공사 후

기성고에 의하여 도급인이 검수 후 지불하기로 하였고, 기성고에 따라 부분불을 하고 도급인이 인도를 받은 부분에 대한 위험부담은 공사가 완성되어 전부 인도를 받을 때까지 수급인이 지기로 약정하였으며, 도급인은 공사의 기성고에 맞추어 수급인에게 공사대금의 95%에 이르는 금액을 이미 지급한 경우라면, 도급인과 수급인 사이에는 공사도급계약 당시부터 완성된 건축물의 소유권을 원시적으로 도급인에게 귀속시키기로 하는 묵시적 합의가 있었다고 봄이 상당하다(대법원 1994. 12. 9. 자 94마2089 결정).

2. 하도급과 소유권 귀속

도급인과 수급인의 의사는 물론 하수급인의 의사까지도 종합적으로 고려하여 소유권 귀속을 정하여야 한다는 견해가 있다.[1]

대법원은 하수급인은 도급인과 수급인의 소유권 귀속에 관한 약정에 따라야 하는 것으로 보고 있다. 즉, 도급인과 수급인 사이의 공사도급계약에 있어서 수급인의 비용으로 신축하여 도급인에게 소유권을 귀속시키기로 특약을 하고 수급인(하도급인)과 하수급인 사이에 하도급계약을 체결함에 있어 원도급계약상의 위 특약에 저촉되는 약정을 한 바 없고 이에 대한 이의 제기가 없었다면 하수급인도 위 특약의 효력을 승인한 것으로 보아야 한다(대법원 1990. 2. 13. 선고 89다카11401 판결).

---

1 김홍준, "건설소송의 법률적 쟁점과 소송실무", 2014년, 유로, 86.

또한 도급인이 수급인에게 공사를 도급함에 있어 수급인은 도급인의 승인이 없이는 공사의 어떠한 부분도 하도급을 시킬 수 없도록 약정하였음에도 수급인이 도급인의 승인을 받지 아니하고 제3자에게 공사의 일부씩을 하도급하였고, 도급인과 수급인의 사이에 신축 건축물의 소유권을 도급인에 귀속시키기로 하는 합의가 있었다면, 설사 그 제3자가 자신의 자재와 노력을 들여 하도급받은 공사를 하였다 하더라도 원도급인에 대한 관계에 있어서는 수급인이 직접 공사를 시행한 경우와 마찬가지로 그 공사로 신축한 건축물의 소유권은 당연히 도급인에 귀속한다(대법원 1994. 12. 9. 자 94마2089 결정).

3. 건축주가 공사를 하던 중 중단되고, 제3자가 이를 인도받아 나머지 공사를 완공한 경우

종전 건축주의 사정으로 건축공사가 중단되고 그 후에 신 건축주가 미완성건물을 양수하여 공사를 계속하는 경우에 통상적으로는 위 양도·양수 과정에서 종전 건축주가 미완성건물에 대한 자신의 권리를 모두 포기하거나 이를 신 건축주에게 양도하기로 하는 명시적 또는 묵시적 합의가 성립한 것으로 인정되는 경우가 많고, 그러한 경우에는 위와 같은 문제가 발생하지 않을 것이다.

위와 같은 합의가 부존재할 경우에 민법상 첨부규정에 따른다. 아래에서 B는 이미 건물로 성립한 부동산에 부합시킨 것이다(일반건물일 경우이다). 즉, 공사가 중단된 시점에서 미완성건물이 이미 사회통념상 독립한 건물이라고 볼 수 있는 형태와 구조를 갖추고 있었다면 원래의 건축주가 그 건물의 소유권을 원시취득한다.

공사 중단 당시의 건물상태를 기준으로(건축허가 10층 건물)	
건물상태	원시취득자
○건축주 "갑" 사회 통념상 독립한 건물 ×	▶건물소유권은 미성립
○이를 A가 인수하여 1층 완성, 그 후 부도	▶A (건축주 "갑"은 어느 정도 비용투자된 것을 A에게 부당이득금 청구 가능[2])
○이를 B가 인수하여 10층 완성	▶이 경우도 구분소유권이 성립하지 않으면 A가 원시취득(B는 등기를 하면 취득[3]) ※ if 구분소유권이 성립하면 최종 완성한 B가 원시취득

---

2 · 대법원 2010. 2. 25. 선고 2009다83933 판결.

3 · 새로운 건축주가 원시취득자인 구건축주로부터 소유권을 양도받더라도 완성건물에 관한 소유권이전등기를 경료하지 않으면 그에 관한 소유권을 취득할 수 없으며(대법원 1997. 5. 9. 선고 96다54867 판결 참조), 새로운 건축주가 구건축주의 지위를 양수 또는 승계하더라도 그에 의하여 원시취득자가 달라지지 않는다(대법원 2005. 7. 15. 선고 2005다19415 판결 참조).

제4장 구분소유권의 성립시기

1. 총설

집합건물 경매에서 가장 중요한 권리분석은 구분소유권 성립시기가 언제인지를 알아내는 것이다. 구분소유권이 성립하면 분리처분금지원칙이 적용되어, 그 이후의 분리처분은 모두 무효이기 때문이다. 또한 분할도 금지되어, 전유부분과 대지가 일체화된다.

이러한 구분소유권의 성립시기에 대해 명문의 규정이 없다.

그런데 대법원은 2013. 1. 17. 선고 2010다71578 전원합의체 판결로서 이전과는 다른 판결을 하였다. 따라서 위 판결은 매우 중요하므로, 반드시 숙독을 하여야 하고, 특히 반대의견과 보충의견을 잘 읽어 보아야 할 것이다.

위 판결에 의하면 구분소유권이 성립하려면 "1동의 건물에 대하여 구분소유가 성립하기 위해서는 ① 객관적·물리적인 측면에서 1동의 건물이 존재하고, ② 구분된 건물부분이 구조상·이용상 독립성을 갖추어야 할 뿐 아니라, ③ 1동의 건물 중 물리적으로 구획된 건물부분을 각각 구분소유권의 객체로 하려는 구분행위가 있어야 한다. 여기서 구분행위는 건물의 물리적 형질에 변경을 가함이 없이 법률관념상 건물의 특정 부분을 구분하여 별개의 소유권의 객체로 하려는 일종의 법률행위로서, 그 시기나 방식에 특별한 제한이 있는 것은 아니고 처분권자의 구분의사가 객관적으로 외부에 표시되면 인정된다. 따라서 구분건물이 물리적으로 완성되기 전에도 건축허가신청이나 분양계약 등을 통하여 장래 신축되는 건물을 구분건물로 하겠다는 구분의사가 객관적으로 표시되면 구분행위의 존재를 인정할 수 있고, 이후 1동의 건물 및 그 구분행위에 상응하는 구분건물이 객관적·물리적으로 완성되면 아직 그 건물이 집합건축물대장에 등록되거나 구분건물로서 등기부에 등기되지 않았더라도 그 시점에서 구분소유가 성립한다."는 것이다.

즉, 1동의 건물이 존재하고, 구조상·이용상 독립성이 있어야 하고, 구분행위가 있어야 구분소유권이 성립하는데, 위 요건을 모두 갖추되, 모두 갖춘 시점(즉 선·후는 불문)에 구분소유권이 성립한다는 것이다. 구분소유권이 성립하면 전유부분과 공용부분이 일체를 이루고, 분리처분금지 원칙이 적용된다. 실무상 구조상·이용상 독립성 여부에 대한 판단은 감리보고서를 많이 활용한다.

2. 1동의 건물

가. 외관상 수개의 건물을 1동의 건물로 판단한 경우

수개의 건물이라도 지하층으로 연결되어 있으면 통상 1동의 건물로 본다. 대법원은 "이 사건과 같이 1개의 집합건물이 2개의 독립한 건물로 구성되어 있고 각 건물이 구분소유권의 목적물이긴 하나 그 부지가 분할되지 아니하여 부득이 지분등기를 할 경우, 각 건물의 대지권을 어떻게 정할 것인지는, 대지 없는 건물은 있을 수 없다는 법리에 비추어 특별한 사정이 없는 이상, 그 총면적의 비율에 따를 것이고, 건물의 총면적은 일응 등기부표제부의 건물표시란에 나타나 있는 바를 그 기초자료로 삼아야 한다고 전제한 다음, 이러한 계산방법에 따르면 이 ○○아파트 건물의 대지권이 20,763분의 3,860만큼 부족한 반면에, 목욕탕 건물의 대지권이 그만큼 초과 하는바, 위 목욕탕 건물의 대지권자인 망 박범숙은 이 ○○아파트 건물의 소유자들인 원고들을 포함한 선정자들로부터 위 지분만큼을 신탁받아 있다고 해석하였음도 옳고, 여기에 명의신탁에 관한 법리오해의 위법은 없다."고 판시하고 있다(대법원 1992. 10. 9. 선고 92다19217 판결).

나. 외관상 1개의 건물을 수동의 건물로 판단하는 경우

대법원은 "외관상 1동으로 보이는 건물의 중간에 원래 통로를 두고 그 양쪽 건물이 그 이용면과 구조면에서 독립성을 가질 수 있도록 건축된 것이 현재 그 통로의 양쪽 입구를 막아 놓았다 하여도 그 통로부분의 일부가 계단과 변소로 사용되고 있어 이 통로를 중심으로 구분할 수 있는 형태로 구획되어 구분소유가 가능한 이상, 이 건물을

2동의 건물로 나누어 등기하였지만 각 등기가 현존건물중 어느 부분에 관한 것인가를 특정할 수 있다면, 그 등기의 효력을 인정한다 하더라도 공시기능에는 아무런 지장이 없을 것이므로 그 각 등기는 현존건물중 특정되는 부분에 관한 법률관계를 공시하는 등기로서 유효하다."고 판시하였다(대법원 1983. 6. 4. 선고 81다317 판결).

3. 구조상·이용상 독립성

가. 정의

1동의 건물 중 구조상 구분된 여러 개의 부분이 독립한 건물로서 사용될 수 있을 때에는 그 각 부분은 이 법에서 정하는 바에 따라 각각 소유권의 목적으로 할 수 있다(법 제1조)

나. 차단성과 경계의 명확성

주거용은 차단성을 강하게 요구하나, 상업용은 다소 완화한다.

격리시설은 벽이나 창 또는 문을 말하고, 재료는 콘크리트나 벽돌, 유리 등을 말한다. 격리시설을 쉽게 이동·제거할 수 없어야 한다.

건물의 일부분이 구분소유권의 객체가 될 수 있으려면 그 부분이 구조상으로나 이용상으로 다른 부분과 구분되는 독립성이 있어야 하고, 건물의 주택, 점포, 차고 등으로의 이용상황 내지 이용형태에 따라 구조상의 독립성 판단의 엄격성에 차이가 있을 수 있으나 구조상의 독립성은 주로 소유권의 목적이 되는 객체에 대한 물적 지배의 범위를 명확히 할 필요성 때문에 요구된다고 할 것이므로 구조상의 구분에 의하여 구분소유권의 객체범위를 확정할 수 없는 경우에는 구조상의 독립성이 있다고 할 수 없다. 지하 1층, 지상 5층 건물의 지하실 837.65m2 중 면적이 19.83m2로 등기되어 있는 109호 부분은 등기신청시에 다른 부분과 구분, 격리시킬 수 있는 시설이 존재하지 아니하여 독립한 건물로서의 용도에 제공될 수 있는 상태에 있지 아니하므로 그에 관한 구분소유의 등기는 무효이다(대법원 1993. 3. 9. 선고 92다41214 판결).

대법원은 소위 인천어시장 사건에서 "건물의 구조가 철근콘크리트 외벽에 반달형의 패널 지붕이 덮혀 있고 내부는 바닥만이 콘크리트로 포장되어 있을 뿐 각 점포의 경계나 특정을 위한 칸막이나 차단시설 등이 설치되어 있지 않고 다만 바닥에 페인트로 선을 그어장방형으로 된 500개의 점포와 통로로 구획되어 있다면, 이 건물이 어시장으로 사용되고 있다는 이용상의 특성을 감안하여도 각 점포가 구조상의 독립성을 갖추었다고 볼 수 없고, 그밖에 각 점포주들이 그 경계선상에 드럼통을 쌓는 등으로 경계를 확실히 하여 이를 각 배타적으로 사용하고 있다거나 각점포가 등기부상으로도 구분된 개개의 소유권의 객체로 등재되어 있으며 시장부지의 공유지분권과는 별개로 독립하여 거래되어 왔다는 사정이 있다 하더라도 각 점포를 독립한 소유권의 객체로 인정할 수 없다."고 하여, 구분소유를 인정한 원심판결을 파기한 바 있다(대법원 1995. 6. 9. 선고 94다40239 판결).

다. 구분점포에 대한 차단성과 경계성의 완화
(1) 구분점포 인정
집합건물법은 2003. 7. 18.부터 구분점포(1동의 건물이 다음 각 호에 해당하는 방식으로 여러 개의 건물부분으로 이용상 구분된 경우에 그 건물부분)에 대해서는 차단성을 완화하였다.

즉, 경계를 명확하게 알아볼 수 있는 표지를 바닥에 견고하게 설치하고, 구분점포별로 부여된 건물번호표지를 견고하게 붙이면 구분점포로서 구분소유권을 인정받을 수 있는 것이다.
한편 이러한 경계표지 또는 건물번호표지를 파손, 이동 또는 제거하거나 그 밖의 방법으로 경계를 알아볼 수 없게 한 사람은 3년 이하의 징역 또는 1천만원 이하의 벌금에 처한다(법 제65조제1항).

제1조의2(상가건물의 구분소유) ① 1동의 건물이 다음 각 호에 해당하는 방식으로 여러 개의 건물부분으로 이용상 구분된 경우에 그 건물부분(이하 **"구분점포"**라 한다)은 이 법에서 정하는 바에 따라 각각 소유권의 목적으로 할 수 있다.
1. 구분점포의 용도가 「건축법」 제2조제2항제7호의 판매시설 및 같은 항 제8호의 운수시설(집배송시설은 제외한다)일 것
2. 1동의 건물 중 구분점포를 포함하여 제1호의 판매시설 및 운수시설(이하 "판매시설등"이라 한다)의 용도에 해당하는 바닥면적의 합계가 1천제곱미터 이상일 것
3. 경계를 명확하게 알아볼 수 있는 표지를 바닥에 견고하게 설치할 것
4. 구분점포별로 부여된 건물번호표지를 견고하게 붙일 것
부칙〈법률 제6925호, 2003.7.18〉
①(시행일) 이 법은 공포후 6월이 경과한 날부터 시행한다.
②(경과조치) 이 법 시행 당시 구분건물로 등기된 건물이 제1조의 규정에 부합하지 아니하여도 이 법 시행후 2년 이내에 제1조의2제1항에서 정한 구분점포로서의 요건을 갖추고 제56조제2항의 평면도를 첨부하여 제54조제1항제3호와 동조제6항에 관한 건축물대장 변경등록을 마친 경우에는 구분건물로 등기된 때에 구분점포별로 소유권의 목적이 된 것으로 본다.

> **건축법 시행령 별표 1 용도별 건축물의 종류**
>
> **7. 판매시설**
> 　가. 도매시장(「농수산물유통 및 가격안정에 관한 법률」에 따른 농수산물도매시장, 농수산물공판장, 그 밖에 이와 비슷한 것을 말하며, 그 안에 있는 근린생활시설을 포함한다)
> 　나. 소매시장(「유통산업발전법」 제2조제3호에 따른 대규모 점포, 그 밖에 이와 비슷한 것을 말하며, 그 안에 있는 근린생활시설을 포함한다)
> 　다. 상점(그 안에 있는 근린생활시설을 포함한다)으로서 다음의 요건 중 어느 하나에 해당하는 것
> 　　1) 제3호가목에 해당하는 용도(서점은 제외한다)로서 제1종 근린생활시설에 해당하지 아니하는 것
> 　　2) 「게임산업진흥에 관한 법률」 제2조제6호의2가목에 따른 청소년게임제공업의 시설, 같은 호 나목에 따른 일반게임제공업의 시설, 같은 조 제7호에 따른 인터넷컴퓨터게임시설제공업의 시설 및 같은 조 제8호에 따른 복합유통게임제공업의 시설로서 제2종 근린생활시설에 해당하지 아니하는 것
>
> **8. 운수시설**
> 　가. 여객자동차터미널
> 　나. 철도시설
> 　다. 공항시설
> 　라. 항만시설
> 　마. 삭제 〈2009.7.16〉

　구분소유권의 객체로서 적합한 물리적 요건을 갖추지 못한 건물의 일부는 그에 관한 구분소유권이 성립할 수 없는 것이어서, 건축물관리대장상 독립한 별개의 구분건물로 등재되고 등기부상에도 구분소유권의 목적으로 등기되어 있어 이러한 등기에 기초하여 경매절차가 진행되어 매각허가를 받고 매수대금을 납부하였다 하더라도, 그 등기는 그 자체로 무효이므로 매수인은 소유권을 취득할

수 없다(대법원 2010. 1. 14. 자 2009마1449 결정, 대법원 2008. 9. 11.자 2008마696결정 등 참조).

경매대상 건물이 인접한 다른 건물과 합동됨으로 인하여 건물로서의 독립성을 상실하게 되었다면 경매대상 건물만을 독립하여 양도하거나 경매의 대상으로 삼을 수는 없고, 이러한 경우 경매대상 건물에 대한 채권자의 저당권은 위 합동으로 인하여 생겨난 새로운 건물 중에서 위 경매대상 건물이 차지하는 비율에 상응하는 공유지분 위에 존속하게 되므로 근저당권자인 채권자로서는 경매대상 건물 대신 위 공유지분에 관하여 경매신청을 할 수밖에 없다 할 것이고, 경매대상 건물에 관하여 생긴 위와 같은 사유는 경매한 부동산이 양도할 수 없는 것으로서 민사집행법 제268조에 의하여 준용되는 같은 법 제123조제2항, 제121조 소정의 강제집행을 허가할 수 없는 때에 해당하게 될 것이므로 경매법원으로서는 직권으로 위 건물에 대한 경락을 허가하지 아니하여야 한다(대법원 1993. 11. 10.자 93마929 결정, 대법원 2010. 1. 14. 선고 2009다66150 판결 참조). 그리고 이러한 법리는 1동의 건물 중 구조상 구분된 수개의 부분이 독립한 건물로서 사용될 수 있어 그 각 부분이 각각 소유권의 목적이 된 경우로서 그 구분건물들 사이의 격벽이 제거되는 등의 방법으로 각 구분건물이 건물로서의 독립성을 상실하여 일체화되고 이러한 일체화 후의 구획을 전유부분으로 하는 1개의 건물이 되는 경우에도 마찬가지로 적용된다고 할 것이다(대법원 2016. 3. 15.자 2014마343 결정, 대법원 2010. 3. 22. 자 2009마1385 결정). 즉, 근저당권의 목적으로서 경매대상인 종전 구분건물들이 증·개축 및 합체로 새로운 구분건물들로 변경되었다면, 근저당권자가 그 근저당권을 증·개축 및 합체로 생긴 부동산 중 위 경매대상 부동산이 차지하는 비율에 상응하는 공유지분에 관한 것으로 등기부의 기재를 바로 잡아 이에 관하여 경매를 신청하는 것은 별론으로 하고, 종전의 건물에 대한 경매를 신청하거나 그 경매절차를 계속할 수는 없다.

(2) 용도변경 시

다만 구분점포는 제1조의2제1항제1호의 용도 외의 다른 용도로 변경할 수 없다(법 제57조제4항). 대법원은 구조상 독립성을 갖추지 못한 것에 더하여 용도가 판매시설에서 무도장으로 변경된 사안에서 점포들에 대해 구분소유권의 객체가 될 수 없다고 판단하였다(대법원 2011. 9. 29. 2011마1420 결정)[4].

라. 이용상 독립성

화장실, 종물은 이용상 독립성이 없다. 단 유료화장실은 예외이다.

전유부분을 통하지 않고 외부로 출입할 수 없는 건물은 이용상 독립성이 없다.[5] 일반적으로 이용상 독립성이 인정되기 위해서는 첫째, 그 부분이 독립한 출입구를 가지고 직접 또는 공용부분을 이용함으로써 외부로 통하고 있어야 하고, 둘째, 해당 부분이 독립적인 이용을 가능케 하는 내부 설비가 설치되어 있어야 하며, 셋째, 그 건물부분에 구분 소유자 전원 또는 일부를 위한 설비 즉 공용설비가 존재하여서는 안된다.[6]

---

[4] 송재일, '집합건물법상 상가의 구분소유권 문제', 민사판례연구(2015년), 박영사
[5] 법무부, 집합건물법 해석사례집 2015년, 6.
[6] 법무부, 전게서, 7.

한편 집합건물인 상가건물의 지하주차장이 그 건물을 신축함에 있어서 건축법규에 따른 부속주차장으로 설치되기는 하였으나, 분양계약상의 특약에 의하여 그 건물을 분양받은 구분소유자들의 동의 아래 공용부분에서 제외되어 따로 분양되었고, 그 구조상으로나 이용상으로도 상가건물의 지상 및 지하실의 점포, 기관실 등과는 독립된 것으로서, 이와 분리하여 구분소유의 대상이 될 수 있다(대법원 1995. 12. 26. 선고 94다44675 판결).

이미 구분소유인 전유부분을 다시 재구분한 경우 그 재구분한 각 부분이 독립하여 외부에 출입할 수 있어야 이용상 독립성이 있다.

마. 존속요건

구분소유가 성립하려면 구조상 독립성과 이용상의 독립성이 모두 갖추어야 하고, 이는 성립요건일 뿐만 아니라 존속요건이기도 하므로, 구분소유로 등기되어 있어도 구조상·이용상 독립성 있다가 사후에 소멸된 경우도 마찬가지로 구분소유자 전원이 1인의 토지등소유자이다(서울행정법원 2009. 9. 25. 선고 2009구합9192 판결).

한편 대법원은 "인접한 구분건물 사이에 설치된 경계벽이 일정한 사유로 제거됨으로써 각 구분건물이 구분건물로서의 구조상 및 이용상의 독립성을 상실하게 되었다고 하더라도, 각 구분건물의 위치와 면적 등을 특정할 수 있고 사회통념상 그것이 구분건물로서의 복원을 전제로 한 일시적인 것일 뿐만 아니라 그 복원이 용이한 것이라면, 각 구분건물은 구분건물로서의 실체를 상실한다고 쉽게 단정할 수는 없고, 아직도 그 등기는 구분건물을 표상하는 등기로서 유효하다고 해석해야 한다."고 판시한 것도 있다(대법원 1999. 6. 2. 자 98마1438 결정).

집합건물법 제1조의2는 2003. 7. 18. 신설되었는바, 이에 따라 구분등기가 되어 있어도 법에 따른 구분소유권의 객체로서의 요건을 갖추어야 구분소유권이 성립한다.

대법원은 "구분소유권의 객체로서 적합한 물리적 요건을 갖추지 못한 건물의 일부는 그에 관한 구분소유권이 성립될 수 없는 것이어서, 건축물관리대장상 독립한 별개의 구분건물로 등재되고, 등기부상에도 구분소유권의 목적으로 등기되었다 하더라도 위 등기는 그 자체로 무효이다. 그리고 집합건물법 시행 당시 구분건물로 등기된 건물이 구조상의 독립성을 상실하여 같은 법 제1조의 규정에 부합하지 아니함에 따라 그 건물에 구분소유권이 성립될 수 없는 경우에는 그 등기명의자는 그 건물이 속하는 1동의 건물의 공유자가 될 뿐이다(1984. 4. 10. 법률 제3725호로 제정된 집합건물법 부칙 제5조 참조). 마찬가지로 구분건물로 등기된 1동의 건물 중의 일부에 해당하는 구분건물들 사이에서 구조상의 구분이 소멸되는 경우에 그 구분건물에 해당하는 일부 건물 부분은 종전 구분건물 등기명의자의 공유로 된다 할 것이지만(대법원 2006. 8. 25. 선고 2006다16499 판결 등 참조), 한편 구조상의 독립성이 상실되지 아니한 나머지 구분건물들의 구분소유권은 그대로 유지됨에 따라 위 일부 건물 부분은 나머지 구분건물들과 독립되는 구조를 이룬다고 할 것이고 또한 집합건물 중 일부 구분건물에 대한 공유도 당연히 허용됨에 비추어 보면, 위 일부 건물 부분과 나머지 구분건물들로 구성된

1동의 건물 전체는 집합건물법의 적용대상이 될 수 있다고 봄이 상당하다."고 판시하였다(대법원 2013. 3. 28. 선고 2012다4985 판결).

　구분소유권의 객체로서 적합한 물리적 요건을 갖추지 못한 건물 일부는 그에 관한 구분소유권이 성립될 수 없어, 건축물관리대장에 독립한 별개의 구분건물로 등재되고 등기부상에도 구분소유권의 목적으로 등기되어 있어 이러한 등기에 기초하여 경매절차가 진행되어 매각되었다고 하더라도, 그 등기는 그 자체로 무효이므로 매수인은 그 소유권을 취득할 수 없다(서울서부지방법원 2014. 1. 17. 선고 2012가단32297 판결, 대법원 2008. 9. 11.자 2008마696 결정 등 참조).

　1동 건물의 구분된 각 부분이 구조상·이용상 독립성을 가지는 경우 각 부분을 구분건물로 할지 1동 전체를 1개의 건물로 할지는 소유자의 의사에 의하여 자유롭게 결정할 수 있는 점에 비추어 보면, 구분건물이 물리적으로 완성되기 전에 분양계약 등을 통하여 장래 신축되는 건물은 구분건물로 하겠다는 구분의사를 표시함으로써 구분행위를 한 다음 1동의 건물 및 구분행위에 상응하는 구분건물이 객관적·물리적으로 완성되면 그 시점에서 구분소유가 성립하지만, 이후 소유권자가 분양계약을 전부 해지하고 1동 건물의 전체를 1개의 건물로 소유권보존등기를 마쳤다면 이는 구분폐지행위를 한 것으로서 구분소유권은 소멸한다. 그리고 이러한 법리는 구분폐지가 있기 전에 개개의 구분건물에 대하여 유치권이 성립한 경우라 하여 달리 볼 것은 아니다(대법원 2016. 1. 14. 선고 2013다219142 판결).

바. 공용부분인지 여부

집합건물에 있어서 <u>건물의 안전이나 외관을 유지하기 위하여 필요한 지주, 지붕, 외벽, 기초공작물 등은 구조상 구분소유자의 전원 또는 일부의 공용에 제공되는 부분</u>으로서 구분소유권의 목적이 되지 않으며, 건물의 골격을 이루는 외벽이 구분소유권자의 전원 또는 일부의 공용에 제공되는지의 여부는 그것이 1동 건물 전체의 안전이나 외관을 유지하기 위하여 필요한 부분인지의 여부에 의하여 결정되어야 할 것이고 <u>외벽의 바깥쪽면도 외벽과 일체를 이루는 공용부분</u>[7]이라고 할 것이다(대법원 1993. 6. 8. 선고 92다32272 판결).

지하 3층, 지상 10층 규모의 근린생활시설인 집합건물의 1층 앞면 유리벽은 건물 전체와 1층 부분의 구조, 외관, 용도 등에 비추어 당해 건물의 안전이나 외관을 유지하기 위하여 필요한 외벽으로서 공용부분에 해당한다(대법원 1996. 9. 10. 선고 94다50380 판결).[8]

집합건물의 공용부분은 취득시효에 의한 소유권 취득의 대상이 될 수 없다고 봄이 타당하다(대법원 2013. 12. 12. 선고 2011다78200, 78217 판결).

---

7 간판이 부착된 판시 외벽은 원.피고를 포함한 이 사건 건물의 구분소유자전원의 공용에 제공되는 건물부분에 해당한다고 판단
8 공용부분인 건물외벽을 임의로 손상시킨 행위 자체는 위법하다 할 것이나, 이로 인한 손해는 원상회복에 필요한 수리비 상당액이다.

4. 1동의 건물이 존재하고, 구조상·이용상 독립성이 생기는 시기

가. 건축 중의 건물을 독립한 부동산으로 보는 시기[9]

(1) 독립된 부동산으로서의 건물이라고 하기 위하여는 '최소한의 기둥과 지붕, 그리고 주벽'이 이루어지면 된다는 것은 대법원 판례의 확고한 입장이다.[10] 다만, 위와 같은 독립한 부동산으로서 갖추어야 할 '최소한의 기둥과 지붕, 그리고 주벽'이 이루어졌는지는 구체적인 사안별로 결정되고 있다.

건축 중의 건물이 독립한 부동산으로 성립하였는지가 문제된 판례들은 크게 보아 다음과 같이 3가지 유형으로 나누어 볼 수 있는데, <u>각 유형마다 독립한 부동산으로 되는 시기는 구체적 사안에서 실제로는 조금씩 다른 것으로 보인다.</u>

첫째는 건축중의 건물의 양도·양수가 이루어진 경우에 누가 원시취득한 것인지, **둘째**는 법정지상권이 성립되었다고 볼 정도의 독립한 부동산으로서의 건물이 존재하고 있는지 여부, **셋째**는 미등기건물에 대한 집행절차에서 부동산집행의 대상이 될 수 있는 독립한 건물이 되었는지가 쟁점이 된 사안에 관한 판례들이다.

(2) 건축중의 건물의 양도·양수와 관련된 판례

---

[9] 고홍석, 건축중의 건물을 제3자가 완공한 경우 소유권 귀속에 관한 법률관계, 민사판례연구 30권(박영사), 2008. 3. 15. 9p 이하.
[10] 주석민법 총칙(2), 한국사법행정학회(2001), 238면

① 독립된 부동산으로 인정한 판례

먼저 구분소유건물과 구별되는 의미에서 일반 건물이 독립한 부동산인지 여부가 문제되었던 경우에 ① 바닥 마감공사, 씽크대, 수도설비, 양쪽 베란다 새시, 도배 등 공사가 마무리되지 아니하였지만 전체 공정의 95% 가량이 마쳐지고, 골조, 벽, 지붕, 창호공사 등이 모두 마무리되어 있는 사안[11], ② 지하 1층 지상 2층 건물공사에서 지상 1층 일부와 2층 벽 및 지붕공정 등이 완성되지 않은 상태에서 공사가 중단된 사안,[12] ③ 지상 4층, 지하 2층의 건물신축공사중 건물 전체의 골조공사 및 일부 조적공사만 완료된 사안,[13] ④ 공사중단 당시 이미 건물의 2층 전체의 골조와 지붕공사가 완료된 사안,[14] ⑤ 원래 건축주가 약 50%의 공정을 마친 상태에서 건물신축공사를 중단하자 하도급인들이 나머지 건축공사를 완성한 사안[15]에서 공사를 중단할 시점에서 이미 사회통념상 독립한 건물이라고 볼 수 있는 형태와 구조를 갖추었다는 이유로 종래의 건축주가 이를 원시취득하였다고 판시하거나, 양수인이 이를 원시취득하였다고 보기 어렵다고 판시하였다.

또 구분소유건물에 관하여 독립한 부동산인지 여부가 문제되었던 경우에 ① 아파트건물중 가동은 골조공사와 벽체공사가 완료되고, 알루미늄 창문틀도 설치되었으며, 내장공사의 마무리 단계인

---

11 · 대법원 2002. 3. 12. 선고 2000다24184, 24191 판결.
12 · 대법원 1993. 4. 23. 선고 93다1527, 1534 판결.
13 · 대법원 2003. 11. 27. 선고 2003다43339 판결. 반면 같은 판결은 지상 4층, 지하 1층 1개 동의 건물신축공사중 지하층 골조공사만 마친 채 공사가 중단된 건물에 대해서는 아직 독립한 건물로서의 요건을 갖추지 못하였다고 판시하였다.
14 · 대법원 2005. 7. 15. 선고 2005다19415 판결.
15 · 대법원 1995. 3. 3. 선고 93다50475 판결.

초벌도배까지 끝난 상태였고, 나동은 기둥, 벽, 지붕의 골조공사 및 벽체공사가 완료되어 거푸집을 제거한 상태여서 전체 공정의 70%가 진행된 사안,[16] ② 지하 1층 지상 4층 총 8세대의 연립주택 신축공사를 진행하던 중 4층까지 전체 골조 및 지붕공사를 완료하여 전체의 45% 내지 50% 정도의 공정에 이르렀을 무렵 공사가 중단된 사안[17]에서 사회통념상 건물로서의 구조와 형태를 갖추고 있어 원래의 건축주가 원시취득하였다고 판시하였다.

② 독립된 부동산으로 인정하지 않은 판례

독립된 부동산으로의 성립을 인정하지 않은 경우로는 ① 양수인이 대지와 공정이 30퍼센트 정도 진척된 기성고(골조공사는 완성)를 인수하여 건물을 준공한 사안,[18] ② 원래 건축주가 공사를 중단 당시 지하주차장 기초골조공사가 진행중이었을뿐 조적공사는 전혀 진행되지 않고 있었고, 이를 양수한 자가 건축공사를 완공한 사안[19]에서 양도·양수 당시에는 독립한 건물에 이르지 아니하여 공사를 완공한 양수인이 건물 전체를 원시취득하였다고 판시하였다.

(3) 법정지상권 성립 여부와 관련된 판례

민법 제366조의 법정지상권은 저당권설정 당시부터 저당권의 목적되는 토지 위에 건물이 존재할 경우에 한하여 인정되고,[20] 다만 저당권이 설정될 당시 토지소유자에 의하여 그 지상에 건물을

---

16 · 대법원 1998. 9. 22. 선고 98다26194 판결.
17 · 대법원 1997. 5. 9. 선고 96다54867 판결.
18 · 대법원 1984. 6. 26. 선고 83다카1659 판결.
19 · 대법원 2006. 5. 12. 선고 2005다68783 판결.
20 · 대법원 1995. 12. 26. 선고 95다24524 판결.

건축중이었던 경우 그것이 사회관념상 독립된 건물로 볼 수 있는 정도에 이르지 않았다 하더라도 건물의 규모, 종류가 외형상 예상할 수 있는 정도까지 건축이 진전되어 있었고, <u>그 후 경매절차에서 매수인이 매각대금을 다 낸 때까지 최소한의 기둥과 지붕 그리고 주벽이 이루어지는 등 독립된 부동산으로서 건물의 요건을 갖추어야 법정지상권의 성립이 인정된다.</u>[21]

따라서 법정지상권이 성립될 당시에는 어느 경우에나 독립된 부동산으로서의 건물의 요건을 갖추어야 한다.

<u>일반적인 건물에 관한 판례로는</u> 벽체와 지붕공사가 완성된 건물에 대하여 독립된 부동산으로서의 요건을 갖춘 것으로 인정한 판례[22]가 있고, 반면 지하 3층, 지상 10층 규모의 병원건물의 신축공사 도중 지하층 토목공사 및 지하 2층과 지하 3층의 골조공사를 진행하다가 공사를 중단하게 된 사안에서, 독립한 건물로서의 요건을 갖추었다고 보기 어려우므로 법정지상권이 인정되지 아니한다고 한 판례[23]가 있다.

<u>구분소유건물에 관하여 법정지상권이 성립되었는지에 관련된 판례로는</u> ① 지하 3층 지상 12층의 주상복합건물의 신축공사 도중 공사가 중단될 때까지 지하 1층 내지 지하 3층에는 철근콘크리트 구조물이 설치되었고, 지상 1층부터 지상 4층까지는 에이치 빔(Hbea

---

21 · 대법원 2004. 2. 13. 선고 2003다29043 판결.
22 · 대법원 2004. 6. 11. 선고 2004다13533 판결.
23 · 대법원 2003. 9. 23. 선고 2003다26518 판결.

m)으로 철골조가 조립되었는데, 신축건물은 경락대금납부 당시 이미 지하 1층부터 지하 3층까지 기둥, 주벽 및 천장 슬라브공사가 완료된 상태이었을 뿐만 아니라 지하 1층의 일부 점포가 일반에 분양되기까지 한 사안에서, 비록 위 건물의 토지가 경락될 당시 신축건물의 지상층부분이 골조공사만 이루어진 채 벽이나 지붕 등이 설치된 바가 없다 하더라도 지하층부분만으로도 구분소유권의 대상이 될 수 있는 구조라는 점에서 신축건물은 경락 당시 미완성상태이기는 하지만 독립된 건물로서의 요건을 갖추었다고 본 판례,[24] ② 경락 당시 지하 1, 2층 및 지상 1층까지의 콘크리트 골조 및 기둥, 천장(슬라브) 공사가 완료되어 있고, 지상 1층의 전면에서 보아 좌측 벽과 뒷면 벽 그리고 내부 엘리베이터벽체가 완성된 사실을 인정할 수 있으므로, 위 공작물은 최소한의 지붕과 기둥 그리고 주벽이 이루어졌다고 할 것이어서 미완성상태의 독립된 건물<u>(원래 지상 7층 건물로 설계되어 있으나, 지상 1층만으로도 구분소유권의 대상이 될 수 있는 구조임이 분명하다)</u>로서의 요건을 갖추었다고 한 판례,[25] ③ 전체 건물은 지하 5층, 지상 6층의 근린생활시설 및 업무시설인데, 건축허가 당시 지하 5층은 기계실, 전기실로, 지하 4층부터 지하 2층까지는 주차장으로, 지하 1층은 근린생활시설(일반음식점) 및 주차장 용도로 허가받았고, 실제로 그 지하 1층은 사우나시설로 이용되고 있으며, 원래 건축주가 이 사건 신축건물을 양도할 당시 지상 1층의 콘크리트 골조가 완료된 상태인 사안에서, 양도할 당시 지상 1층 부분의 콘크리트골조만 이루어진 채 벽이나 지붕 등이 설치되지 않았더라도

---

24 대법원 2003. 5. 30. 선고 2002다21585 판결; 대법원 2003. 5. 30. 선고 2002다21592, 21608 판결.
25 대법원 2001. 1. 16. 선고 2000다51872 판결.

지하층부분만으로도 구분소유권의 대상이 될 수 있는 구조라는 점에서 이 사건 신축건물은 미완성상태이기는 하지만, 독립된 건물로서의 요건을 갖추었다고 볼 여지가 있다고 한 판례[26]가 있다.

한편 지상건물이 없는 토지에 관하여 근저당권 설정 당시 근저당권자가 건물의 건축에 동의한 경우 민법 제366조의 법정지상권은 성립하지 않는다. 즉, 민법 제366조의 법정지상권은 저당권 설정 당시부터 저당권의 목적되는 토지 위에 건물이 존재할 경우에 한하여 인정되며, 토지에 관하여 저당권이 설정될 당시 그 지상에 토지소유자에 의한 건물의 건축이 개시되기 이전이었다면, 건물이 없는 토지에 관하여 저당권이 설정될 당시 근저당권자가 토지소유자에 의한 건물의 건축에 동의하였다고 하더라도 그러한 사정은 주관적 사항이고 공시할 수도 없는 것이어서 토지를 낙찰받는 제3자로서는 알 수 없는 것이므로 그와 같은 사정을 들어 법정지상권의 성립을 인정한다면 토지 소유권을 취득하려는 제3자의 법적 안정성을 해하는 등 법률관계가 매우 불명확하게 되므로 법정지상권이 성립되지 않는다(대법원 2003. 09. 05. 선고 2003다26051 판결).

또한 건물 없는 토지에 저당권이 설정된 후 저당권설정자가 그 위에 건물을 건축하였다가 담보권의 실행을 위한 경매절차에서 경매로 인하여 그 토지와 지상 건물이 소유자를 달리하였을 경우에는, 민법 제366조의 법정지상권이 인정되지 아니할 뿐만 아니라 관습상의

---

26 · 대법원 2005. 12. 9. 선고 2005다38577, 2005다38584(병합) 판결.

법정지상권도 인정되지 아니한다(대법원 1995. 12. 11.자 95마1262 결정).

(4) 개정된 민사집행법상 부동산경매의 대상 여부와 관련된 판례
① 개정된 민사집행법의 집행대상이 되는 건축중의 건물의 범위

민사집행법 (2002. 1. 26. 법률 제6627호로 제정)에서는 부동산에 대한 강제경매신청을 하기 위해서는 집행력 있는 정본 외에 ① 채무자소유로 등기된 부동산에 대하여 등기부등본을 첨부하여야 하고(민사집행법 제81조 제1항 제1호), ② 채무자의 소유로 등기되지 아니한 부동산에 대하여는 즉시 채무자명의로 등기할 수 있다는 것을 증명할 서류를 제출하도록 하고 있고(같은 항 제2호 본문), 다만 그 부동산이 등기되지 아니한 건물인 경우에는 그 건물이 채무자의 소유임을 증명하는 서류, 그 건물의 지번·구조·면적을 증명할 서류 및 그 건물에 관한 건축허가 또는 건축신고를 증명할 서류를 제출하도록 규정하였고(같은 항 제2호 단서), 이로써 구 민사소송법에 따라 '즉시 채무자명의로 등기할 수 있음을 증명할 서류'가 없더라도 일정한 경우에는 미등기건물에 대한 부동산집행을 할 가능성이 생겼다.

그러나 민사집행규칙 제42조제2항에서 민사집행법 제81조제1항제2호단서규정에 의하여 채권자가 제출한 서류 등에 의하여 강제경매신청을 한 건물의 지번·구조·면적이 건축허가 또는 건축신고된 것과 동일하다고 인정되지 아니하는 때에는 법원은 강제경매신청을 각하하여야 한다고 규정하고 있는 결과, 결국 민사집행법 제81조제1항제2호단서에 의하여 부동산경매의 대상이 될 수 있는지의 판단은 건물의 지번·구조·면적이 그 건물에 대한

건축허가 또는 건축신고와의 동일성 여부에 있게 되었다.

이에 따라 대법원도 "완공이 된 건물뿐 아니라 완공되지 아니하여 보존등기가 경료되지 아니하였거나 사용승인되지 아니한 건물이라고 하더라도 채무자의 소유로서 건물로서의 실질과 외관을 갖추고, 그의 지번·구조·면적 등이 건축허가 또는 건축신고의 내용과 사회통념상 동일하다고 인정되는 경우에는 이를 부동산경매의 대상으로 삼을 수 있다"[27]고 판시하여 '건물로서의 실질과 외관' 이외에 '건축허가 또는 건축신고의 내용과 사회통념상 동일성'을 요구하고 있다. 결국 부동산집행의 대상이 되는지에 관한 판례들은 건축중의 건물의 양도·양수와 관련된 사안이나, 건축중의 건물의 법정지상권 성립 여부와 관련된 사안에서보다 그 건물의 독립성 여부에 관하여 더 엄격한 기준을 제시하고 있는 셈이다.

② 대법원 판례에 나타난 구체적 사례

먼저 부동산경매의 대상이 될 수 있다고 본 판례들로는 ① 위생설비 및 냉난방설비 등의 부대설비가 설치되지 아니하였으나, 외벽, 내벽, 천장, 바닥, 창호공사 등은 종료된 상태로서 건축허가의 내역과 같이 지하 1층, 지상 5층건물로서의 외관을 갖추고 있고, 공정률은 70에서 75% 정도로 평가되고 있는 사안,[28] ② 위생, 전기, 냉난방설비 등의 부대설비는 전혀 설치되지 아니하였고, 창호공사, 타일공사 등도 이루어지지 아니하였으나, 외벽, 내벽, 천장, 바닥 등 골조공사 등은 종료되어 건축허가의 내역과 같이 지하 1층, 지상 4층 건물로서의

---

27 · 대법원 2005. 9. 9.자 2004마696 결정.
28 · 대법원 2004. 10. 14.자 2004마342 결정.

외관을 갖추고 있는 사안,[29] ③ 지하 2층, 지상 15층으로 허가된 건물인데, 위생시설·방화시설·수변전설 비·오수처리시설·정화설비·자가발전설비·기계식 주차설비 등의 부대설비가 설치되어 있지 아니하였으나, 가설공사·기초 및 토공사·철근콘크리트공사·조적공사·타일공사 등은 상당부분 진행되어 지하 2층 지상 15층 건물로서의 외관을 거의 갖추고 있고, 공사중단 당시 기성고는 약 70%이나 이후 중단으로 인하여 현재의 공정률은 50% 정도로 평가되는 사안[30]에 관하여 현재의 상태로도 강제경매의 대상이 될 수 있다고 판시하였다.

반면 지하 2층 지상 10층으로 건축허가를 받았으나 지상 8층까지 골조공사가 완료되고, 지상 9층 부분은 거푸집만 둘러진 상태에서 공사가 중단된 상태의 건물에 관하여 시공정도로 보아 구조 및 면적이 건축허가 받은 것과 동일성 없으므로 그 경매신청을 각하할 수밖에 없다고 판시하였다.[31]

(5) 대법원 판례에 대한 검토

대법원 판례는 건물이 토지로부터 독립성을 가지는 시기를 건물의 형태, 크기, 용도 등을 종합하여 상대적으로 판단하고 있으면서도 건축 중의 건물의 양도·양수에 관련된 사안에서 법정지상권 성립 여부가 문제된 사안에서보다 사실상 더 엄격한 기준을 적용하고 있는 것으로 보인다.

---

29 대법원 2005. 9. 9.자 2004마696 결정.
30 대법원 2003. 7. 15.자 2003마353 결정.
31 대법원 2003. 7. 15.자 2003마353 결정.

건축 중의 건물의 양도·양수에 관한 사안과 법정지상권 성립 여부에 관한 사안에서, 건축 중의 건물이 독립한 부동산으로 성립되었는지를 판단하는 기준이 달라져야 할 아무런 이유가 없다는 견해가 있다.[32] 사견은 다르다. 건축 중의 건물의 양도·양수에 관한 사안과 법정지상권 성립 여부에 관한 사안은 판단 관점이 다르다. 즉, 전자는 건물건축자들 중 누구를 보호할 것인가의 문제이고, 후자는 토지소유자와 건물건축자중 누구를 보호할 것인지의 문제이다. 이에 대해 법원은 전자의 경우는 집합건물을 최종 완성한 사람을 보호하는데 방점이 있는 것이고, 후자의 경우는 건물로서의 외관만 갖추면 법정지상권을 인정하는데 방점이 있는 것이다.

한편 민사집행법상의 부동산집행의 대상이 되는 건축중의 건물에 관한 대법원 판례는 사회통념상 건축허가에 나타난 지번·구조·면적과의 동일성을 기준으로 하고 있는데, 단순히 독립한 부동산으로서 성립하였는지 여부를 넘어 건축허가 또는 건축신고와의 동일성까지 요구하고 있는 민사집행법 및 규칙에 비추어 보면 당연하다.

나. 건축중의 집합건물과 구분소유의 성립과의 관계

(1) 그런데 쟁점은 바로 대법원 전원합의체 판결이 말하는 "1동의 건물 및 그 구분행위에 상응하는 구분건물이 객관적 · 물리적으로 완성"된 때가 언제인지인 것이다.

---

32 · 고홍석, 전게논문

즉, 집합건물로 될 수 있는 구조를 가진 건물을 건축 중인 경우, 그 중 <u>일부 완성된 부분</u>이 구분소유가 성립될 수 있는 구조 및 이용상의 독립성을 갖추었다고 할 경우, 전체 건물의 완성 전이라도 그 일부 완성된 부분에 관하여 구분소유가 성립될 수 있는지가 문제된다.

예를 들어 10층 건물을 건축하려는데, ① 일부인 5층까지만 골조, 주벽, 기둥이 완성되어도 무방한지, ② 아니면 최소한 최종 층까지인 10층까지 주벽, 기둥, 천장이 완성되어야 하는 것인지, ③ 더 나아가 최종 층까지인 10층까지 주벽, 기둥, 천장만으로는 부족하고, 조적공사, 배관공사 등 까지 완성되어야 하는 것인지에 있다.

<u>그런데 대법원 판결은 그동안 통일되어 있지 못하고 솔직히 일관성이 전혀 없었다.</u>

(2) 일부 완성을 인정한 사례

대법원 2001. 1. 16. 선고 2000다51872 판결, 2003. 5. 30. 선고 2002다21592 판결은 <u>일부 완성된 부분</u>이 구분소유가 성립될 수 있는 구조 및 이용상의 독립성을 갖추었다고 할 경우, 전체 건물의 완성 전이라도 그 일부 완성된 부분에 관하여 구분소유가 성립[33]된다고 하였다.

---

33 그러나 엄밀히 따지면 이 판결들은 집합건물에 방점이 찍힌 것이 아니라 독립건물인지에 방점이 찍혀 있는 것이다.

> **대법원 2001. 1. 16. 선고 2000다51872 판결**
> 원심은, 그 채용증거에 의하여, 이 사건 공작물은 원고가 그 부지인 토지를 경락할 당시 지하 1, 2층, 지상 1층의 콘크리트 골조 및 천장공사, 지하 1, 2층에 흙이 무너져 내리는 것을 방지하는 옹벽공사만이 되어 있었고, 주벽은 설치되지 아니하였으며, 공사 진척도는 약 20 내지 30%에 불과하였던 사실을 인정한 다음, 이 사건 공작물을 독립된 건물로 보기는 어렵고 <u>토지에 부합</u>되어 토지와 함께 경락인을 거쳐 원고의 소유가 되었다고 판단하였다.
> 그러나 독립된 부동산으로서의 건물이라고 하기 위하여는 최소한의 기둥과 지붕 그리고 주벽이 이루어지면 된다고 할 것인바(대법원 1996. 6. 14. 선고 94다53006 판결), 이 사건 공작물은 위 경락 당시 지하 1, 2층 및 지상 1층까지의 콘크리트 골조 및 기둥, 천장(슬라브)공사가 완료되어 있고, 지상 1층의 전면(남쪽)에서 보아 좌측(서쪽) 벽과 뒷면(북쪽) 벽 그리고 내부 엘리베이터 벽체가 완성된 사실을 인정할 수 있으므로, 이 사건 공작물은 최소한의 지붕과 기둥 그리고 주벽(主壁)이 이루어졌다고 할 것이어서 <u>미완성 상태의 독립된 건물(원래 지상 7층 건물로 설계되어 있으나, 지상 1층만으로도 구분소유권의 대상이 될 수 있는 구조임이 분명하다)</u>로서의 요건을 갖추었다고 할 것이다.
>
> **대법원 2003. 5. 30. 선고 2002다21592 판결**
> 신축 건물이 경락대금 납부 당시 이미 지하 1층부터 지하 3층까지 기둥, 주벽 및 천장 슬라브 공사가 완료된 상태이었을 뿐만 아니라 지하 1층의 일부 점포가 일반에 분양되기까지 하였다면, 비록 토지가 경락될 당시 신축 건물의 지상층 부분이 골조공사만 이루어진 채 벽이나 지붕 등이 설치된 바가 없다 하더라도, <u>지하층 부분만으로도 구분소유권의 대상이 될 수 있는 구조라는 점에서 신축 건물은 경락 당시 미완성 상태이기는 하지만 독립된 건물로서의 요건을 갖추었다</u>고 본 사례.

(3) 일부 완성을 부인한 사례

대법원 2006. 11. 9. 선고 2004다67691 판결은 일부 완성만으로는 부족하고 전체가 완성되어야 구분소유권을 원시취득 한다고 한다[34]. 특히 하급심 판결인 서울고등법원 2004. 11. 5. 선고 2003나77389 판결은 이점을 더 명확히 하고 있다.

즉, 위 판결에 의하면 구분소유권은 원칙적으로 건물 전체가 완성되어 당해 건물에 관한 건축물대장에 구분건물로 등록된 시점에 성립하고(대법원 1999. 9. 17. 선고 99다1345판결, 대법원 2006. 11. 9. 선고 2004다67691판결 등 참조), 다만 예외적으로 건축물대장에 등록되기 전에 등기관이 집행법원의 등기촉탁에 의하여 미등기건물에 관하여 소유권 처분제한의 등기를 하면서 구분건물의 표시에 관한 등기를 할 경우에는 그 등기된 시점에 구분소유권이 성립한다.

이 판결에 대해 기존 대법원 판결을 변경한 것이므로 전원합의체에 의하여 판결을 하였어야 한다는 비판이 있는바, 이에 대해 전원합의체로 하지 않아도 된다는 견해도 있다.[35]

> **대법원 2006. 11. 9. 선고 2004다67691 판결**
> 건물이 설계도상 처음부터 여러 층으로 건축할 것으로 예정되어 있고 그 내용으로 건축허가를 받아 건축공사를 진행하던 중에 건축주의 사정으로 공사가 중단되었고 그와 같이 중단될 당시까지 이미 일부 층의 기둥과 지붕 그리고 둘레 벽이 완성되어 그 구조물을 토지의 부합물로 볼 수 없는 상태에 이르렀다고 하더라도, 제3자가 이러한 상태의 미완성 건물을 종전 건축주로부터 양수하여 나머지 공사를 계속 진행한 결과 건물의 구조와 형태

---

34 이 판결도 결국은 건축중의 건물이 양도·양수된 경우 원시취득자가 누구인지에 초점이 맞추어져 있다.
35 고홍석, 전게서, 22.

등이 건축허가의 내용과 사회통념상 동일하다고 인정되는 정도로 건물을 축조한 경우에는, 그 구조와 형태가 원래의 설계 및 건축허가의 내용과 동일하다고 인정되는 건물 전체를 하나의 소유권의 객체로 보아 그 제3자가 그 건물 전체의 소유권을 원시취득한다고 보는 것이 옳고, 건축허가를 받은 구조와 형태대로 축조된 전체 건물 중에서 건축공사가 중단될 당시까지 기둥과 지붕 그리고 둘레 벽이 완성되어 있던 층만을 분리해 내어 이 부분만의 소유권을 종전 건축주가 원시취득한다고 볼 것이 아니다. 또한, 구분소유가 성립하는 시점은 원칙적으로 건물 전체가 완성되어 당해 건물에 관한 건축물대장에 구분건물로 등록된 시점이라고 할 것이므로, 건축공사가 중단될 당시까지 종전 건축주에 의하여 축조된 미완성 건물의 구조와 형태가 구분소유권의 객체가 될 수 있을 정도가 되었다고 하더라도 마찬가지이다.

※비판 : 그렇다면 건축허가를 받지 않고 건축중인 건물은 언제부터 독립한 건물로 볼 것인지 의문이다. 건축허가 유무에 따라 독립한 부동산으로의 성립시기가 달라지는 것은 불합리하다.

서울고등법원 2004. 11. 5. 선고 2003나77389 판결
가. 이 사건 건물의 원시취득자
(나) 그런데, 일반적인 독립건물과는 달리, 각 구분소유 부분으로 구성되어 있는 집합건물의 경우에는, … 집합건물에서의 '독립한 건물'의 개념은 1동의 건물 전체가 기둥, 벽체, 지붕 등이 독립한 부동산으로서의 건물의 요건을 갖추어야 할 뿐만 아니라, 구분소유권의 목적인 각 세대별 구분건물 부분도 독립한 건물로 볼 수 있을 정도의 구조상·이용상의 독립성이나 개별성을 갖춘 후에야, 비로소 집합건물로서 '독립한 건물'의 물리적 완성도를 갖추었다고 봄이 상당하고, 특히 이 사건과 같이 집합건물의 건축 도중 집합건물이 양도되어 사업주체가 변경된 경우의 집합건물의 원시취득의 문제는, 특별한 사정이 없는 한, 집합건물 양도 및 사업주체 변경합의가 이루어진 당사자들 사이에 '전체 집합건물 및 각 구분소유 부분을 각 독립한 건물로 볼 수 있을 정도로 완성한 최종적인 사업주체에게 집합건물 전체의 소유권을 일괄적으로 귀속시키기로 하는 합의 내지 묵시적 특약이 있다'고 해석하는 것이, 집합건물을 규제하고 있는 제반 법률규정의

취지 및 집합건물에 관한 공사실태에도 부합한다고 하겠다.
{위 해석과 달리, 각각의 공사부분에 따라 원시취득자를 달리 보아야 한다면, 집합건물(아파트)의 경우, 공사 도중 공사업자가 공사를 중단하고, 다른 공사업자, 또 다른 공사업자로 계속 바뀌어 공사가 계속 진행되는 경우, 각 구분소유 부분(각 세대)마다 이를 독립한 건물로 볼 수 있는지를 가려서 당시의 원시취득자를 각각 파악하여야 하는데, 이는 불가능한 일이며(만약 극단적으로 가정하여, 집합건물의 공사진행 중 수십 명의 공사업자가 바뀐다면 그 수십 회의 공사중단 당시의 공사현황을 파악한 후 그때마다 각각의 원시취득자를 가려내야 하는데 이는 현실적으로 불가능하다), 가사 각각의 원시취득자가 파악이 된다 하더라도, 구분소유 부분은 각 층별로 구분되는 것이 아니라 각 세대별로 구분되는 것인데, 각 세대마다 공사업자별로 소유권보존등기를 경료할 수도 없는 일이다. 즉 이 사건에서도, 지하 1층부터 6층 골조공사까지만 마친 피고 동산주택은 지하 1층부터 지상 5층(6층 지붕공사가 마쳐지지 않았으므로)의 구분소유 부분까지는(호수는 특정할 수 없다) 피고 동산주택이, 지상 6층부터 좌측 부분 지상 17층, 우측 부분 지상 7층까지의 각 구분소유 부분까지는 백상주택건설이, 각 자신의 비용과 노력을 들여 공사를 시행하였는바, 각각의 공사부분에 따라 원시취득자를 달리 보아야 한다는 견해대로 한다면 피고 동산주택과 백상주택건설이 원시취득하는 부분이 특정되어 구별되어야 하나, 기록상 도저히 특정이 불가능하다.}
(다) 그렇다면, 원고가 자신의 명의로 사업주체를 변경하고 이 사건 건물을 피고 동산주택으로부터 인도받아 자신의 비용과 노력을 들여 잔여공사를 시행한 1998. 10. 7.경 이전에는, 이 사건 건물이 전체적인 1동의 건물이라는 측면에서도 사회통념상 독립한 부동산으로서의 건물의 요건을 갖추었다고 볼 수 없을 뿐만 아니라, 각 구분건물의 측면에서도 구분소유의 객체가 될 수 있는 구조상·이용상의 독립한 형태와 구조를 갖추고 있었다고도 보기 어렵고, 따라서 비록 피고 동산주택과 백상주택건설이 이 사건 17층 이하의 각 구분건물에 대하여 각 공사비를 투입하고 일부 공사를 시행하였다고 하더라도, 그것만으로는 피고 동산주택 또는 백상주택건설은 집합건물인 이 사건 건물의 소유권을 원시취득하지는 못하며, '최종적인 사

업주체'로서 각 구분건물로 되어 있는 집합건물인 이 사건 건물을 각 구분소유 부분 및 전체건물로서 독립한 부동산으로 볼 수 있을 정도로 완성한 원고가 원시취득자라고 판단된다.

{위와 같은 판단은, 집합건물에 관한 다수의 공사업자들간의 원시취득 여부에 관한 기준일 뿐이며, 신축중인 1동의 건물을 토지의 부합물이 아닌 별개의 독립한 부동산으로 볼 수 있는지에 관하여 그 기준을 제시한 판시들(대법원 2003. 5. 30. 선고 2002다21592, 21608 판결, 대법원 2001. 1. 16. 선고 2000다51872 판결 등)과는 그 관점을 달리 하는 것이다.}

대법원 2011. 8. 25. 선고 2009다67443 판결

주식회사 혜♡◇엔씨(이하 '혜♡◇엔씨'라 한다)가 2003. 4.경 서울 ○○구 ○○동대 1646.6㎡ (이하 '이 사건 대지'라 한다)의 공유지분권자들로부터 이 사건 대지에 지하 2층,지상 7층의 ○○아파트(이하 '이 사건 건물'이라 한다)를 신축하는 공사를 도급받은 에셀종합건설 주식회사(이하 '에셀종합건설'이라 한다)에게서 에셀종합건설의 사정으로 신축공사가 중단되었던 미완성의 이 사건 건물을 양수하기로 하고 이를 인도받아 나머지 공사를 진행하여 2003. 7. 28.경 구조와 형태면에서 사회통념상 독립한 건물이라고 볼 수 있는 정도로 이 사건 건물을 축조하였고, 달리 도급인인 이 사건 대지의 공유지분권자들과 수급인인 혜♡◇엔씨 사이에 완성된 건물의 소유권을 도급인에게 귀속시키기로 합의한 것으로 볼 만한 사정도 없으므로, 혜♡◇엔씨가 2003. 7. 28.경 이 사건 건물의 소유권을 원시취득하였다.

서울고등법원 2009. 6. 25. 선고 2008나17801 판결

(1) 이 사건 쟁점은, 이 사건 건물을 사회통념상 독립한 건물로 볼 수 있는 시기가 언제인지 여부와 그 무렵 누가 이 사건 건물을 원시취득하였는지 여부이다.

(2) 이 사건 건물을 독립한 건물로 볼 수 있는 시기

㈎독립된 부동산으로서의 건물이라고 하기 위하여는 최소한의 기둥과 지붕 그리고 주벽이 이루어지면 된다(대법원 2001. 1. 16. 선고 2000다51872 판결 등 참조)

(내) 이 사건에 관하여 보건대, 위 인정사실에 의하면, 참가인이 에셀종합건설의 부도로 이 사건 건물(*지하 2층 지상 7층)의 2층 옹벽거푸집만 조립한 상태에서 공사를 중단한 2003. 3. 20.경에는 이 사건 건물이 지상 7층의 건물로 건축허가를 받은 점에 비추어 사회통념상 독립된 건물로 볼 수 없으나, 한편 이 사건 건물에 관하여 2005. 1.경부터 승원건설에 의하여 공사가 진행되기 이전인 2004. 12. 31.경 공정율이 35.99%에 불과하였지만, 당시 골조 및 토목 공사가 전부 마쳐졌고, 지붕공사도 80% 마쳐진 상태였으며, 외부창호공사가 65%, 외부석재공사가 54%, 배관공사가 20% 이루어졌는데, 위와 같은 공사는 2003. 7. 28.경 혜광이엔씨로부터 이 사건 건물의 골조공사를 하도급받은 참가인에 의하여 마쳐진 것으로 그 이후 2005. 1.경까지 다시 공사가 진행되지는 않은 것으로 보이는 점 등에 비추어 보면, 이 사건 건물은 참가인이 골조공사를 마친 2003. 7. 28.경 이미 사회통념상 독립한 건물이라고 볼 수 있는 형태와 구조를 갖추고 있었다고 봄이 타당하다(1997. 5. 9. 선고 96다54867 판결 등 참조).

(3) 이 사건 건물의 원시취득자

그리고 새로운 건축주가 원시취득자인 구건축주로부터 소유권을 양도받더라도 완성건물에 관한 소유권이전등기를 경료하지 않으면 그에 관한 소유권을 취득할 수 없으며(대법원 1997. 5. 9. 선고 96다54867 판결 참조), 새로운 건축주가 구건축주의 지위를 양수 또는 승계하더라도 그에 의하여 원시취득자가 달라지지 않는다(대법원 2005. 7. 15. 선고 2005다19415 판결 참조).

(내) 이 사건에 관하여 보건대, 혜광이엔씨는 에셀종합건설의 부도로 중단된 이 사건 건물의 신축공사를 이어 받아 계속 진행하기로 하면서, 2003. 4.경 참가인과 사이에 에셀종합건설과 체결한 하도급금액과 같은 금액으로 하도급계약을 체결하였고, 그에 따라 참가인은 다시 골조공사를 진행하여 2003. 7. 28.경 이 사건 건물의 골조공사를 완료한 사실은 앞서 본 바와 같이, … 혜광이엔씨가 에셀종합건설로부터 이 사건 건물의 신축공사를 이어 받아 참가인과 골조공사에 대한 하도급계약을 체결하고 신축공사를 진행하던 중 참가인이 골조공사를 마친 2003. 7. 28.경 이 사건 건물이 사회통념상 독립한 건물이 되었음은 앞서 인정한 바와 같으므로, 이 사건 건물은 2003. 7. 28.경 혜광이엔씨가 원시취득하였다고 봄이 타당하다.

(4) 대법원 2013. 1. 17. 선고 2010다71578 전원합의체 판결

> **대법원 2013. 1. 17. 선고 2010다71578 전원합의체 판결**
> 1. 구분소유의 성립요건 및 성립시기에 관한 법리오해 등 주장에 대하여
> 　1동의 건물에 대하여 구분소유가 성립하기 위해서는 객관적·물리적인 측면에서 1동의 건물이 존재하고 구분된 건물부분이 구조상·이용상 독립성을 갖추어야 할 뿐 아니라 1동의 건물 중 물리적으로 구획된 건물부분을 각각 구분소유권의 객체로 하려는 구분행위가 있어야 한다(대법원 1999. 7. 27. 선고 98다35020판결 등 참조). 여기서 구분행위는 건물의 물리적 형질에 변경을 가함이 없이 법률관념상 그 건물의 특정 부분을 구분하여 별개의 소유권의 객체로 하려는 일종의 법률행위로서, 그 시기나 방식에 특별한 제한이 있는 것은 아니고 처분권자의 구분의사가 객관적으로 외부에 표시되면 인정된다. 따라서 구분건물이 물리적으로 완성되기 전에도 <u>건축허가신청이나 분양계약</u> 등을 통하여 장래 신축되는 건물을 구분건물로 하겠다는 구분의사가 객관적으로 표시되면 구분행위의 존재를 인정할 수 있고, 이후 1동의 건물 및 그 구분행위에 상응하는 구분건물이 객관적·물리적으로 완성되면 아직 그 건물이 집합건축물대장에 등록되거나 구분건물로서 등기부에 등기되지 않았더라도 그 시점에서 구분소유가 성립한다(대법원 2006. 3. 10. 선고 2004다742판결 등 참조).
> 　이와 달리 구분소유는 건물 전체가 완성되고 원칙적으로 집합건축물대장에 구분건물로 등록된 시점, 예외적으로 등기부에 구분건물의 표시에 관한 등기가 마쳐진 시점에 비로소 성립한다는 취지로 판시한 대법원 1999. 9. 17. 선고 99다1345판결, 대법원 2006. 11. 9. 선고 2004다67691판결 등의 견해는 이 판결의 견해와 저촉되는 한도에서 이를 변경하기로 한다.
> 　원심판결 이유에 의하면, 원심은 그 채택 증거에 의하여 판시 사실을 인정한 다음, <u>이 ○○아파트는 2003. 8. 25.까지 지하 2층부터 지상 12층까지 각 층의 기둥, 주벽 및 천장 슬래브 공사가 이루어져 2003. 8. 25.경에는 1동의 건물 내부의 각 전유부분이 구조상·이용상의 독립성을 갖추었고, 그보다 앞서 2002. 5. 15.경부터 피고가 이 ○○아파트를 신축하면서 그 내부의 <u>구분건물</u> 각각에 대하여 분양계약을 체결함으로써 구분의사를 외부에 표시하였으므로</u>

구분행위의 존재도 넉넉히 인정된다고 보아, 이 사건 토지에 관하여 부동산담보신탁계약이 체결되고 이 사건 신탁등기가 마쳐진 2003. 9. 4.경에는 이 ○○아파트의 전유부분에 관하여 이미 구분소유권이 성립한 상태였다는 취지로 판단하면서, 당시 이 ○○아파트에 관하여 아직 건축물대장에 구분건물로 등록이 이루어지지 않았으므로 구분소유가 성립하지 않았다는 피고의 주장을 배척하였다.

앞서 본 법리와 기록에 의하면 원심의 위와 같은 사실인정과 판단은 정당하고, 거기에 구분소유의 성립요건과 성립시기 등에 관한 법리를 오해하거나 석명권을 행사하지 아니한 위법이 없다.

3. 집합건물법 제20조 제3항 의 선의의 제3자에 관한 법리오해 등 주장에 대하여

대지사용권은 구분소유자가 전유부분을 소유하기 위하여 건물의 대지에 대하여 가지는 권리로서 그 성립을 위해서는 집합건물의 존재와 구분소유자가 전유부분 소유를 위하여 당해 대지를 사용할 수 있는 권리를 보유하는 것 이외에 다른 특별한 요건이 필요하지 않다.이러한 사정을 고려하면, 집합건물법 제20조 제3항의 분리처분금지로 대항할 수 없는 '선의'의 제3자라 함은 원칙적으로 집합건물의 대지로 되어 있는 사정을 모른 채 대지사용권의 목적이 되는 토지를 취득한 제3자를 의미한다(대법원 2009. 6. 23. 선고 2009다26145판결 참조).

원심은 2003. 9. 4.부동산담보신탁계약을 체결할 당시 이 ○○아파트가 12층 전부에 걸쳐 기둥과 지붕 및 천장 슬래브의 형태를 갖추고 있어서 집합건물로서의 모습을 갖춘 점, 부동산담보신탁계약서 특약사항 제4조에서 '별도의 신탁절차 없이 신탁부동산에 건축되는 건물(시설물, 완성 또는 미완성건물 포함)은 본 신탁계약상 신탁재산으로 본다'고 규정한 점 등의 사정에 비추어 보면, 한국토지신탁은 이 사건 토지가 집합건물의 대지로 되어 있는 사정을 알고 있었다고 봄이 상당하므로 선의의 제3자에 해당하지 않는다고 판단하였다.

원심의 위와 같은 판단은 앞서 본 법리에 따른 것으로 정당하고, 거기에 상고이유로 주장하는 법리오해 등의 위법은 없다.

※ 반대의견에 대한 보충의견

　1동의 건물에 대한 소유권은 사회통념상 독립한 건물로 건축된 시점에 원시취득이 된다는 데에는 이견이 없을 터인데, 굳이 <u>구분소유권의 성립만은</u> <u>구분건물의 구조상·이용상 독립성이 갖추어지더라도 성립될수 없고, 나중에</u> <u>건물이 완공되어 사용승인까지 받아서 대장등록이 이루어져야만 인정된다고</u> 함으로써, 1동의 건물의 원시취득 시기와 구분소유권의 성립시기를 분리하여 이원적으로 파악하는 것이야말로 공연히 법률관계를 복잡하게 하는 것으로 보인다.

　<u>전체 건물</u>이 사회통념상 독립한 부동산이라고 볼 수 있을 정도로 구축이 되고 각 구분건물 부분도 구조상·이용상의 독립성을 갖춘 정도에 이르렀다면 그러한 외형 자체로 그 건물의 대지는 이미 집합건물의 대지로 편입되어 있다는 것을 알 수 있는 상태에 있다 할 것인데, 그런 상태에서 대지만을 따로 취득한 제3자를 보호하는 것이 법정책적으로 타당하다고는 보이지 않는다.

> **서울고등법원 2010. 7. 16. 선고 2010나1915 판결**
> **1) 구조상·이용상의 독립성을 갖추었는지 여부**
> 　이 사건 신탁등기 당시 이 ○○아파트가 집합건물법의 적용대상이었는지 여부, 즉, 집합건물로서 구분소유인 성립하였는지 여부에 관하여 보건대, 독립된 부동산으로서의 건물이라고 하기 위해서는 최소한의 기둥과 지붕 그리고 주변이 이루어지면 된다고 할 것이고(대법원 2003. 5. 30. 선고 2002다21592,21608 판결 참조), 앞서 본 바와 같이 ① 2003. 8. 25.경에는 <u>이 ○○아파트의 옥탑층 콘크리트 타설 작업이 완료되었으므로</u> 이 ○○아파트는 2003. 8. 25.까지 지하 2층부터 지상 12층까지 각층의 기둥, 주벽 및 천장 슬라브 공사가 이루어졌다고 봄이 상당하고, ② 따라서 2003. 8. 25.경에는 이 ○○아파트가 미완성상태이기는 하나, 원고가 낙찰받은 구분건물인 제801호를 포함하여 <u>그 아래 각층의 콘크리트 골조 및 기둥,</u> <u>주벽, 천장이 완공되어 이 ○○아파트 내부의 각 구분건물은 구조상·이용상</u> <u>독립성의 요건을 갖추었다고 봄이 상당하다.</u>
> 　이와 달리 2003. 8. 18. 경 골조공사를 포함한 공정율이 22.193%에 불과하다는 사정만으로는 이 사건 신탁등기가 마쳐진 2003. 9. 4.경 구조상·이용상 독립성의 요건을 갖추지 못한 것으로 볼 것은 아니다(<u>대법원</u> <u>2001. 1. 16. 선고 2000다51872 판결 참조</u>).

서울고등법원 2010나1915 판결 이유를 자세히 살펴보면 ①은 '독립된 부동산의 요건'을 판단한 것이고, ②는 '구분건물'의 요건을 판단한 것이다. 따라서 집합건물은 일반건물과 달리 '독립된 부동산의 요건'에 '구분건물로서의 요건'이 추가로 필요하다는 것이다.[36] 그런데 구분건물을 건축 중에 있는 건축물에 대해서 과연 ①요건과 ②요건을 구별할 수 있느냐에 있다. 결국 서울고등법원도 2003. 8. 25.경에는 이 ○○아파트의 옥탑층 콘크리트 타설 작업이 완료되었으므로 이 ○○아파트는 2003. 8. 25.까지 지하 2층부터 지상 12층까지 각층의 기둥, 주벽 및 천장 슬라브 공사가 이루어졌다고 봄이 상당하므로, 독립건물이고, 구조상·이용상 독립성도 갖추었다고 판단한 것이다. 대법원도 마찬가지이다.

그런데 특이한 것은 서울고등법원은 독립성을 갖추었다고 하면서, 다시 대법원 2001. 1. 16. 선고 2000다51872 판결(일부 완성 인정 사례)을 인용하고 있는 점이다.

결국 대법원은 구분소유권이 성립하려면 최소한 최종층수까지 골조, 주벽, 기둥이 완성되어야 하는지에 대해서 명백히 판결한 것은 아닌 것으로 보인다.

---

36 신창용, 대지사용권 완전정복, 스틱, 2016년, 138. 이 견해가 초보자들에게는 혼란을 방지해 주는 설명이라고 본다. 즉, 대법원은 독립된 부동산으로 인정하는 것과 이를 집합건물로 인정할 지는 다시 판단하는 이중구조를 취하고 있다고 생각하면 이해가 쉽다. 또한 구분건물에 대한 원시취득을 인정하는 시기와 구분소유권 성립을 인정하는 시기에 다소 다른 대법원 판결들끼리 모순도 해결된다. 서울고등법원 2004. 11. 5. 선고 2003나77389 판결 위와 같은 판단은, 집합건물에 관한 다수의 공사업자들간의 원시취득 여부에 관한 기준일 뿐이며, 신축중인 1동의 건물을 토지의 부합물이 아닌 별개의 독립한 부동산으로 볼 수 있는지에 관하여 그 기준을 제시한 판시들(대법원 2003. 5. 30. 선고 2002다21592, 21608 판결, 대법원 2001. 1. 16. 선고 2000다51872 판결 등)과는 그 관점을 달리 하는 것이다

다만, 전원합의체 판결은 "1동의 건물 및 그 구분행위에 상응하는 구분건물이 객관적·물리적으로 완성되면"이라는 표현과, "원심은 2003. 9. 4.부동산담보신탁계약을 체결할 당시 이 ○○아파트가 12층 전부에 걸쳐 기둥과 지붕 및 천장 슬래브의 형태를 갖추고 있어서 집합건물로서의 모습을 갖춘 점,"이라는 표현을 사용하여, 간접적으로는 최소한 최종층수까지 골조, 주벽, 기둥이 완성되어야 구분소유권이 성립한다고 볼 여지는 충분하다.

　그런데 이후 위 전원합의체 판결을 인용한 대법원 2015. 6. 24. 선고 2012다109538 판결에서는 명백하게 최소한 건축허가 받은 대로의 전체 층수에 대해 골조공사는 이루어져야 한다고 판시하고 있음을 유의하여야 한다. 특히 일부 완성을 부인한 대법원 2004다67691판결을 인용하고 있기도 하다. 따라서 향후 대법원이 최종 층수까지 완성되어야 하는지에 대해 명확하게 판결을 해 주기를 촉구한다.

> ※※※대법원 2015. 6. 24. 선고 2012다109538 판결
> 　원심은, 이 사건 강제경매절차 당시 이 사건 건물이 완성되지는 아니하였으나 건축허가를 받을 당시부터 이를 구분소유권의 객체로 하려는 건축주들인 피고(선정당사자), 선정자들, 원심선정자 송○○ 및 원심공동피고와 소외인의 의사가 명백하다고 보이고, 이 사건 건물은 지하 1층, 지상 6층으로 예정된 다세대주택 건물로서 2003. 11. 당시 이미 지상 5층까지 기둥, 둘레 벽 및 천장 공사 등 골조공사가 완료된 상태였으며, 201호 및 202호 등 일부 세대가 일반에 분양되기까지 하였으므로 적어도 위 지상 5층까지의 9세대는 구조상 및 이용상의 독립성을 인정할 수 있다고 할 것이므로 이 사건 건물은 이 사건 강제경매절차 전 이미 집합건물로 존재하여 구분소유관계가 성립하였다고 전

제한 다음, 집합건물법 제20조에 의하여 분리처분이 금지되는 집합건물법상 대지사용권이란 구분소유자가 전유부분을 소유하기 위하여 건물의 대지에 대하여 가지는 권리이므로 구분소유자 아닌 자가 집합건물의 건축 전부터 전유부분의 소유와 무관하게 집합건물의 대지로 된 토지에 대하여 가지고 있던 권리는 집합건물법 제20조에 규정된 분리처분금지의 제한을 받는다고 할 수 없다고 할 것인데, 이 사건 공유지분에 관하여는 이 사건 건물이 집합건물로 성립하기 이전에 국민은행 앞으로 근저당권이 설정되어 있었고, 이 사건 공유지분에 관한 이 사건 강제경매절차 과정에서 선정자 2의 지분에 관하여는 국민은행의 임의경매신청에 따른 임의경매절차가 중복하여 진행되었을 뿐 아니라, 나머지 지분에 관하여도 매각부동산 위의 모든 저당권이 매각으로 인하여 소멸되는 이상 국민은행의 임의경매신청이 있었던 경우와 구별할 이유가 없으므로, 이 사건 공유지분은 분리처분이 가능한 경우라고 보아야 할 것이고, 따라서 원고는 이 사건 강제경매절차에 따른 매각을 통하여 이 사건 공유지분을 유효하게 취득하였다고 판단하였다.

원심판결 이유와 기록을 앞서 본 법리에 비추어 살펴보면, 이 사건 건물은 원래 지하 1층, 지상 6층 총 10세대(1층 1세대, 2 내지 5층 각 2세대, 6층 1세대) 규모의 다세대주택으로 예정되어 그와 같은 내용으로 건축허가를 받은 것인데, 공사가 중단될 당시에는 지상 5층까지 9세대의 기둥, 둘레벽 및 천장 등 골조공사만이 완료된 상태였으므로 그 건물의 구조와 형태 등이 건축허가의 내용과 사회통념상 동일하다고 인정되는 정도로 건물이 축조되었다고 볼 수 없어 아직 객관적·물리적 측면에서 1동의 건물이 존재한다고 보기 어렵고(대법원 2006. 11. 9. 선고 2004다67691 판결 참조), 나아가 건축허가신청 등을 통하여 객관적으로 외부에 표시된 구분행위에 상응하는 구분건물이 모두 완성된 것으로 보기도 어려우므로, 이 사건 강제경매절차 전에 이 사건 건물이 집합건물로 존재하여 그에 관한 구분소유가 성립하였다고 할 수는 없고, 따라서 이 사건 공유지분은 집합건물법 제20조의 분리처분금지의 제한을 받지 아니한다고 할 것이므로 원고는 이 사건 공유지분을 이 사건 강제경매절차에서 유효하게 취득하였다고 보아야 한다.

그렇다면 원심의 이유설시는 적절하지 아니하나 원고의 이 사건 공유지분 취득이 유효하다고 본 결론은 정당하고, 거기에 상고이유의 주장과 같이 집합건물법 제20조 분리처분금지 규정에 관한 법리를 오해하여 판결에 영향을 미친 잘못이 없다.

(5) 소결론

따라서 전체 건물의 완성 전이라도 그 일부 완성된 부분에 구분소유가 성립될 수 있을 정도의 구조 및 이용상의 독립성이 있고, 구분행위가 전체 건물의 완성 전에 있었다면 그에 대한 구분소유권이 성립하는지에 대해 법원의 입장이 명확하게 확립된 것으로 보기는 어려워 보인다.

<u>그러나 대법원 2010다71578 전원합의체 판결에 의해 최소한 최종층수에까지 주벽, 기둥, 천장이 완성되고, 구분행위(건축허가나 분양행위)가 있어야만 구분소유권이 성립한다는 것을 천명한 후에</u>, 다시 대법원 2015. 6. 24. 선고 2012다109538 판결로서 이를 어느 정도는 확인하였다고 평가할 수 있다고 본다.

사견은 극단적으로는 지하층만이 완성된 상태에서 독립한 건물로 보아 구분소유권을 인정한다면 이는 토지소유권을 극단적으로 형해화 하는 것으로 도저히 받아들이기 어렵다고 본다. 제3자가 구분행위라고 보는 건축허가나 분양행위를 존재를 쉽게 알기도 어려운 상황에서 단지 그러한 건축허가나 분양행위가 선행하여 있었다고 하여 일부 층만이 완성되어 있는 상황에서 구분소유권을 인정한다면 반대의견이 주장하는 것처럼 공시기능이 너무도 주관적인 것이 되어 거래의 안전을 위협한다. <u>최소한 최종 층수까지의 골조공사, 즉 주벽·기둥·천장은 완성되어야 구분소유권의 성립을 논할 수 있다고 본다.</u>

5. 구분행위

　1동의 건물 중 구분된 각 부분이 구조상·이용상 독립성을 가지고 있는 경우에 그 각 부분을 1개의 구분건물로 하는 것도 가능하고, 그 1동 전체를 1개의 건물로 하는 것도 가능하기 때문에 이를 구분건물로 할 것인지 여부는 특별한 사정이 없는 한 소유자의 의사에 의하여 결정된다고 할 것이므로, 구분건물이 되기 위하여는 객관적, 물리적인 측면에서 구분건물이 구조상·이용상의 독립성 이외에 그 건물을 구분소유권의 객체로 하려는 의사표시, 즉 구분행위가 있어야 하는 것이다.

　여기서 구분행위는 건물의 물리적 형질에 변경을 가함이 없이 법률관념상 건물의 특정 부분을 구분하여 별개의 소유권의 객체로 하려는 일종의 법률행위로서, 그 시기나 방식에 특별한 제한이 있는 것은 아니고 처분권자의 구분의사가 객관적으로 외부에 표시되면 인정된다. 따라서 구분건물이 물리적으로 완성되기 전에도 건축허가신청이나 분양계약 등을 통하여 장래 신축되는 건물을 구분건물로 하겠다는 구분의사가 객관적으로 표시되면 구분행위의 존재를 인정할 수 있고, 이후 1동의 건물 및 그 구분행위에 상응하는 구분건물이 객관적·물리적으로 완성되면 아직 그 건물이 집합건축물대장에 등록되거나 구분건물로서 등기부에 등기되지 않았더라도 그 시점에서 구분소유가 성립한다.

6. 기타

가. 공용부분을 임의 개조하여 전유부분으로 하는 것은 무효

집합건물 중 여러 개의 전유부분으로 통하는 복도, 계단, 그밖에 구조상 구분소유자의 전원 또는 일부의 공용에 제공되는 건물부분은 공용부분으로서 구분소유권의 목적으로 할 수 없다. 이때 건물의 어느 부분이 구분소유자의 전원 또는 일부의 공용에 제공되는지는 소유자들 사이에 특단의 합의가 없는 한 건물의 구조에 따른 객관적인 용도에 의하여 결정된다. 따라서 구분건물에 관하여 구분소유가 성립될 당시 객관적인 용도가 공용부분인 건물부분을 나중에 임의로 개조하는 등으로 이용 상황을 변경하거나 집합건축물대장에 전유부분으로 등록하고 소유권보존등기를 하였더라도 그로써 공용부분이 전유부분이 되어 어느 구분소유자의 전속적인 소유권의 객체가 되지는 않는다(대법원 2016. 5. 27. 선고 2015다77212 판결).

집합건물의 어느 부분이 전유부분인지 공용부분인지를 판단하는 기준 시점은 구분소유성립시점이고, 그 후 건물 개조나 이용상황 변화 등이 위 판단에 영향을 미치지 않는다. 건물 안전이나 외관을 유지하기 위하여 필요한 지주, 지붕, 외벽, 기초공작물 등이 구분소유권의 목적이 되지 않는다(대법원 2011. 3. 24. 선고 2010다95949 판결).

나. 일반건물로 등기된 기존 건물에 관하여 구분행위의 존부

집합건물이 아닌 일반건물로 등기된 기존의 건물이 구분건물로 변경등기되기 전이라도, 구분된 건물부분이 구조상·이용상 독립성을 갖추고 건물을 구분건물로 하겠다는 처분권자의 구분의사가 객관적으로 외부에 표시되는 구분행위가 있으면 구분소유권이 성립한다. 그리고 일반건물로 등기되었던 기존의 건물에 관하여 실제로 건축물대장의 전환등록절차를 거쳐 구분건물로 변경등기까지 마쳐진 경우라면 특별한 사정이 없는 한 전환등록 시점에는 구분행위가 있었던 것으로 봄이 타당하다(대법원 2016. 6. 28. 선고 2013다70569 판결).

 일반건물로 등기되었던 기존 건물에 관하여 실제로 건축물대장의 전환등록절차를 거쳐 구분건물로 변경등기까지 마쳐진 경우 구분행위가 있었던 것으로 볼 수 있는 시점은 특별한 사정이 없는 한 위 전환등록 시점이다. 단독주택 등을 주용도로 하여 일반건물로 등록·등기된 기존의 건물에 관하여 건축물대장의 전환등록절차나 구분건물로의 변경등기가 마쳐지지 아니한 상태에서 구분행위의 존재를 인정하는 데에는 매우 신중하여야 한다(대법원 2016. 6. 28. 선고 2016다1854, 1861 판결).

다. 재건축조합이나 주택조합 완공건물

 재건축조합은 기존의 노후 건축물을 철거하고 재건축사업을 시행하는 것을 목적으로 하는 법인 아닌 사단으로서 그 사업구역 내에 있는 조합원들 소유의 토지는 재건축조합에게 현물로 출자되고 그 지상의 주택은 사업시행에 따라 철거될 것을 전제로 하는 것이어서, 재건축조합이 시공회사와 사이에서 조합원으로부터 출자받은 대지 상에 집합건물을 신축하기로 하는 공사계약을 체결하고 이를 시행함에 있어 도급계약당사자가 아니라 제3자에 불과한 조합원들이 그 신축자금의 일부를 제공하였다 하여 그러한 사정만 가지고 개별 조합원들이 신축된 집합건물 중 특정 부분의 구분소유권을 원시취득한다고 볼 것은 아니고 재건축조합의 규약 및 공사계약서의 내용을 모두 살펴 원시취득자를 확정하여야 한다. 재건축조합규약과 공사계약서의 내용상 신축건물의 소유권은 도급인인 재건축조합이 취득하고, 규약에 정해진 절차에 따라 분양신청을 하지 아니한 조합원은 위 건물에 대한 권리를 취득하지 못한다(대법원 2005. 7. 22. 선고 2003다3072 판결).

라. 증축건물의 기존건물에 부합 여부의 판단기준

1동의 건물 중 구분된 각 부분이 구조상, 이용상 독립성을 가지고 있는 경우에 그 각 부분을 1개의 구분건물로 하는 것도 가능하고, 그 1동 전체를 1개의 건물로 하는 것도 가능하기 때문에, 이를 구분건물로 할 것인지 여부는 특별한 사정이 없는 한 소유자의 의사에 의하여 결정된다고 할 것이므로, 구분건물이 되기 위하여는 객관적, 물리적인 측면에서 구분건물이 구조상, 이용상의 독립성을 갖추어야 하고, 그 건물을 구분소유권의 객체로 하려는 의사표시 즉 구분행위가 있어야 하는 것으로서, 소유자가 기존 건물에 증축을 한 경우에도 증축 부분이 구조상, 이용상의 독립성을 갖추었다는 사유만으로 당연히 구분소유권이 성립된다고 할 수는 없고, 소유자의 구분행위가 있어야 비로소 구분소유권이 성립된다고 할 것이며, 이 경우에 소유자가 기존 건물에 마쳐진 등기를 이와 같이 증축한 건물의 현황과 맞추어 1동의 건물로서 증축으로 인한 건물표시변경등기를 경료한 때에는 이를 구분건물로 하지 않고 그 전체를 1동의 건물로 하려는 의사였다고 봄이 상당하다(대법원 1999. 7. 27. 선고 98다35020

판결).

마. 건물 완성 전 보존등기

신축건물의 보존등기를 건물 완성 전에 하였더라도 그 후 건물이 완성된 이상 등기를 무효라고 볼 수 없다. 이러한 법리는 1동 건물의 일부분이 구분소유권의 객체로서 적합한 구조상 독립성을 갖추지 못한 상태에서 구분소유권의 목적으로 등기되고 이에 기초하여 근저당권설정등기나 소유권이전등기 등이 순차로 마쳐진 다음 경계를 명확하게 식별할 수 있는 표지가 바닥에 견고하게 설치되고 구분점포별로 부여된 건물번호표지도 견고하게 부착되는 등으로 구분소유권의 객체가 된 경우에도 마찬가지이다(대법원 2016. 1. 28. 선고 2013다59876 판결).

제5장 집합건물과 대지권 취득

1. 대지사용권 의의

가. 건물의 대지

건물의 대지 역시 법정 대지와 규약상의 대지로 구별될 수 있다. 이 중 법정대지는 1동의 건물이 소재하는 대지를 의미한다(법 제2조제5호). 건물이 1필의 토지의 일부 위에 건축되어 있는 경우에는 일물일권주의의 원칙상 전체 토지가 건물의 대지로 되며, 건물이 수필의 토지 위에 건축되어 있는 경우에는 수필 전체가 건물의 대지로 된다. 따라서 건물이 광대한 1필 또는 수필의 토지 일부분에 건축되어 있어서 그 토지의 일부를 건물의 토지에서 제외하기 위해서는 분필등기를 선행하여야 한다.[37]

한편 규약상의 대지는 통로, 주차장, 정원, 부속건물의 대지 기타

---

[37] 안갑준, "집합건물법의 대지사용권과 대지권등기", 「일감 부동산법학」 제1호(2007. 8), 206면.

전유부분이 속하는 1동의 건물 및 그 건물이 소재하는 토지와 일체로 관리 또는 사용되는 토지로서 규약에 의해서 건물의 대지로 정한 토지를 의미한다(법 제2조제5호, 제4조제1항). 규약상의 대지는 법정대지와 일체로 관리 또는 사용되는 토지인 이상 법정 대지와 반드시 인접할 필요는 없는 것으로 해석되고 있다.[38]

나. 대지사용권 의의

"대지사용권"이란 구분소유자가 전유부분을 소유하기 위하여 건물의 대지에 대하여 가지는 권리를 말한다(법 제2조제6호).

대지사용권은 집합건물법에서 인정되는 실체법적인 개념이고, 대지권은 부동산등기법에서 인정되는 개념으로 처분의 일체성이 인정되는 대지사용권을 말한다.

대지사용권은 여러 구분소유자가 지분으로 공유(소유권인 대지권) 또는 준공유(소유권이외의 대지사용권)한다. 다만 민법상 공유와는 차이가 있다.

대지사용권 입법이유는 토지와 건물 구분소유를 막기 위해서이다.

> **부동산등기법 제40조** ③ 구분건물에 「집합건물의 소유 및 관리에 관한 법률」 제2조제6호의 대지사용권(垈地使用權)으로서 건물과 분리하여 처분할 수 없는 것[이하 "대지권"(垈地權)이라 한다]이 있는 경우에는 등기관은 제2항에 따라 기록하여야 할 사항 외에 1동 건물의 등기기록의 표제부에 대지권의 목적인 토지의 표시에 관한 사항을 기록하고 전유부분의 등기기록의 표제부에는 대지권의 표시에 관한 사항을 기록하여야 한다.
> ④ 등기관이 제3항에 따라 대지권등기를 하였을 때에는 직권으로 대지권의 목적인 토지의 등기기록에 소유권, 지상권, 전세권 또는 임차권이 대지권이라는 뜻을 기록하여야 한다.

---

38 김용한, "집합건물법상의 대지 및 대지사용권", 「판례월보」, 제167호(1984. 8), 13면; 안갑준, 전게논문, 206면.

대지권이란 대지사용권 중에 분리처분이 금지되는 경우를 말한다. 즉, 대지권이란 대지권미등기로서 분리처분가능규약이 없는 경우와 대지권 등기된 경우 2가지를 말한다. 다시 말하여 대지권등기제도는 그 본질은 대지사용권이지만 다만 전유부분과 분리처분 되지 않음을 공시하기 위해 인위적으로 설정된 개념이다.[39] 대지권은 집합건물법 혹은 부동산등기법에 의하여 창설된 별개의 물권이 아니고 집합건물의 대지에 관하여 구분소유자들이 갖고 있는 소유권, 지상권, 전세권, 임차권 등 권리를 가리키는 것이되, 어떤 토지가 집합건물법 소정의 대지권 성립 요건을 갖추면 그 때부터는 그 권리의 처분을 전유부분과 분리하여 할 수 없도록 하고 이를 등기부에 공시하기 위하여 '대지권'이라는 별도의 이름으로 부르는 것이라고 보아야 한다(서울행정법원 2005. 8. 31. 선고 2005구합11265 판결).

따라서 '대지권이 있다'는 것은 '대지권 등기'가 된 경우뿐만 아니라 '대지권등기가 안되었지만 분리처분가능규약이 없는 경우'도 포함하는 개념이다. 그러므로 '대지권'은 '대지권등기'가 된 경우로 한정하는 것은 틀린 말이다.

대지사용권의 성립시기는 집합건물의 성립시기이고, 구분소유관계가 성립하는 시기이다.

다. 법적성질

대지사용권은 민법이 알지 못하는 집합건물법에 특유한 권리이고,

---

[39] 신창용, 대지사용권 완전정복, 42, 스틱, 2016년.

채권일 수도 있으나(임차권, 사용대차, 수분양자의 점유사용권), 대지권은 물권에 준하는 권리(대법원 2001. 1. 30. 선고, 2000다10741 판결)이다.

즉, 대법원은 "집합건물의 건축자가 그 대지를 매수하고도 아직 소유권이전등기를 경료받지 아니하였다고 하여도 매매계약의 이행으로 대지를 인도받아 그 지상에 집합건물을 건축하였다면 매매계약의 효력으로서 이를 점유·사용할 권리가 생기게 된 것이고, 이러한 경우 집합건물의 건축자로부터 전유부분과 대지지분을 함께 분양의 형식으로 매수하여 그 대금을 모두 지급함으로써 소유권 취득의 실질적 요건은 갖추었지만 전유부분에 대한 소유권이전등기만 경료받고 대지지분에 대하여는 위와 같은 사정으로 아직 소유권이전등기를 경료받지 못한 자 역시 매매계약의 효력으로서 전유부분의 소유를 위하여 건물의 대지를 점유·사용할 권리가 있는바, 이러한 점유·사용권은 단순한 점유권과는 차원을 달리하는 본권으로서"라는 취지로 판시하고,[40] "이러한 경우 집합건물의 건축자로부터 전유부분과 대지지분을 함께 분양의 형식으로 매수하여 그 대금을 모두 지급함으로써 소유권 취득의 실질적 요건은 갖추었지만 전유부분에 대한 소유권이전등기만 마치고 대지지분에 대하여는 위와 같은 사정으로 아직 소유권이전등기를 마치지 못한 자 역시 매매계약의 효력으로서 전유부분의 소유를 위하여 건물의 대지를 점유·사용할 권리가 있는바, 이러한 점유·사용권은 단순한 점유권과는 차원을 달리하는 본권으로서 집합건물법 제2조제6호 소정의 구분소유자가

---

40 대법원 2001. 1. 30. 선고 2000다10741 판결

전유부분을 소유하기 위하여 건물의 대지에 대하여 가지는 권리인 대지사용권에 해당한다."라고 판시하고 있다.[41]

대법원은 미등기 대지사용권에 대하여 '차원을 달리하는 본권'이라는 표현을 씀으로써 미등기 대지사용권을 정면으로 '물권'이라는 표현을 쓰지는 않았지만, 결국 '본권'이라는 표현은 물권 그 중에서도 점유권이 아닌 본권, 즉 소유권, 지상권, 지역권, 전세권, 유치권, 질권 및 저당권과 같은 종류의 물권이라는 의미인 것으로 이해된다.

라. '대지권 취득'의 취득세 과세대상 여부 : 소극

토지상에 집합건물이 존재하고 구분소유자가 당해 토지를 사용할 수 있는 권리가 있으며 건물과 분리하여 처분할 수 없다는 일체불가분성(구분소유자들 사이에 별다른 규약이 없으면 집합건물법 제20조제2항에 의하여 당연히 일체불가분성은 갖추어 진다고 본다)을 갖추면 토지 소유권 등이 대지권으로서 성립하는 것이지 대지권 등기에 의하여 토지 소유권 등으로부터 분리된 별개의 권리로서의 대지권이 취득되는 것이 아닌바, 대지권에 대한 등기를 한 경우를 가리켜 지방세법 제105조제1항의 '부동산의 취득'에 해당한다고 할 수 없으며 위 조항상의 다른 과세대상에 해당한다고 볼 여지도 없다(서울행정법원 2005. 8. 31. 선고 2005구합11265 판결).

---

41 · 대법원 2006. 3. 10. 선고 2004다742 판결

2. 대지사용권의 종류

가. 소유권, 지상권, 법정지상권, 전세권, 임차권, 사용대차, 대지의 점유·사용권

대지사용권은 구분소유자가 전유부분을 소유하기 위하여 건물의 대지에 대하여 갖는 권리로서 반드시 대지에 대한 소유권과 같은 물권에 한정되는 것은 아니고 등기가 되지 않는 채권적 토지사용권도 대지사용권이 될 수 있으며, 신탁계약이나 그에 따른 토지사용승낙을 통한 토지사용권도 대지사용권이 될 수 있다(대법원 2011. 9. 8. 선고 2010다15158 판결 참조).

한편 우리 민법은 토지 전세권을 지상공간을 사용할 수 있는 일반적인 권리로 인정하고 있지 않을 뿐만 아니라 전세권자에게는 현상유지의무(민법 제309조)가 있기 때문에, 전세권은 대지사용권으로 될 수 없다는 견해도 있다.[42] 그러나 통설은 전세권을 대지사용권으로 인정한다.[43]

한편 집합건물법이 대지사용권에 대한 정의 규정을 두고 있는 이유는 집합건물법 제20조에 의하여 전유부분과 처분의 일체성이 인정되는 대지사용권의 범위를 명확하게 하기 위한 것이다. 따라서 전유부분의 처분에 따르고 전유부분과 분리하여 처분할 수 없는 집합건물법상의 대지사용권은 집합건물법 제2조제6호가 정의하고

---

[42] 임형택, "집합건물에 있어서의 대지사용권에 관한 연구", 한국집합건물법학회, 집합건물법학 제5집. 55.
[43] 유어녕, 전게서, 27.

있는 권리, 즉 '구분소유자가 전유부분을 소유하기 위하여 건물의 대지에 대하여 가지고 있는 권리'이고, 그 권리가 아닌 다른 권리를 구분소유자가 임의로 집합건물법상의 대지사용권으로 정할 수는 없다(대법원 2015. 10. 29. 선고 2014다6107 판결[44]).

나. 대지소유권 미 이전 받아도 대지권 취득(전유부분만 경락받고 대지소유권을 취득한 대박사례)

(1) 전유부분만 경매에 나온 경우

집합건물 경매의 꽃은 대지만 경매가 나온 경우나 전유부분만 경매에 나온 경우일 것이다. 이 경우 제대로 권리분석을 하면 고수익을 누릴 수 있는 것이다.

여기서는 건물만 경매에 나온 경우를 살펴보자. 이 사안은 대법원 전원합의체 판례로서 매우 중요한 판결이다. 현재 전유부분에 대해 소유권등기를 마치고 있는 자로서 아직 대지권 등기를 받지 못한 경우(이러한 경우는 매우 많다. 특히 세운상가 일대에 많다)에는 이 판례를 근거로 대지권을 취득할 수 있는 것이다. 전유부분에 대해 소유권등기를 마치고 있는 자로서 아직 대지권 등기를 받지 못한 경우에는 매매나 실생활에서 큰 불편은 없지만 당해 집합건물이 재건축을 할 경우에는 엄청난 문제가 따른다.

즉, 대지권 등기를 가져오지 못하면 대지 소유자가 대지부분에 대해

---

44 국일관 부지사건이다. 원고가 국일관 부지를 공매로 취득하고 부당이득금 청구를 한 사건인데, 1심은 원고 청구가 인용되었으나, 2심 및 대법원에서는 분리처분금지에 해당하여 원고의 공매로 인한 소유권 취득은 무효이므로, 당연히 부당이득금 청구도 불가하다는 판결이다.

권리를 행사하는데, 이 경우 재건축이 될 경우에는 대지지분 값이 놓아지므로 전유부분 소유자의 종전자산가격이 대지지분 값만큼 감소하여 큰 손해를 보는 것이다.

(2) 폐기된 대법원 1996. 12. 20. 선고 96다14661 판결

과거 대법원은 "집합건물법 제2조제6호에 의하면 대지사용권은 구분소유자가 전유부분을 소유하기 위하여 건물의 대지에 대하여 가지는 권리이므로 반드시 소유권일 필요는 없으나 적어도 전유부분을 소유하기 위하여 건물의 대지에 대하여 가지는 권리여야 하고, 단순히 구분건물과 함께 그 대지지분을 매수한 자로서 매도인에게 매매를 원인으로 하여 그 대지지분에 관하여 가지는 소유권이전등기청구권과 같은 것은 같은 법 소정의 대지사용권에 해당하지 아니한다. 구분건물을 분양받은 최초의 구분소유자 갑이 전유부분에 대한 소유권이전등기만 경료된 상태에서 전유부분 및 대지지분을 을에게 매도하여 전유부분에 관하여만 소유권이전등기를 경료하여 주었다가 후에 대지지분에 대하여 갑 명의로 소유권이전등기가 경료되었음에도 을이 전유부분에 대하여 설정한 근저당권에 기하여 전유부분에 대한 경락이 있을 때까지 을에게 그 대지지분에 대한 소유권이전등기를 경료하여 주지 않아 을로서도 대지지분에 대하여 소유권을 취득하지 못하고 있었다면, 달리 을이 구분건물의 대지에 대하여 전유부분을 소유하기 위한 권리로서의 대지사용권을 취득하여 이를 가지고 있지 않는 한, 경락인 역시 경락에 의하여 전유부분을 소유하기 위한 대지소유권 기타의 대지사용권을 취득하지 못하는 것이므로 경락인은 대지사용권을 가지지 아니한 구분소유자에 해당하고, 전유부분에 대한 소유권을

상실한 후에 비로소 대지지분에 관한 소유권이전등기를 마친 을은 그 대지지분의 소유자로서 전유부분의 철거를 구할 권리를 가진 자에 해당하여 집합건물법 제7조에 의하여 경락인에게 구분소유권을 시가로 매도할 것을 청구할 수 있다."고 판시하였다(대법원 1996. 12. 20. 선고 96다14661 판결).

즉, 대법원은 매매계약의 효력으로써 전유부분의 소유를 위하여 건물의 대지를 점유·사용할 권리는 대지사용권이 될 수 없다고 판시하였다가, 비로소 대법원 2000. 11. 16. 선고 98다45652 전원합의체 판결로서 위 판결이 폐기되면서, 본권으로서 대지사용권으로 인정받은 것이다.

(3) 사실관계

피고1이 아들인 피고2명의로 ○아파트 전유부분과 그 대지지분을 소외 임광토건 주식회사로부터 분양받아 대지지분에 대하여는 아직 대지권 등기가 이루어지지 아니하여 소유권이전등기를 경료받지 못한 채, 1990. 1. 23. ○아파트에 대하여만 피고2명의로 소유권이전등기를 경료받았는데, 피고2가 1992. 4. 23. 처인 원고와 협의이혼을 하기로 하면서 위자료 지급에 갈음하여 ○아파트와 그 대지지분을 원고에게 양도하기로 하고 1992. 4. 25. 협의이혼을 한 후 같은 달 27일 원고에게 ○○아파트에 대하여만 증여를 원인으로 한 소유권이전등기를 경료하여 주고 이를 명도한 사실, 그런데 피고1이 1994년 2월경 피고2를 상대로 이 사건 대지지분에 대하여 명의신탁해지를 원인으로 한 소유권이전등기청구의 소를 제기하여 의제자백에 기한 승소판결을 받은 다음 피고2를 대위하여 위 대지지분에 대하여 피고2명의로 소유권이전등기를 경료하고 이어 피고1명의로 소유권이전등기를 경료하였다.

(4) 대법원 2000. 11. 16. 선고 98다45652 전원합의체 판결

아파트와 같은 대규모 집합건물의 경우, 대지의 분·합필 및 환지절차의 지연, 각 세대당 지분비율 결정의 지연 등으로 인하여 전유부분에 대한 소유권이전등기만 수분양자를 거쳐 양수인 앞으로 경료되고, 대지지분에 대한 소유권이전등기는 상당기간 지체되는 경우가 종종 생기고 있는데, 이러한 경우 집합건물의 건축자로부터 전유부분과 대지지분을 함께 분양의 형식으로 매수하여 그 대금을 모두 지급함으로써 소유권 취득의 실질적 요건은 갖추었지만 전유부분에 대한 소유권이전등기만 경료받고 대지지분에 대하여는 위와 같은 사정으로 아직 소유권이전등기를 경료받지 못한 자는 매매계약의 효력으로써 전유부분의 소유를 위하여 건물의 대지를 점유·사용할 권리가 있는바, 매수인의 지위에서 가지는 이러한 점유·사용권은 단순한 점유권과는 차원을 달리하는 본권으로서 집합건물법 제2조제6호 소정의 구분소유자가 전유부분을 소유하기 위하여 건물의 대지에 대하여 가지는 권리인 대지사용권에 해당한다고 할 것이고, 수분양자로부터 전유부분과 대지지분을 다시 매수하거나 증여 등의 방법으로 양수받거나 전전 양수받은 자 역시 당초 수분양자가 가졌던 이러한 대지사용권을 취득한다. 집합건물법 규정내용과 입법취지를 종합하여 볼 때, 대지의 분·합필 및 환지절차의 지연, 각 세대당 지분비율 결정의 지연 등의 사정이 없었다면 당연히 전유부분의 등기와 동시에 대지지분의 등기가 이루어졌을 것으로 예상되는 경우, 전유부분에 대하여만 소유권이전등기를 경료받았으나 매수인의 지위에서 대지에 대하여 가지는 점유·사용권에 터잡아 대지를 점유하고 있는 수분양자는 대지지분에 대한 소유권이전등기를 받기 전에 대지에 대하여 가지는 점유·사용권인 대지사용권을 전유부분과 분리 처분하지 못할 뿐만 아니라, 전유부분 및 장래 취득할 대지지분을 다른 사람에게 양도한 후 그 중 전유부분에 대한 소유권이전등기를 경료해 준 다음 사후에 취득한 대지지분도 전유부분의 소유권을 취득한 양수인이 아닌 제3자에게 분리 처분하지 못한다 할 것이고, <u>이를 위반한 대지지분의 처분행위는 그 효력이 없다.</u>

그렇다면, 피고2는 ○○아파트에 대한 소유권이전등기를 경료받을 당시 그 대지지분에 대한 소유권이전등기를 경료받지는 못하였지만 이를 분양받아 그 대금을 모두 지급한 매수인의 지위에서 ○○아파트를 소유하기 위하여 대지에 대하여 가지는 점유·사용권인 대지사용권을 취득하였고, 원고 역시 피고2로부터 ○○아파트와 대지지분을 증여받아 그 아파트에 대한 소유권이전등기를 경료함으로써 이와 같은 대지사용권을 취득하였다 할 것이고, 따라서 <u>○○아파트의 구분소유자였던 피고2는 원고에게 그 전유부분에 대한 소유권이전등기를 경료해 준 다음 사후에 취득한 이 사건 대지지분을 전유부분의 소유자인 원고가 아닌 제3자에게 분리 처분하지 못하고, 이를 위반하여 대지지분을 처분하였다 하더라도 그 처분행위는 효력이 없다고 할 것이며,</u> 이러한 법리는 피고2가 이 사건 대지지분에 대한 명의신탁이 해지됨에 따라 피고1에게 이 사건 대지지분에 대한 소유권이전등기 의무를 부담하게 되어 그 의무를 이행하는 경우에도 마찬가지로 적용된다고 할 것이다.

같은 날 같이 선고된 대법원 2000. 11. 16. 선고 98다45652, 45669 전원합의체 판결도 같은 취지이다.

위 판결 후에 대지권에 대한 지분이전등기를 해 주기로 하는 약정하에 수분양자에게 전유부분에 대한 소유권이전등기를 경료하였으나, 대지에 대한 소유권이전등기가 되지 않은 상태에서 제3자가 경매절차를 통하여 전유부분을 경락받은 경우, 경락인이 대지사용권을 취득한다는 판결(대법원 2005. 4. 14. 선고 2004다25338 판결) 등 같은 취지의 판결이 잇따르고 있다(대법원 2001. 1. 30. 선고 2000다10741 판결, 대법원 2004. 7. 8. 선고 2002다40210 판결, 대법원 2005. 4. 14. 선고 2004다25338 판결, 대법원 2006. 3. 10. 선고 2004다742 판결, 대법원 2006. 3. 27. 자 2004마978 결정, 서울북부지방법원 2008. 11. 21. 선고 2008가합2337 판결, 대법원 2008. 11. 27. 선고 2008다60742 판결, 헌법재판소 2011. 12. 29. 자 2010헌바449 결정).

(5) 낙찰 후 사후처리

전유부분이 수분양자를 거쳐 전전양도된 경우, 대지지분을 이전등기하는 방법은 수분양자를 거쳐서 순차로 이전등기하는 방법이 가장 원칙적일 것이다. 구체적으로는 최종적인 전유부분 소유자가 채권자대위권을 행사하는 방법으로 종전 전유부분 소유자를 거쳐 최종적으로 자신에게 이전등기를 구하는 형식이 될 것이다. 하지만, 이런 방법은 중간취득자들이 많을 경우 재판이 복잡해질 뿐 아니라 이해관계 없는 중간취득자를 재판에 관여하게 할 수밖에 없는 문제점이 있어, 분양자를 상대로 하여 중간취득자를 거치지 않고서

바로 최종 전유부분 소유자 앞으로 이전등기할 필요가 있게 된다. 당초에는 부동산등기법 자체가 아니라 부동산등기법시행규칙에 근거를 두고 있었으나, 부동산등기법 개정으로 등기법 자체에 규정을 마련하고 있다.[45]

즉, 대지사용권을 취득한 경락인들은 그 후 대지에 관한 소유권이전등기를 경료받은 집합건물의 건축자를 상대로 부동산등기법 제57조의3 제1항[46][47]에 근거한 대지지분의 이전등기를 청구하는 것은 별론으로 하고, 위 조항의 신설에 따라 삭제된 구 부동산등기법 시행규칙(2006. 5. 30. 대법원규칙 제2025호 부동산등기규칙으로 개정되기 전의 것) 제60조의2[48]에 근거하여 대지권변경등기절차의 이행[49]을 구할 수는 없다(대법원 2008. 9. 11.

---

45 2011. 05. 19 개정 부동산등기법 제60조(대지사용권의 취득), 대법원 2008. 9. 11. 선고 2007다45777 판결【대지권경정등기】

46 부동산등기법 제57조의3 신설 [시행 2006.6.1.] [법률 제7954호, 2006.5.10., 일부개정] : 분양자는 현재의 구분건물 소유자와 공동으로 대지사용권에 관한 이전등기를 신청할 수 있도록 하고, 이 경우 분양자는 동시에 대지권에 관한 등기를 신청하도록 함. 제57조의3 (대지사용권의 취득) ①집합건물법 제1조 또는 제1조의2에 규정된 건물을 건축한 자가 대지사용권을 가지고 있는 경우에 대지권에 관한 등기를 하지 아니하고 구분건물에 관하여서만 소유권이전등기를 마쳤을 때에는 현재의 구분소유자와 공동으로 대지사용권에 관한 이전등기를 신청할 수 있다. ②제1항의 신청에는 제40조제1항제2호 및 제6호의 규정은 이를 적용하지 아니한다. ③제1항 및 제2항의 규정은 구분건물을 건축하여 양도한 자가 그 건물의 대지사용권을 나중에 취득하여 이전하기로 약정한 경우에 준용한다. ④제1항 및 제3항의 규정에 의한 등기는 대지권에 관한 등기와 동시에 신청하여야 한다.[본조신설 2006.5.10.]

47 2011. 4. 12. 전부개정 되면서 제60조로 조문이동 [시행 2011.10.13.] [법률 제10580호, 2011.4.12., 전부개정]

48 구 부동산등기시행규칙 제60조의2 (대지사용권의 사후취득) 집합건물법 제1조의 규정에 의한 1동의 건물을 건축하여 분양한 자가 구분한 각 건물에 대한 소유권이전등기를 분양을 받은 자에게 경료하면서 그 건물의 대지 사용권을 후일 취득하여 이전하기로 약정한 경우로서, 그 분양한 자가 그 대지사용권의 등기와 함께 법 제101조제2항의 규정에 의한 대지권변경 등기를 신청한 때에는 등기관은 그 1동의 건물에 대한 최초의 등기신청시에 그 분양한 자에게 대지사용권이 있었던 것으로 보고 법 제57조 및 제57조의2의 규정에 의한 등기를 하여야 한다. 〈개정 1999.1.18.〉[본조신설 1985.3.14.]

49 대법원 2005. 4. 14. 선고 2004다25338 판결 : 구분건물의 소유권이 대지권등기가 되지 않은 채 수분양자로부터 전전 양도되고 이후 분양자가 대지사용권을 취득한 경우, 구분건물

선고 2007다45777 판결).

(6) 소 결론

대법원은 "매수인의 지위에서 가지는 이러한 점유·사용권은 단순한 점유권과는 차원을 달리하는 본권으로서 집합건물법 제2조제6호 소정의 구분소유자가 전유부분을 소유하기 위하여 건물의 대지에 대하여 가지는 권리인 대지사용권에 해당한다고 할 것이고, 수분양자로부터 전유부분과 대지지분을 다시 매수하거나 증여 등의 방법으로 양수받거나 전전 양수받은 자 역시 당초 수분양자가 가졌던 이러한 대지사용권을 취득한다고 할 것이며(대법원 2000. 11. 16. 선고 98다45652, 45669 전원합의체 판결 등 참조), 이는 수분양자가 그 분양대금을 완납하지 못한 경우에도 마찬가지라고 할 것이다. 따라서 그러한 경우 그 양수인은 대지사용권 취득의 효과로서 분양자와 수분양자를 상대로 분양자로부터 수분양자를 거쳐 순차로 대지지분에 대한 소유권이전등기절차를 마쳐줄 것을 구하거나 분양자를 상대로 대지권변경등기절차를 마쳐줄 것을 구할 수 있다고 할 것이고, 분양자는 이에 대하여 수분양자의 분양대금 미지급을 이유로 한 동시이행항변을 할 수 있을 뿐이라고 할 것이다(대법원 2006. 9. 22. 선고 2004다58611 판결 참조)."라고 판시하고 있다(대법원 2008. 11. 27. 선고 2008다60742 판결).

의 현소유자가 분양자를 상대로 부동산등기법시행규칙 제60조의2에 의한 대지권변경등기를 직접 청구할 수 있는지 여부(적극). 즉, 부동산등기법 제57조의3이 2006. 5. 10. 신설되기 전에는 이 판결과 같이 구 부동산등기시행규칙 제60조의2에 의하여 대지권변경등기신청을 하여 문제를 해결하였지만, 지금은 부동산등기법으로 해결하여야 한다.

따라서 이러한 전유부분이 경매에 나온 경우는 치밀한 권리분석을 하여 낙찰을 받아도 될 것이다.

특히 아직 전유부분 등기만 취득하고 대지권 등기를 취득하지 못한 자들은 대지소유권을 가지고 있는 자에게 즉시 대지지분이전등기를 청구하여 소유권을 확보하여야 후일 재건축을 할 때에 권리보전이 된다.

> **부동산등기법 제60조(대지사용권의 취득)** ① 구분건물을 신축한 자가 「집합건물의 소유 및 관리에 관한 법률」 <u>제2조제6호의 대지사용권을 가지고 있는 경우에</u> 대지권에 관한 등기를 하지 아니하고 구분건물에 관하여만 소유권이전등기를 마쳤을 때에는 현재의 구분건물의 소유명의인과 공동으로 대지사용권에 관한 이전등기를 신청할 수 있다.
> ② 구분건물을 신축하여 양도한 자가 <u>그 건물의 대지사용권을 나중에 취득하여 이전하기로 약정한 경우</u>에는 제1항을 준용한다.
> ③ 제1항 및 제2항에 따른 등기는 대지권에 관한 등기와 동시에 신청하여야 한다.

다. 대금완납과도 무관

분양대금을 완납하지 않은 채 전유부분에 대한 소유권이전등기를 마친 수분양자라고 하더라도 대지사용권 취득을 인정하고 있다.[50] 다만, 대금미지급을 이유로 한 항변은 대지사용권성립과는 별개문제이다.

따라서 입찰 참여자는 분양대금 지급여부를 확인하여야 할 것이다.

---

50 · 대법원 2006. 9. 22. 선고 2004다58611 판결

라. 집합건물의 부지가 아니어도 무방

집합건물이 해당 대지를 부지로 하여 건축된 경우가 가장 일반적인 모습이지만, 해당 대지상에 집합건물이 존재하지 않더라도 사회통념상 대지사용권이 인정되는 경우도 있다. 이런 경우는 대규모 아파트 단지 내의 부지에서 자주 볼 수 있는데, 특정 호실의 전유부분이 속해 있는 집합건물이 특정 지번에 존재치 않고, 특정 지번상에는 다른 집합건물이나 아파트 정원, 놀이터 등 아파트 공동시설이 존재한다고 하더라도 특정 지번의 대지는 특정 호실을 위한 대지사용권이 될 수 있다고 볼 여지가 있는 것이다.[51]

3. 대지사용권의 성립요건

가. 집합건물 존재+대지를 사용할 수 있는 권리

대지사용권은 구분소유자가 전유부분을 소유하기 위하여 건물의 대지에 대하여 가지는 권리로서, 그 성립을 위해서는 <u>집합건물의 존재와 구분소유자가 전유부분 소유를 위하여 당해 대지를 사용할 수 있는 권리를 보유</u>하는 것 이외에 다른 특별한 요건이 필요하지 않다(대법원 2009. 6. 23. 선고 2009다26145 참조).

나. 대지사용권 성립 이전에 이미 분리처분된 경우는 대지권 없다.

대지사용권 성립 이전에 이미 대지지분이 매매되거나 대지지분만에 대해 저당권이 설정되는 등 분리처분 되었다면, 집합건물법 제20조가 적용되지 않을 수 있다(대법원 2011. 1. 27. 선고 2010다72779,

---

51 · 서울중앙지방법원 2012. 1. 11. 선고 2011가단151622 판결

72786 판결).

집합건물법 제20조에서 금지되는 "처분"의 개념에 대해서는 논란이 있을 수 있다. 원칙적으로 "처분"이라 함은, 권리의 변동을 직접의 목적으로 하는 법률행위로서 양도, 저당권의 설정, 신탁, 출자, 유증 등이 이에 해당하는데, 판례는 이에 국한하지 않고 전유부분과 대지사용권의 분리를 초래할 수 있는 <u>(가)압류, 재판작용을 두루 포함하는 것으로 해석</u>하고 있다(대법원 2000. 11. 16. 선고 98다45652,45669 전원합의체 판결).

다. 대지사용권 사후소멸을 인정한 사례

대법원은 "구분소유자의 의사에 기하지 않고 대지사용권 발생의 원인이 된 계약에 따라 대지사용권이 소멸한 경우 이를 위 조항에서 금지하는 대지사용권의 분리처분에 해당한다고 볼 수 없고, 집합건물의 부지가 되는 토지의 소유자로서 구분소유자 아닌 자가 위 토지를 처분하였다고 하여 위 조항에 위배된다고 볼 수도 없다."고 판시하여, 대지사용권의 사후소멸을 인정하고 있다(대법원 2011. 9. 8. 선고 2010다15158 판결).

즉, 대지사용권은 구분소유자가 전유부분을 소유하기 위하여 건물의 대지에 대하여 갖는 권리로서 반드시 대지에 대한 소유권과 같은 물권에 한정되는 것은 아니고 등기가 되지 않는 채권적 토지사용권도 대지사용권이 될 수 있으며, 신탁계약의 내용이 신탁등기의 일부로 인정되는 신탁원부에 기재된 경우 이를 제3자에게 대항할 수 있으나, 대지사용권은 권리로서 유효하게 존속하고 있어야 하므로 사후에 효력을 상실하여 소멸한 토지사용권은 더 이상 전유부분을 위한 대지사용권이 될 수 없다. 甲주식회사가 신탁계약이나 이에 따른 토지사용승낙을 통하여 오피스텔 부지에 관한 채권적 대지사용권을 갖고 있었으나 우선수익자에 대한 대출금채무를 이행하지 않아 오피스텔 신축 후 수탁자가 신탁재산인 위 부지를 乙주식회사에 처분하였고, 그 후 丙등이 오피스텔의 전유부분에 관한 소유권을 경매절차를 통해 취득한 사안에서, 위 부지의 처분으로 신탁계약이 종료되고 대지사용권도 소멸하였으므로, 丙등은 오피스텔 전유부분을 위한 대지사용권을 취득하지 못하였다고 보았다.

구분소유자의 대지사용권은 그가 가지는 전유부분의 처분에 따르고, 구분소유자는 그가 가지는 전유부분과 분리하여 대지사용권을 처분할 수 없다. 그러나 구분소유자가 애초부터 대지사용권을 보유하고 있지 아니하거나, <u>대지사용권 보유의 원인이 된 신탁계약 종료에 따라 대지사용권이 소멸한 경우에는 특별한 사정이 없는 한</u> 집합건물법 제20조가 정하는 전유부분과 대지사용권의 일체적 취급이 적용될 여지가 없다(대법원 2011. 9. 8. 선고 2011다23125 판결).

라. 대지사용권 사후취득

집합건물의 대지사용권은 구분소유자가 전유부분을 소유하기 위하여 건물의 대지에 대하여 가지는 권리로서 그 성립을 위해서는 집합건물의 존재와 구분소유자가 전유부분 소유를 위하여 당해 대지를 사용할 수 있는 권리를 보유하는 것 이외에는 다른 특별한 요건이 필요하지 않고(대법원 2009. 6. 23. 선고 2009다26145 판결 등 참조), 대지사용권이 없는 구분소유자가 사후적으로 사용권을 취득한 경우에는 그때에 대지사용권이 성립한다(대법원 2012. 01. 27. 선고 2011다73090 판결[52]).

민법 제358조 본문은 "저당권의 효력은 저당부동산에 부합된 물건과 종물에 미친다"고 규정하고 있는바, 이 규정은 저당부동산에 종된 권리에도 유추적용된다. 구분건물의 전유부분만에 관하여 설정된 저당권의 효력은 대지사용권의 분리처분이 가능하도록 규약으로 정하는 등의 특별한 사정이 없는 한 그 전유부분의 소유자가 사후에라도 대지사용권을 취득함으로써 전유부분과 대지권이 동일 소유자의 소유에 속하게 되었다면, 그 대지사용권에까지 미치고 여기의 대지사용권에는 지상권 등 용익권 이외에 대지소유권도 포함된다(대법원 1995. 08. 22. 선고 94다12722 판결).

그리고 이는 대지사용권 성립전에 대지에 근저당권이 설정되고, 그 이후에 아파트가 건축되어 대지권등기가 경료되었으나, 대지에 설정된 근저당권에 의한 경매가 실행되어 대지를 낙찰받으면 대지권은 사후적으로 소멸되나, 그 이후 다시 대지사용권을 취득한 경우에는 그 취득시점에서 다시 대지사용권은 성립하고, 그 이후에는 분리처분이 금지된다(서울중앙지방법원 2015. 5. 27. 선고

---

[52] 피고 1이 구분건물인 이 사건 연립주택 3동 101호를 경매절차에서 낙찰받은 후 이 사건 연립주택의 부지인 이 사건 대지 중 61.375/2,565 지분에 관하여 소유권을 취득함으로써 위 지분에 관하여 위 3동 101호를 위한 대지사용권이 성립되었다고 판단하였다. 따라서 그 이후 피고 1이 위 3동 101호를 위한 대지사용권의 목적인 이 사건 대지 중 61.375/2,565 지분을 위 3동 101호와 별도로 피고 2에게 처분한 것에 대하여 무효라고 판단하였다.

2013나60233 판결[53]).

▶1차 대지권 소멸 후에 사후적으로 대지사용권 성립 후에 전유부분 취득을 원인으로 한 대지권 취득 사례
서울중앙지방법원 2015. 3. 19. 선고 2013나60233 판결
○ 주문(판결문 그대로임)
1. 피고 갑은
　가. 별지 목록 기재 부동산을 인도하고,
　나. 18,007,000원 및 이에 대하여 2014. 12. 19부터 다 갚는 날까지 연20%의 비율로 계산한 돈과
　다. 2014. 12. 6.부터 위 부동산의 인도완료일까지 월 517,000원의 비율로 계산한 돈을 각 지급하라.
2. 피고 을은 원고에게 인천 남구 대291.9㎡ 및 726.6㎡ 중 각 31.828125/1018.5 지분에 관하여, 2012. 1. 6. 별지 목록 기재 부동산에 관한 전유부분 취득을 원인으로 한 소유권 이전등기절차를 이행하라.
○ 사실관계(다소 편집함)
가. 1차 대지 경매
　갑은 2002. 10. 10. 이 사건 토지에 대해 소유권을 취득하고, 같은 날 우리은행에 근저당을 설정해 주었다.
　그 이후 갑은 이 사건 토지에 아파트를 건축하고 갑 명의로 보존등기를 하고, 같은 날 대지권등기도 경료하였다.
　우리은행은 2005. 4. 이 사건 토지에 대해 근저당권 실행을 위한 경매를 신청하였고, 2006. 2. 1. 이 사건 건물에 마쳐졌던 대지권 등기가 말소되었는데, 을은 2006. 12. 28. 매각대금을 납부하여 이 사건 대지의 소유권을 취득하였다.

---

53 대법원 2015다211722, 2015. 07. 10. 심리불속행기각. 전유부분 경매 시에 대지권이 수반되지 않는 건물만의 평가임을 밝히고 경매된 사건임. 즉, 대지권 낙찰자가 구분소유자를 상대로 건물철거 소송을 제기한 후에 승소판결을 받고, 2심에서 조정(즉, 대지권을 돈을 받고 구분소유자에게 이전하기로 함)하고, 따라서 사후적으로 다시 대지사용권을 취득한 사건. 원고 강연○, 피고 오영○

나. 2차 전유부분 경매

병은 2006. 2. 21. 갑으로부터 이 사건 전유부분에 대해 이전등기를 완료하고, 무에게 전유부분에 대해 2006. 2. 21. 1,500만원 근저당 설정하였다.

이 사건 대지소유자 을은 전유부분 소유자 병을 상대로 철거소송을 제기하여 승소판결을 얻었고, 그러자 을과 병은 2심에서 병이 을에게 돈을 지급하고 을의 대지소유권을 취득하는 것으로 조정결정이 되고, 확정되었다. 즉, 병은 2009. 11. 10. 이 사건 대지와 전유부분 소유권을 취득하였다.

즉, 피고 병이 2009. 11. 10. 전유부분과 지분 이전등기를 경료하고, 무는 2011. 2. 24. 이 사건 전유부분에 대해 근저당 실행을 위한 경매를 신청하였고, 원고가 2012. 1. 6. 매각대금을 납부하고 취득한 후, 피고 병을 상대로 대지권이전등기 소를 제기하였다.

제6장 분리처분 금지

제1절 집합건물 대지와 분리처분 금지

> 제20조(전유부분과 대지사용권의 일체성) ① 구분소유자의 대지사용권은 그가 가지는 전유부분의 처분에 따른다.
> ② 구분소유자는 그가 가지는 전유부분과 분리하여 대지사용권을 처분할 수 없다. 다만, 규약으로써 달리 정한 경우에는 그러하지 아니하다.
> ③ 제2항 본문의 분리처분금지는 그 취지를 등기하지 아니하면 선의(善意)로 물권을 취득한 제3자에게 대항하지 못한다.
> ④ 제2항 단서의 경우에는 제3조제3항을 준용한다.

집합건물법 제20조는 "구분소유자의 대지사용권은 그가 가지는 전유부분의 처분에 따른다. 구분소유자는 그가 가지는 전유부분과 분리하여 대지사용권을 처분할 수 없다. 다만, 규약으로써 달리 정한 경우에는 그러하지 아니하다."고 규정하고 있고, 대법원은 위 집합건물법 제20조를 위반하여 대지사용권의 목적이 된 토지를 처분하는 경우 그 처분은 무효라고 보고 있어(대법원 2010. 5. 27. 선고 2006다84171 판결 등), 구분소유권이 성립한 이후에 대지사용권의 목적이 된 토지만을 경매에서 낙찰 받거나 신탁 등으로 취득한다고 하더라도 이러한 대지지분 또는 대지 전부 취득은 원천적으로 무효인 것이다. 집합건물법 제20조에서 금지되는 "처분"이라 함은, 권리의 변동을 직접 목적으로 하는 법률행위로서 양도, 저당권의 설정, 신탁, 출자, 유증 등이 이에 해당하는데, 판례는 이에 국한하지 않고 전유부분과 대지사용권의 분리를 초래할 수 있는 (가)압류, 재판(예를 들어 공유물 가액분할, 명의신탁 해지), 경·공매 등을 두루 포함하는 것으로 해석하고 있다.

특히 우리나라는 부동산개발사업을 하는 과정에서 집합건물 완공 이전에 선 분양을 하는 경우가 많은데, 분양계약의 체결 및 구분행위에 상응하는 구분건물이 객관적·물리적으로 완성 후에 대출채권을 담보하기 위하여 토지에 대해서만 부동산담보신탁을 하는 경우, 전원합의체 판례에 따르면 구분소유 성립 후에 전유부분과 분리하여 대지사용권만 처분하는 것에 해당하여 부동산담보신탁이 무효가 되는 것이다.

따라서 건축 중인 집합건물이 있는 땅에 대해 경매에 참여하거나 신탁 또는 담보등기를 받고 대출을 하고자 하는 자는 구분소유권의 성립시기를 잘 살펴 소유권 취득여부를 결정하여야 한다.

어려운 법리 같지만 이해를 하면 그리 어렵지 않다. 즉, 경매에 나온 땅이 있는데 그 지상에 집합건물을 건축 중이라면, 그 건물에 대해 구분행위(분양행위 등)가 있었는지를 살피고, 그리고 그 구분행위대로 건물이 객관적·물리적으로 건축허가 내용대로 전체 층수에 대한 독립건물요건이 충족된 이후에, 담보가 설정되거나, 신탁등기가 이루어졌는지를 살펴서, 이러한 권리를 기초로 경매에 나왔다면 이러한 토지는 낙찰을 받아도 소유권 취득이 불가하므로, 아무리 저렴해도 낙찰을 받지 말라는 것이다.

제2절 분리처분 금지 예외

1. 규약 또는 공정증서로서 달리 정한 경우

규약 또는 공정증서로서 달리 정한 경우에는 분리처분이 가능하다. 규약이나 공정증서에 의한 예외를 인정한 것은 소규모연립주택과 같이 구분소유자가 많지 않아 토지등기부가 복잡하지 않고 단기간 내에 그 건물이 철거되어 대지가 다른 용도에 사용될 것으로 예정되는 때는 그 철거 전이라도 대지사용권의 분리처분을 굳이 금할 필요성이 크지 않고, 또 대규모 아파트 단지의 경우에도 일단의 대지 위에 차례로 집합건물을 짓는 경우에는 그 새로운 수분양자를 위하여 종전의 대지에 대한 지분권만을 양도할 필요성이 있기 때문이다.

하지만, 실무상으로는 분리처분을 허용하는 규약은 거의 없다.

2. 법이 효력발생 전에 분리처분된 것도 유효

집합건물법 부칙(84. 4. 10) 제4조에 따라 같은 법 제20조가 적용되기 전에 구분소유자가 전유부분과 분리하여 대지사용권을 처분한 경우, 유효하고, 위와 같이 분리된 전유부분과 대지사용권이 같은 조가 적용된 후에 각각 처분된 경우도 유효하다(대법원 2016. 5. 12. 선고 2015다72712 판결, 대법원 2011. 1. 27. 선고 2010다72779 판결). 이 경우 대지사용권이 없는 전유부분의 소유자는 그 전유부분의 대지권으로 등기되어야 할 지분에 상응하는 면적에 대한 임료 상당액을 그 대지 지분의 소유자에게 부당이득으로 반환하여야 한다.

집합건물법 제20조의 시행일(1986. 4. 10.) 이전에 건물에 대하여만 근저당권설정등기가 경료된 경우[54], 위 근저당권의 실행에 의한 경락인이 대지지분에 대하여도 권리를 취득할 수 있는지 여부에 대해, 대법원은 불가하다고 한다(대법원 1993. 3. 9. 선고 92다52917 판결).

3. 구분소유권 성립이전에 분리된 경우, 구분소유권 성립 이전에 설정된 저당권, 가압류로 인한 분리처분

집합건물법 제20조는 집합건물법상 대지사용권이 성립된 이후에 전유부분과 대지사용권이 분리되는 것을 금지하는 것이므로, 대지사용권이 성립하기 이전에 이미 분리처분이 이루어지게 되면

---

54 · 법 시행전 설정된 가압류에 의해 분리매각되어도 마찬가지일 것이다.

집합건물법 제20조를 적용할 수 없다. 즉, 이러한 처분행위는 유효하게 된다. 그 때문에 대지사용권이 언제 성립하는지를 살펴보는 것이 매우 중요하다.

구분소유권 성립 이전에 설정된 저당권, 가압류로 인하여 분리처분되면 이것도 당연히 유효하다.

4. 재건축으로 종전 아파트가 철거되어 구분소유권이 소멸한 이후 토지 분리처분

재건축아파트 부지에 대해 경매절차가 개시되기 전에 이미 건물이 철거되어 구분소유권의 대상이 되는 전유부분이 존재하지 않게 되었고, 대지권등기도 말소되었으므로, 분리처분 문제가 생길 수 없다(수원지방법원 2011. 1. 25. 선고 2010나31959 판결, 대법원 2011다34590. 2011. 7. 6. 상고이유서부제출로 기각).

5. 구분소유자 아닌 자가 전유부분과 무관하게 대지를 소유하는 경우

구분소유자 아닌 자가 전유부분과 무관하게 대지를 소유하는 경우는 주로 법 시행 이전에 대지의 일부를 남겨두고 나머지만을 대지권의 목적으로 삼은 경우가 대부분이다. 즉, 법 시행전이므로 당연히 분리처분금지 원칙에 반하지 않는다. 아래 판례도 같은 취지이다.

집합건물법 제20조에 의하여 분리처분이 금지되는 같은 법상 대지사용권은 구분소유자가 전유부분을 소유하기 위하여 건물의 대지에 대하여 가지는 권리이므로(집합건물법 제2조제6호 참조), <u>구분소유자 아닌 자가 전유부분의 소유와 무관하게 집합건물의 대지로 된 토지에 대하여 가지고 있는 권리는 같은 법 제20조에 규정된 분리처분금지의 제한을 받지 아니한다</u>(대법원 2010. 5. 27. 선고 2010다6017 판결, 인천지방법원 2015. 4. 29. 선고 2014가단257980 판결[55]).

대법원은 "이 사건에서 소외인이 시장점포와 분리하여 이 사건 대지의 소유권을 보성실업에 이전한 것은 집합건물법 제20조가 적용되기 전의 것이어서 그 분리처분이 유효하고, <u>집합건물인 이 사건 시장점포의 구분소유권을 취득한 적이 없는 보성실업</u>이 이 사건 대지에 대하여 가지는 소유권은 구분소유자가 전유부분을 소유하기 위하여 건물의 대지에 대하여 가지는 권리가 아니므로, 위 법리에 비추어 볼 때, 보성실업이 이 사건 대지에 관하여 홍콩상하이은행 앞으로 근저당권을 설정해 준 행위와 그에 따라 위 근저당권에 기한 경매를 토대로 이루어진 원고들 명의의 소유권이전등기는 보성실업이 수분양자들에게 대지지분을 이전해 줄 의무를 승계하였는지 여부와 상관없이 집합건물법 제20조의 분리처분금지 규정에 반하는 것이라고 할 수 없다."고 판시하였다(대법원 2013. 10. 24. 선고 2011다12149 판결, 동지 대법원 2010. 5. 27. 선고 2010다6017 판결).

---

55 제국칸스빌아파트 사건, 소외 황병○가 대지 소유권을 취득한 후에 은행에 근저당권을 설정 해주고 나서 그 이후에 아파트를 건축, 대지권 등기가 되었으나, 대지 경매로 인한 낙찰, 대지권 소멸

제3절 선의의 제3자

무과실도 요한다는 것이 통설이다. 통상 법원은 집합건물이 건축되는 상황에서 경매가 실시되면 선의는 인정하지 않는다.

집합건물법 제20조의 규정 내용과 입법 취지 등을 종합하여 볼 때, 경매절차에서 전유부분을 낙찰받은 사람은 대지사용권까지 취득하는 것이고, 규약이나 공정증서로 다르게 정하였다는 특별한 사정이 없는 한 대지사용권을 전유부분과 분리하여 처분할 수는 없으며, 이를 위반한 대지사용권의 처분은 법원의 강제경매절차에 의한 것이라 하더라도 무효이다. 또한, 대지사용권은 구분소유자가 전유부분을 소유하기 위하여 건물의 대지에 대하여 가지는 권리로서(같은 법 제2조 제6호) 그 성립을 위해서는 집합건물의 존재와 구분소유자가 전유부분 소유를 위하여 당해 대지를 사용할 수 있는 권리를 보유하는 것 이외에 다른 특별한 요건이 필요치 않은 사정도 고려하면, "분리처분금지는 그 취지를 등기하지 아니하면 선의로 물권을 취득한 제3자에 대하여 대항하지 못한다"고 정한 같은 법 제20조 제3항의 '선의'의 제3자는, 원칙적으로 집합건물의 대지로 되어 있는 사정을 모른 채 대지사용권의 목적이 되는 토지를 취득한 제3자를 의미한다(대법원 2009. 6. 23. 선고 2009다26145 판결).

제7장 쟁점별 검토

제1절 미준공 집합건물 및 대지

1. 구분소유권 성립여부가 가장 중요

독립된 부동산으로서의 건물이라고 하기 위하여는 '최소한의 기둥과 지붕, 그리고 주벽'이 이루어지면 된다는 것은 대법원 판례의 확고한 입장이다(대법원 2001. 1. 16. 선고 2000다51872 판결).[56]

그런데 대법원은 일반건물이 아닌 구분건물이라고 하기 위해서는 ① 객관적·물리적인 측면에서 1동의 건물이 존재하고, ② 구분된 건물부분이 구조상·이용상 독립성을 갖추어야 할 뿐 아니라, ③ 1동의 건물 중 물리적으로 구획된 건물부분을 각각 구분소유권의

---
56 · 주석민법 총칙(2), 한국사법행정학회(2001), 238면

객체로 하려는 구분행위가 있어야 한다. 구분건물이 물리적으로 완성되기 전에도 건축허가신청이나 분양계약 등을 통하여 장래 신축되는 건물을 구분건물로 하겠다는 구분의사가 객관적으로 표시되면 구분행위의 존재를 인정한다(대법원은 2013. 1. 17. 선고 2010다71578 전원합의체 판결).

그런데 여기서 ①, ②의 요건과 관련하여 대법원은 계획한 최종 층수까지 완성되어야 하는지에 대해 다소 엇갈리는 듯 판시하였고,[57] 다만 위 전원합의체 판결에 이르러 간접적으로나마 최종 층수까지는 완성되어야 한다는 점을 피력[58]하고 있는 듯 보인다.

따라서 미준공건물에 대한 경매에 있어서는 일반건물로 보아야 하는지, 아니면 구분건물로 보아야 하는지에 따라 달라지므로, 구분소유권이 성립하는지를 제대로 파악하여야 할 것이다. 구분소유권이 성립하면 최종 완성한 자가 원시취득하고, 분할이 금지되고, 분리처분도 금지된다.

2. 경매집행대상여부

다음으로는 미완성건물이 집행대상이 되느냐가 중요하다. 구분소유

---

[57] 물론 이는 법정지상권존재여부를 판단하는 것과 미준공 건물 양·수도에서 원시취득자가 누구인지를 판단하는가에 따라 달라지므로 실질은 다른 것이 아니라는 견해도 있다.

[58] 첫째, '1동의 건물 및 그 구분행위에 상응하는 구분건물이 객관적·물리적으로 완성', 둘째, '이 ○○아파트는 2003. 8. 25.까지 지하 2층부터 지상 12층까지 각 층의 기둥, 주벽 및 천장 슬래브 공사가 이루어져', '원심은 2003. 9. 4.부동산담보신탁계약을 체결할 당시 이 ○○아파트가 12층 전부에 걸쳐 기둥과 지붕 및 천장 슬래브의 형태를 갖추고 있어서'라고 표현하는 것을 보면 최종 층수까지는 완성되어야 하는 것처럼 보인다.

권이 성립하였는데, 집행대상이 되지못하면 경매가 불가하여 채권회수가 불가하게 되는 것이다. 왜냐하면 구분소유권이 성립하였으므로 대지만 경매로 분리처분할 수는 없는 것이다.

대법원은 집행가능여부에 대해 "완공되지 아니하여 보존등기가 경료되지 아니하였거나 사용승인되지 아니한 건물이라고 하더라도 채무자의 소유로서 건물로서의 실질과 외관을 갖추고, 그의 지번·구조·면적 등이 건축허가 또는 건축신고의 내용과 사회통념상 동일하다고 인정되는 경우에는 이를 부동산경매의 대상으로 삼을 수 있다."고 판시하여(대법원 2005. 9. 9.자 2004마696 결정), '건물로서의 실질과 외관' 이외에 '건축허가 또는 건축신고의 내용과 사회통념상 동일성'을 요구하고 있다.

제2절 준공 집합건물

1. 대지만 경매

가. 서론

구분소유권 성립이후에는 분리처분 금지에 위배되어 무효이다. 구분소유권은 집합건물 존재와 대지사용권이 성립하면 성립한다. 대지사용권은 집합건물의 존재와 구분소유자가 전유부분 소유를 위하여 당해 대지를 사용할 수 있는 권리를 보유하는 것으로 족하다.

따라서 대지만 경매 시에는 분리처분 가능여부가 가장 중요하다. 분리처분이 불가하면 대지를 낙찰 받아도 소유권을 취득할 수가 없기 때문이다.

 분리처분이 가능한 경우는 ① 법 이전 분리되거나(주로 지분을 남겨두고 일부 지분 분양, 구분소유자 아닌 자가 전유부분과 무관하게 대지를 소유하는 경우, 대법원 2013. 10. 24. 선고 2011다12149 판결), ② 구분소유권 성립이전 분리되거나, ③ 분리처분 가능 규약이 있거나(실무적으로는 거의 없다), ④ 철거등으로 구분소유권 소멸 후 분리되거나(재건축 경우), ⑤ 사후 대지사용권이 소멸되는 경우이다(ⓐ대지권 성립 전 근저당권, ⓑ대지권 성립 전 가압류, 압류로 분리→특별매각조건 여부).

 따라서 분리처분 가능 사안에 해당하지 않으면 대지 입찰에 참여하지 말아야 할 것이다.

나. 건물의 대지에만 설정된 저당권에 의한 경매
 (1) 대지사용권이 성립하기 전에 대지 만에 대해서 저당권이 설정되었다가 그 대지가 집합건물의 대지가 된 후에 경매가 개시되면 복잡한 문제가 발생한다. 물론 대지사용권 성립 전에 대지에 대한 저당권 설정은 유효하나, 대지사용권 성립 후 저당권 설정은 분리처분금지에 반하여 무효이다.

 (2) 대지 저당권자가 경매개시 신청을 하는 경우
 ① 전유부분 경매는 불가

법 제20조제1항은 대지사용권이 그가 가지는 전유부분에 종속됨을 규정하고 있지, 전유부분이 대지사용권에 종속하는 것이 아니므로, 대지에 대한 저당권자는 전유부분에 대해서 경매를 신청할 수 없고, 법원도 경매개시결정을 하여서는 안된다.

② 일괄경매 문제

토지를 목적으로 저당권을 설정한 후 그 설정자가 그 토지에 건물을 축조한 때에는 저당권자는 토지와 함께 그 건물에 대하여도 경매를 청구할 수 있다. 그러나 그 건물의 경매대가에 대하여는 우선변제를 받을 권리가 없다(민법 제365조).

따라서 대지저당권자는 자유로운 선택에 따라 그 지상에 건립된 집합건물 전체는 물론 어느 구분건물만을 특정하여 대지와 함께 경매를 신청할 수 있다.[59]

토지와 그 지상 건물의 소유자가 이에 대하여 공동저당권을 설정한 후 건물을 철거하고 그 토지상에 새로이 건물을 축조하여 소유하고 있는 경우에는 건물이 없는 나대지 상에 저당권을 설정한 후 그 설정자가 건물을 축조한 경우와 마찬가지로 저당권자는 민법 제365조에 의하여 그 토지와 신축건물의 일괄경매를 청구할 수 있다(대법원 1998. 4. 28. 자 97마2935 결정).

③ 일부 구분건물 및 그 대지권에 대하여 제3자의 경매신청이 있는 경우

---

59 판사 손진홍, '부동산 권리분석과 배당', 211, 법률정보센타. 2010년.

ⓐ 전유부분만에 설정된 저당권에 의해 경매가 진행되면, 분리처분 금지 전에 대지 만에 설정된 저당권도 소멸한다(소위 엔학개발사건).[60]

전유부분	대지지분
※전유부분: 엔학개발보존→소외1 매수→제이투시스템 낙찰→피고 매수	※대지지분: 엔학개발→ 소외2→원고
-2003. 8. 13. 주)엔학개발은 그 소유의 부산 ○○ 대 415.2㎡ 외 7필지 국민은행에게 근저당권설정 - 엔학개발은 위 대지에 15층 근린생활시설 및 공동주택 1동 신축	-2009. 3. 5. 엔학개발 채권자 신청에 강제경매절차가 개시, 근저당권자 국민은행 신청 2009. 6. 1. 임의경매절차가 개시, 그중 선행하는 강제경매절차에 따라 경매진행
-2006. 2. 23. 가압류 기입등기 촉탁에 따라 ○아파트의 각 구분건물에 관하여 엔학개발 소유권보존등기, 대지권등기는 ×	-2010. 3. 31. 소외 2는 115.025/1,210.2 지분(그중 이 사건 전유부분에 해당하는 지분은 10.955/1,210.2)을 매수
-2007. 9. 11. 소외 1은 엔학개발로부터 405호 매수하여 소유권이전등기 및 국민은행에게 근저당권설정	-2010. 4. 7. 원고는 소외 2로부터 115.025/1,210.2지분을 매수
-2009. 5. 20. 국민은행 경매신청, 주)제이투시스템 낙찰,	- 원고 지료 및 부당이득반환청구
-2010. 2. 12. 피고는 제이투시스템으로부터 매수, 소유권이전등기	

---

60 · 신창용, 대지사용권 완전정복, 스틱, 151.

재판결과 : 1심 원고 패소, 2심 원고 승소, 3심 원고 패소
- 대지지분은 여전히 엔학개발에 남아 있었음. 출발자인 엔학개발이 대지의 소유자로서 대지사용권을 가지고 있었음으로 앤학개발 이하의 자들도 무사히 대지사용권을 취득한다는 것임. 즉 대지권등기가 없어도 법적근거(집합건물법이든 종물개념이든)에 의해 소유권과 대지사용권 동시 보유
- 대지지분을 제외한 채 전유부분에 관하여만 감정평가가 실시되었고 최저매각가격에도 대지지분의 평가액은 반영되지 아니하였으며 매각허가결정의 부동산 표시에도 전유부분만 표시되었다.
※ 대지근저당권을 인수한다는 조건이 없으므로, 국민은행의 대지근저당권은 등기부상은 살아 있어도 법적으로는 소멸된 것, 따라서 그 이후 대지근저당을 기초로 한 대지지분경매는 무효이므로, 경락도 무효, 매도매수도 무효, 원고는 소유권 취득 못함

대법원 2013. 11. 28. 선고 2012다103325 판결
[1] 집합건물에서 구분소유자의 대지사용권은 규약이나 공정증서로써 달리 정하는 등의 특별한 사정이 없는 한 전유부분과 종속적 일체불가분성이 인정되므로(집합건물법 제20조제1항, 제2항), 대지소유권을 가진 집합건물의 건축자로부터 전유부분을 매수하여 그에 관한 소유권이전등기를 마친 매수인은 전유부분의 대지사용권에 해당하는 토지공유지분(이하 '대지지분'이라고 한다)에 관한 이전등기를 마치지 아니한 때에도 대지지분에 대한 소유권을 취득한다.[61]
[2] 동일인의 소유에 속하는 전유부분과 토지공유지분(이하 '대지지분'이라고 한다)중 전유부분만에 관하여 설정된 저당권의 효력은 규약이나 공정증서로써 달리 정하는 등의 특별한 사정이 없는 한 종물 내지 종된 권리인 대지지분에까지 미치므로, 전유부분에 관하여 설정된 저당권에 기한 경매절차에서 전유부분을 매수한 매수인은 대지지분에 대한 소유권을 함께 취득하고, 그 경매절차에서 대지에 관한 저당권을 존속시켜 매수인이 인수하게 한다는 **특별매각조건이 정하여져 있지 않았던 이상** 설사 대지사용권의 성립 이전에 대지에 관하여 설정된 저당권이라고 하더라도 대지지분의 범위에서는 민사집행법 제91조제2항이 정한 '매각부동산 위의 저당권'에 해당하여 매각으

로 소멸하는 것이며, 이러한 대지지분에 대한 소유권의 취득이나 대지에 설정된 저당권의 소멸은 전유부분에 관한 경매절차에서 대지지분에 대한 평가액이 반영되지 않았다거나 대지의 저당권자가 배당받지 못하였다고 하더라도 달리 볼 것은 아니다.

한편 이 사건 대지에 관하여 진행된 강제경매는 이 사건 대지지분의 소유권이 소외 1에게 이전된 후 집행채무자를 엔학개발로 하여 개시된 것으로서 타인 소유의 물건에 대한 강제집행에 해당하므로, 그 강제경매절차에서의 매수인인 소외 2는 이 사건 대지지분에 대한소유권을 취득할 수 없다. 나아가 이 사건 대지에 관하여는 후행경매로서 근저당권자 국민은행에 의한 임의경매개시결정도 있었으나, 그에 앞서 진행되었던 이 사건 전유부분에 관한 경매절차에서 이 사건 대지에 대한 국민은행의 근저당권을 존속시켜 매수인이 인수하게 한다는 특별매각조건이 없었던 이상 제이투시스템이 매각대금을 완납함으로써 국민은행의위 근저당권은 이 사건 대지지분의 범위에서는 소멸하였다고 할 것이고, 소멸한 근저당권에 기한 경매절차에서는 매수인이 소유권을 취득할 수 없으므로, 소외 2는 임의경매절차에서의 매수인으로서도 이 사건 대지지분에 대한 소유권을 취득할 수 없다.

그럼에도 불구하고 원심은 그 판시와 같은 이유로, 소외 2로부터 이 사건 대지지분을 매수한 원고가 이 사건 대지지분에 대한 소유자이고 피고는 이 사건 대지지분에 대한 소유권을 취득하지 못하였음을 전제로 원고의 청구를 일부 인용하였는바, 이는 집합건물 전유부분의 취득·처분 및 경매에 관한 법리를 오해하여 판단을 그르친 것이다.

대법원 2008. 3. 13. 선고 2005다15048 판결
[1] 집합건물 구분소유자의 대지사용권은 전유부분과 분리처분이 가능하도록 규약으로 정하였다는 등의 특별한 사정이 없는 한 전유부분과 종속적 일체불가분성이 인정되므로, 구분건물의 전유부분에 대한 저당권 또는 경매개시결정과 압류의 효력은 당연히 종물 내지 종된 권리인 대지사용권에까지 미치고, 그에 터잡아 진행된 경매절차에서 전유부분을 경락받은 자는 그 대지사용권도 함께 취득한다.

[2] 구 민사소송법(2002. 1. 26. 법률 제6626호로 전문 개정되기 전의 것) 제608조제2항 및 현행 민사집행법 제91조제2항에 의하면 매각부동산 위의 모든 저당권은 경락으로 인하여 소멸한다고 규정되어 있으므로, 집합건물의 전유부분과 함께 그 대지사용권인 토지공유지분이 일체로서 경락되고 그 대금이 완납되면, 설사 대지권 성립 전부터 토지만에 관하여 별도등기로 설정되어 있던 근저당권이라 할지라도 경매과정에서 이를 존속시켜 경락인이 인수하게 한다는 취지의 특별매각조건이 정하여져 있지 않았던 이상 위 토지공유지분에 대한 범위에서는 매각부동산 위의 저당권에 해당하여 소멸한다.

[3] 신축 당시부터 다세대주택의 각 세대 전부에 대하여 대지권등기를 하고 전유부분과 대지권이 같이 처분되어 옴으로써 각 전유부분과 해당 대지사용권(토지공유지분)이 상호대응관계를 유지하면서 일체불가분성을 갖고 있는 경우, 대지권의 성립 전에 대지에 관하여 별도등기로 설정되어 있던 근저당권이 실행됨에 따라 대지사용권(토지공유지분)이 전유부분으로부터 분리처분되었더라도, 경매개시결정부터 경락허가결정에 이르기까지 경매목적물인 토지지분이 특정 전유부분의 대지권에 해당하는 공유지분임이 충분히 공시되었다면, 이로써 대지권을 가지고 있는 구분건물 소유자들과 대지의 공유지분권자 사이에 공유물의 사용에 관한 합의의 일종으로서 구분건물에서 분리된 위 공유지분(위 경매목적물)을 분리되기 전의 전유부분을 위한 사용에 제공하여 상호관련성을 유지하기로 하는 묵시적 합의가 성립하였다고 보아야 한다. 또 그와 같이 해석하는 것이 집합건물에서 전유부분과 대지사용권이 분리되는 것을 최대한 억제하여 집합건물에 관한 법률관계의 안정과 합리적 규율을 도모하려는 '집합건물의 소유 및 관리에 관한 법률'의 입법 취지에도 부합한다고 할 것이다.

따라서 위와 같이 대지사용권이 분리처분됨에 따라 대지권 없이 위 공유지분을 전유부분의 대지로 사용해 온 구분건물 소유자는 위 공유지분을 분리취득한 소유자에게 부당이득으로 위 공유지분에 상응하는 임료 상당액 전부를 지급해야 한다고 한 사례.

---

61 이 판결에서는 그동안 대법원이 대지사용권을 취득한다고 표현하던 것을 직설적으로 대지소유권을 취득한다고 표현한다.

ⓑ 대지지분 만에 설정된 저당권으로 경매가 먼저 진행

경매는 유효하다. 그러면 건물과 대지사용권이 분리처분되어, 종전 구분소유자의 대지사용권은 낙찰자에게 이전되고, 이러한 낙찰자는 대지사용권을 잃은 전유부분 소유자를 상대로 철거를 구할 수 있다.

구분소유자가 애초부터 대지사용권을 보유하고 있지 아니하거나, 대지사용권 보유의 원인이 된 신탁계약 종료에 따라 대지사용권이 소멸한 경우에는 특별한 사정이 없는 한 집합건물법 제20조가 정하는 전유부분과 대지사용권의 일체적 취급이 적용될 여지가 없다(대법원 2011. 9. 8. 선고 2011다23125 판결).

또한 원칙적으로는 대지사용권을 가지지 아니한 구분소유자가 있을 때에는 그 전유부분의 철거를 청구할 권리를 가진 자는 그 구분소유자에 대하여 구분소유권을 시가(時價)로 매도할 것을 청구할 수 있다(법 제7조).

그런데 위 **대법원 2008. 3. 13. 선고 2005다15048 판결의 사실관계처럼** 신축 당시부터 다세대주택의 각 세대 전부에 대하여 대지권등기를 하고 전유부분과 대지권이 같이 처분되어 옴으로써 각 전유부분과 해당 대지사용권(토지공유지분)이 **상호대응관계를 유지하면서 일체불가분성을 갖고 있는 경우에는 매도청구권 행사는 불가하고, 부당이득반환청구만 가능하다고 보는 견해가 있다.**[62] 그러나 사견은 다르다. 즉, 대법원이 "구분건물에서 분리된 위

---

[62] 유어녕, 전게서, 352.

공유지분(위 경매목적물)을 분리되기 전의 전유부분을 위한 사용에 제공하여 상호관련성을 유지하기로 하는 묵시적 합의가 성립하였다고 보아야 한다."고 한 것은 구분소유권매도청구권 행사를 제한하기 위한 것이 아니라 상호관련성이 있으므로, "구분건물 소유자는 위 공유지분을 분리취득한 소유자에게 부당이득으로 위 공유지분에 상응하는 임료 상당액 전부를 지급"해야 한다는 것으로 보아야 한다. 이 경우 구분소유권매도청구를 부정할 아무런 이유가 없다.

ⓒ 상호대응관계를 유지하면서 일체불가분성을 갖고 있지 않는 경우

부당이득반환청구는 가능하다. 다만 대지사용권을 가지는 구분소유자에게는 부당이득금 청구가 불가하다[63].

대지권이 없는 ○○아파트 소유자는 아무런 법률상의 원인 없이 위 아파트부지를 불법점유하고 있다고 할 것이며, 위 불법점유로 인하여 위 ○○아파트의 대지 중 ○○아파트의 대지권으로 등기되어야 할 지분에 상응하는 면적에 대한 임료 상당의 부당이득을 얻고 있다 할 것이다. 타인 소유의 토지 위에 소재하는 건물의 소유자가 법률상 원인 없이 토지를 점유함으로 인하여 토지의 소유자에게 반환하여야 할 토지의 임료에 상당하는 부당이득금액을 산정하는 경우에 특별한 사정이 없는 한 토지 위에 건물이 소재함으로써 토지의 사용권이 제한을 받는 사정은 참작할 필요가 없다(대법원 1992. 6. 23. 선고 91다40177 판결).

---

63 유어녕, 전게서, 353.

다. 법 시행 후 일부 지분 남겨두고 분양한 경우
나머지 지분을 경매로 취득해도 분리처분 금지에 반하여 무효이다.

집합건물인 1동의 건물 구분소유자들이 건물의 대지를 공유하고 있는 경우, 각 구분소유자가 건물의 대지 전부를 용도에 따라 사용할 수 있고, 이때 '건물의 대지'는 집합건물이 소재하고 있는 1필의 토지 전부를 포함한다(대법원 2013. 11. 14. 선고 2013다33577 판결).

집합건물의 분양자가 전유부분 소유권은 구분소유자들에게 모두 이전하면서 대지는 일부 지분에 관하여만 소유권이전등기를 하고 나머지 지분을 그 명의로 남겨 둔 경우, 분양자 또는 그 보유지분을 양수한 양수인이 구분소유자들에 대하여 공유지분권을 주장하려면 분리처분 가능 규약이 있어야 한다(대법원 2012. 10. 25.선고 2011다12392 판결 참조).

그러나 법 시행 전에 일부 지분을 남겨 두고 분양을 한 경우에는 분리처분이 가능하다.

라. 낙찰 후 사후처리
(1) 건물철거 및 대지인도 청구
대지 낙찰자는 구분소유자를 상대로 철거 및 인도소송이 가능하고, 나아가 구분소유권매도청구도 가능하다. 다만 매도청구는 시가로 한다.

구분소유자가 애초부터 대지사용권을 보유하고 있지 아니하거나, 대지사용권 보유의 원인이 된 신탁계약 종료에 따라 대지사용권이 소멸한 경우에는 특별한 사정이 없는 한 집합건물법 제20조가 정하는 전유부분과 대지사용권의 일체적 취급이 적용될 여지가 없다(대법원 2011. 9. 8. 선고 2011다23125 판결)

집합건물 부지의 소유자가 대지사용권을 갖지 아니한 구분소유자에 대하여 철거를 구하는 외에 집합건물법 제7조에 따라 전유부분에 관한 매도청구권을 행사할 수 있다고 하더라도 위 조항에 따른 매도청구권의 행사가 반드시 철거청구에 선행하여야 하는 것은 아니다. 또한 피고들이 구분소유한 전유부분만을 철거하는 것이 사실상 불가능하다고 하더라도 이는 집행개시의 장애요건에 불과할 뿐이어서 원고의 철거청구를 기각할 사유에 해당하지 아니하므로, 이를 구할 소의 이익이 없다고 볼 수 없다(대법원 2011. 9. 8. 선고 2011다23125 판결).

집합건물의 대지를 공유하고 있는 구분소유자는 대지 일부를 배타적으로 점유하는 다른 구분소유자에 대하여 보존행위로서 그 부분 대지의 인도를 구할 수 있다(대법원 2013. 6. 27. 선고 2012다112169 판결[64]).

---

64 집합건물의 구분소유자인 甲이 건물 1층 외벽에 자신들 소유의 점포에 잇대어 건물 또는 구조물을 임의로 축조하여 집합건물의 대지인 토지 일부를 그 건물 또는 구조물의 부지로 사용함으로써 이를 배타적으로 점유하고 있는 사안에서, 집합건물의 다른 구분소유자인 乙 등이 甲에 대하여 보존행위로서 그 토지 부분의 인도를 구할 수 있음에도, 이와 달리 본 원심판결에 법리오해 등의 위법이 있다고 한 사례

피고의 항변은 법정지상권, 대지사용권, 신의칙 위반 등이다.

즉, 건물이 그 존립을 위한 토지사용권을 갖추지 못하여 토지소유자가 건물소유자에 대하여 당해 건물의 철거 및 그 대지의 인도를 청구할 수 있는 상황에서 건물소유자가 아닌 사람이 건물을 점유하고 있는 경우, 토지소유자가 건물 점유자에 대하여 퇴거청구를 할 수 있고, 그 건물점유자가 대항력 있는 임차인인 경우라도 위 퇴거청구에 대항할 수 없다. 전세권 설정자가 건물의 존립을 위한 토지사용권을 가지지 못하여 토지 소유자의 건물철거등 청구에 대항할 수 없는 경우, 민법 제304조 등을 들어 전세권자 또는 대항력 있는 임차인이 토지소유자의 권리 행사에 대항할 수 없고, 건물에 대하여 전세권 또는 대항력 있는 임차권을 설정하여 준 지상권자가 지료를 지급하지 아니함을 이유로 토지소유자가 한 지상권 소멸 청구가 전세권자 또는 임차인의 동의 없이 행하여 진 경우, 민법 제304조제2항에 의하여 그 효과가 제한되지 않는다(대법원 2010. 8. 19. 선고 2010다43801 판결).

한편 갑이 그 소유의 토지에 관하여 을로 하여금 건물을 신축하는 데 사용하도록 승낙하였고 을이 이에 따라 건물을 신축하여 병 등에게 분양하였다면 갑은 위 건물을 신축하게 한 원인을 제공하였다 할 것이므로 이를 신뢰하고 136세대에 이르는 규모로 견고하게 신축한 건물 중 각 부분을 분양받은 병 등에게 위 토지에 대한 을과의 매매계약이 해제되었음을 이유로 하여 그 철거를 요구하는 것은 비록 그것이 위 토지에 대한 소유권에 기한 것이라 하더라도 신의성실의 원칙에 비추어 용인될 수 없다(대법원 1993. 7. 27. 선고 93다20986 판결, 대법원 1991. 6. 11. 선고 91다9299판결, 1991. 9. 24. 선고

91다9756 판결).

(2) 부당이득금 청구

① 대지 낙찰자는 대지지분에 해당하는 구분소유자를 찾아내어 부당이득청구가 가능하다. 그리고 후일 부당이득으로 인한 강제경매에 대비하여 임차인이 대항력이 있는지를 파악하여야 한다.

② 대지사용권이 없는 구분소유자

<u>대지사용권이 없는 전유부분의 소유자는 그 전유부분의 대지권으로 등기되어야 할 지분에 상응하는 면적에 대한 임료 상당액을 그 대지지분의 소유자에게 부당이득으로 반환하여야 한다</u>(대법원 2011. 1. 27. 선고 2010다72779 판결, 대법원 1992. 6. 23. 선고 91다40177 판결).

③ 구분소유자 상호간에는 부당이득 청구 불가

집합건물인 1동의 건물의 구분소유자들이 그 건물의 대지를 공유하고 있는 경우 각 구분소유자는 별도의 규약이 존재하는 등의 특별한 사정이 없는 한 그 대지에 대하여 가지는 공유지분의 비율에 관계없이 그 건물의 대지 전부를 용도에 따라 사용할 수 있는 적법한 권원을 가진다 할 것이고(대법원 1995. 3. 14. 선고 93다60144 판결 참조), 이 경우 '건물의 대지'라 함은 달리 특별한 사정이 없는 한 집합건물이 소재하고 있는 1필의 토지 전부를 포함하는 것으로 보아야 할 것이다(대법원 2002. 12. 27. 선고 2002다16965 판결[65]).

---

[65] 집합건물이 서 있는 땅 외의 부분을 지분비율만큼 사용한다는 것은 비현실적임, 놀이터에 대해 25평은 2시간, 50평은 4시간 사용한다는 것은 말이 안된다.

④ 구분소유자 외의 다른 공유자가 있는 경우

구분소유자들 사이에서는 대지 공유지분 비율의 차이를 이유로 부당이득반환을 구할 수 없다. 그렇지만 그 대지에 관하여 구분소유자 외의 다른 공유자가 있는 경우에는 위에서 본 공유물에 관한 일반 법리에 따라 대지를 사용·수익·관리할 수 있다고 보아야 하므로, 다른 공유자가 자신의 공유지분권에 의한 사용·수익권을 포기하였다거나 그 포기에 관한 특약 등을 승계하였다고 볼 수 있는 사정 등이 있는 경우가 아니라면 구분소유자들이 무상으로 그 대지를 전부 사용·수익할 수 있는 권원을 가진다고 단정할 수 없고 다른 공유자는 그 대지 공유지분권에 기초하여 부당이득의 반환을 청구할 수 있다(대법원 2013. 3. 14. 선고 2011다58701 판결). 따라서 위 4층 401호 전유부분의 소유자인 피고 2로서는, 위와 같은 공유물 사용에 관한 합의에 변경이 있다거나 그가 다른 방법으로 대지사용권을 취득하였다는 등의 특별한 사정을 내세우지 못하는 한, 이 사건 토지 중 위 4층 401호의 지분(287.5분의 30.13)에 상응하는 임료 상당액 전부를 그에 관한 대지권 지분을 경락받아 취득한 원고 1에게 지급하여야 할 것이다(대법원 2008. 3. 13. 선고 2005다15048 판결).

⑤ 전혀 사용수익을 못하는 공유자가 청구

공유토지에 관하여 과반수지분권을 가진 자가 그 공유토지의 특정된 한 부분을 배타적으로 사용·수익할 것을 정하는 것은 공유물의 관리방법으로서 적법하다고 할 것이지만, 이 경우에 비록 그 특정한 부분이 자기의 지분비율에 상당하는 면적의 범위 내라 할지라도 다른 공유자들 중 지분은 있으나 사용·수익은 전혀 하고 있지 아니함으로써 손해를 입고 있는 자에 대하여는 과반수

지분권자를 포함한 모든 사용·수익을 하고 있는 공유자가 그 자의 지분에 상응하는 부당이득을 하고 있다고 보아야 한다. 왜냐하면 모든 공유자는 공유물 전부를 지분의 비율로 사용 수익할 수 있기 때문이다(대법원 2011. 7. 14. 선고 2009다76522, 76539 판결, 대법원 1991. 9. 24. 선고 88다카33855 판결, 대법원 2002. 10. 11. 선고 2000다17803 판결 등 참조).

여러 사람이 공동으로 법률상 원인 없이 타인의 재산을 사용한 경우의 부당이득 반환채무는 특별한 사정이 없는 한 불가분적 이득의 반환으로서 불가분채무이고, 불가분채무는 각 채무자가 채무 전부를 이행할 의무가 있으며, 1인의 채무이행으로 다른 채무자도 그 의무를 면하게 된다(대법원 2001. 12. 11. 선고 2000다13948 판결).

⑥ 부당이득금액

상호견련성이 있는 경우에는 해당 대지에 견련하는 구분소유자만이 부당이득을 하는 것이므로, 그 구분소유자에게 청구하고, 상호견련성이 없는 경우에는 대지 지분이 부족한 나머지 구분소유자들 모두가 부당이득을 하는 것이다.

예를 들어 소위 남현동 사건[66]의 경우 대지지분 89.7㎡ 중 38㎡는 1005호 소유자, 나머지는 다른 공유자(덜 지분등기된 조합원)에게 청구한다.

---

66 · 서울 관악구 남현동 1134 ○○현립재건축조합 938.5분의 25.725 지분경매 사건

2. 건물만 경매

가. 주의사항

첫째, 사후 대지권 소멸 여부(대박 대법원 2013. 11. 28. 선고 2012다103325 판결), **둘째**, 분리처분가능여부, **셋째**, 토지별도 등기 시(대지권미등기로 '토지별도등기'표시 여부 불문) 특별매각조건여부(임차인 배당여부만 유의)를 살펴야 한다. **넷째**, 구조상·이용상 독립성 존속여부, 즉 독립성이 없으면 공유로 되어, 경매로 소유권 취득이 불가하다(대법원 2010. 3. 22.자 2009마1385 결정).

수분양자의 대지지분에 대한 분양대금 완납여부도 확인하여야 한다.

나. 대지권 등기 없는 집합건물 경매 방법

대지권 등기 없는 집합건물에 대해서 경매신청이 있는 경우 대지사용권을 입찰목적물에 포함하는 것으로 보고 경매 신청 시 경매법원은 대지사용권에 대한 표시가 없더라도 이를 조사하여, 대지사용권의 존재가 밝혀지면 경매목적물에 포함시켜 최저입찰가격을 정하여야 할 것인지가 문제이다. 이를 긍정하는 견해도 있다.[67]

구분건물에 대한 경매에 있어서 비록 경매신청서에 대지사용권에

---

[67] 안갑준, 집합건물 구분소유권의 등기에 관한 연구, 건국대박사학위청구논문, 2005, 108-109
유어녕, 집합건물법의 이론과 실무, 법률정보센타, 2013, 343

대한 아무런 표시가 없는 경우에도 집행법원으로서는 대지사용권이 있는지, 그 전유부분 및 공용부분과 분리처분이 가능한 규약이나 공정증서가 있는지 등에 관하여 집행관에게 현황조사명령을 하는 때에 이를 조사하도록 지시하는 한편, 그 스스로도 관련자를 심문하는 등의 가능한 방법으로 필요한 자료를 수집하여야 하고, 그 결과 전유부분과 불가분적인 일체로서 경매의 대상이 되어야 할 대지사용권의 존재가 밝혀진 때에는 이를 경매 목적물의 일부로서 경매 평가에 포함시켜 최저입찰가격을 정하여야 할 뿐만 아니라, 입찰기일의 공고와 입찰물건명세서의 작성에 있어서도 그 존재를 표시하여야 할 것이다(대법원 1997. 6. 10. 자 97마814 결정).

그러나 구분건물의 대지사용권이 존재한다고 하더라도 그에 대한 경매신청이 없었던 이상 집행법원이 이를 그 전유부분 및 공용부분과 일괄경매를 하지 아니하였다하여 그러한 사유만으로 경매절차에 하자가 있다고 할 수 없다(대법원 1997. 6. 10. 자 97마814 결정).

다. 대지사용권 이전 저당권도 소멸

대지권등기가 되지 않아 '토지별도등기'의 표시가 없더라도 저당권은 경매로 소멸한다. 대지지분에 대한 소유권을 취득한다는 노골적 표현이 시작되었다.

대법원은 "전유부분에 관하여 설정된 저당권에 기한 경매절차에서 전유부분을 매수한 매수인은 대지지분에 대한 소유권을 함께 취득하고, 그 경매절차에서 대지에 관한 저당권을 존속시켜 매수인이 인수하게 한다는 특별매각조건이 정하여져 있지 않았던 이상 설사 대지사용권의 성립 이전에 대지에 관하여 설정된 저당권이라고 하더라도 대지지분의 범위에서는 민사집행법 제91조제2항이 정한 '매각부동산 위의 저당권'에 해당하여 매각으로 소멸하는 것이며, 이러한 대지지분에 대한 소유권의 취득이나 대지에 설정된 저당권의 소멸은 전유부분에 관한 경매절차에서 대지지분에 대한 평가액이 반영되지 않았다거나 대지의 저당권자가 배당받지 못하였다고 하더라도 달리 볼 것은 아니다."고 판시하였다(대법원 2013. 11. 28. 선고 2012다103325 판결, 대법원 2008. 3. 13. 선고 2005다15048 판결).

라. 재건축아파트 경매 시 토지별도 등기 주의사항

(1) 사안

갑은 재건축된 아파트가 경매에 나왔는데, 이상하게 아파트가 70%로 최저경매가격이 떨어져, 입찰을 하려고 권리분석을 하던 중, 표제부에 대지권등기가 없었고, 그로 인하여 토지별도등기표시도 없었다. 그런데 토지등기부를 보니, 토지에 설정된 근저당권에 기해 경매가 진행되어, 홍길동이 토지를 낙찰을 받고, 이를 근거로 건물에 건물철거 및 인도청구권을 원인으로 처분금지가처분결정까지 받아둔 상태이다. 이 경우 왠만하면 낙찰을 꺼리는 것이 보통이나 갑은 입찰을 하였다.

그 이유는 갑은 재건축된 아파트이므로 재건축대상인 노후·불량주택이나 그 대지에 설정된 저당권·가등기담보권·가압류·전세권·지상권등 등기된 권리는 새로이 건설되는 주택이나 그 대지에 설정된 것으로 보는 것이므로, 이 경매에서 건물을 낙찰받으면 대지권까지 취득한다고 보고 입찰에 참여하여 낙찰을 받았다.

그런데 문제는 토지별도 등기에서 토지를 낙찰 받은 을이 갑을 상대로 건물철거 및 부당이득금청구를 하여 온 것이다.

사실 갑은 구 주택건설촉진법 제44조의3을 믿었다.

(2) 구 주택건설촉진법

구 주택건설촉진법 제44조의3제5항은 "재건축대상인 노후·불량주택이나 그 대지에 설정된 저당권·가등기담보권·가압류·전세권·지상권등 등기된 권리는 제33조의 규정에 의한 주택건설사업계획승인이후에는 새로이 건설되는 주택이나 그 대지에 설정된 것으로 본다. 이 경우 도시재개발법 제33조 내지 제45조의 규정을 준용한다."고 규정하고 있고, 구 도시재개발법 제39조제1항은 "대지 또는 건축시설을 분양받은 자는 제38조제4항의 규정에 의한 분양처분의 고시가 있은 날의 다음날에 그 대지 또는 건축시설에 대한 소유권을 취득한다. 이 경우에 종전의 대지 또는 건축물에 관한 지상권·전세권·저당권 또는 등기된 임차권과 주택임대차보호법 제3조제1항의 요건을 갖춘 임차권은 분양받은 대지 또는 건축시설에 설정된 것으로 본다."고 규정하고 있다.

이러한 구 주택건설촉진법의 규정은 1997. 12. 13. 개정되면서 신설되었고, 1998. 3. 14.부터 시행되었다. 당시 개정이유를 보면 "노후·불량주택에 설정된 저당권등을 말소하여야 재건축이 허용되나 동 권리의 말소가 늦어짐으로써 재건축이 지연되는 사례를 막기 위하여 철거되는 주택에 설정된 저당권등 권리를 새로이 건설되는 주택에 설정된 것으로 보도록 함"으로 되어 있다.

즉, 위 규정에 따르면 구 주택건설촉진법에 의해 재건축된 아파트의 경우는 법 조문과 같이 종전의 대지 또는 건축물에 관한 지상권·전세권·저당권 또는 등기된 임차권과 주택임대차보호법 제3조제1항의 요건을 갖춘 임차권은 분양받은 대지 또는 건축시설에 설정된 것으로 보는 것이므로, 전유부분을 경매로 취득하면 대지에 설정된 저당권은 전유부분에 설정된 것으로 보므로, 낙찰로서 대지 근저당권은 소멸되는 것이다.

그러나 애석하게도 여기에는 함정이 있다.

(3) 도시 및 주거환경정비법에 의한 재건축과의 구별

과거 아파트 재건축은 구 주택건설촉진법으로 시행되다가, 2003. 1. 1. 「도시 및 주거환경정비법」(이하 '도시정비법'이라고만 함)이 제정되면서, 도시정비법으로 이관되었다. 즉, 주택재건축사업에 대해서는 2003. 6. 30.까지는 주촉법이 적용되었고, 2003. 7. 1.부터는 도시정비법이 적용된다.

그런데 도시정비법 제55조제1항도 "대지 또는 건축물을 분양받을 자에게 제54조제2항의 규정에 의하여 소유권을 이전한 경우 종전의 토지 또는 건축물에 설정된 지상권·전세권·저당권·임차권·가등기담보권·가압류 등 등기된 권리 및 주택임대차보호법 제3조제1항의 요건을 갖춘 임차권은 소유권을 이전받은 대지 또는 건축물에 설정된 것으로 본다."고 규정하여, 소위 공용환권을 규정하고 있다. 즉, 이전고시에 따른 소유권 이전이 이루어진 경우에만 제한물권 유지 간주규정이 적용될 수 있음을 규정하고 있는 것이다.

그런데 도시정비법 부칙 제7조제1항은 '사업시행방식에 관한 경과조치'라는 표제로 "종전 법률에 의하여 사업계획의 승인이나 사업시행인가를 받아 시행 중인 것은 종전의 규정에 의한다."고 규정하고 있으므로, 종전 법률인 구 주택건설촉진법(2002. 12. 30. 법률 제6852호로 개정되기 전의 것)에 따라 주택건설사업계획의 승인을 받은 재건축조합에 대하여는 도시 및 주거환경정비법에 의한 재건축사업의 시행방식인 관리처분계획의 인가와 이를 기초로 한 이전고시에 관한 조항 등은 물론 그 밖의 세부적인 도시 및 주거환경정비법의 절차나 방식에 관한 규정들 역시 배제되며, 원칙적으로 사업계획의 승인으로 행정청의 관여는 종료되고 조합원은 이로써 분양받을 권리를 취득하며, 재건축조합의 운영과 조합원 사이의 권리분배 및 신축된 건물 또는 대지의 소유권이전 방식 등은 일반 민법 등에 의하여 자율적으로 이루어질 것이 예정되어 있다(대법원 2011. 4. 14. 선고 2010다96072 판결).

그런데 구 주택건설촉진법 제44조의3도 공용환권 조항이므로, 일반인들이 도시정비법처럼 구 주택건설촉진법에 의해 재건축된 경우 공용환권된 것으로 착각을 하는 것이다.

이에 대법원은 "재건축조합이 구 주택건설촉진법(2002. 12. 30. 법률 제6852호로 개정되기 전의 것) 제44조의3제5항에 의하여 준용되는 구 도시재개발법(2002. 12. 30. 법률 제6852호로 폐지) 제33조 내지 제45조에 정한 관리처분계획 인가 및 이에 따른 분양처분의 고시 등의 절차를 거치거나 도시 및 주거환경정비법상의 관리처분계획 인가 및 이에 따른 이전고시 등의 절차를 거쳐 신 주택이나 대지를 조합원에게 분양한 경우에는 구 주택이나 대지에 관한 권리가 권리자의 의사에 관계없이 신 주택이나 대지에 관한 권리로 강제적으로 교환·변경되어 공용환권된 것으로 볼 수 있으나, 이러한 관리처분계획 인가 및 이에 따른 분양처분의 고시 내지 이전고시 등의 절차를 거치지 아니한 채 조합원에게 신 주택이나 대지가 분양된 경우에는 당해 조합원은 조합규약 내지 분양계약에 의하여 구 주택이나 대지와는 다른 신 주택이나 대지에 관한 소유권을 취득한 것에 불과할 뿐 이를 가리켜 구 주택이나 대지에 관한 소유권이 신 주택이나 대지에 관한 소유권으로 강제적으로 교환·변경되어 공용환권된 것으로 볼 수는 없다."고 판시하고 있는 것이다(대법원 2011. 4. 14. 선고 2010다96072 판결, 대법원 2009. 6. 23. 선고 2008다1132 판결).

따라서 재건축된 아파트가 경매에 나올 경우 어느 법에 의해 시행된 것인지를 먼저 확정하고, 만일 구 주택건설촉진법에 의해 설립된 재건축조합에 의해 재건축된 경우에는 관리처분인가 및 분양처분을 하였는지를 따져 보아야 하는 것이다. 그런데 과거 실무상 구 주택건설촉진법에 의한 재건축조합이 불필요한 관리처분인가를 받는 경우는 거의 없다고 봐도 무방하다.

(4) 결론

사안에서 갑이 낙찰받은 아파트의 경우는 구 주택건설촉진법에 의한 것이고, 당시 관리처분인가나 분양처분을 한 적이 없으므로, 공용환권이 된 것이 아니고, 따라서 대지에 설정되어 있는 근저당권에 의해 낙찰을 받은 을은 적법하게 소유권을 취득하고, 갑을 상대로 건물철거 및 부당이득금 청구, 매도청구가 가능한 것이다. 즉, 주촉법에 따른 주택재건축사업 중 도시재개발법에 따른 관리처분계획 인가 및 분양처분고시를 거치지 않은 경우에는 신축 건물 및 대지에 별도의 설정 절차를 거쳐야만 근저당이 설정된 것으로 인정될 것이다.

마. 구분건물의 대지지분에 대한 소유권이전등기가 경료되기 전에 전유부분만에 관하여 경매절차가 진행되어 낙찰인이 전유부분만을 낙찰받았음에도 대지지분에 관한 등기까지 경료받은 것이 부당이득에 해당하는지 여부(소극)

구분건물의 전유부분에 대한 소유권이전등기만 경료되고 대지지분에 대한 소유권이전등기가 경료되기 전에 전유부분만에 관하여 설정된 근저당권에 터잡아 임의경매절차가 개시되었고, 집행법원이 구분건물에 대한 입찰명령을 함에 있어 대지지분에 관한 감정평가액을 반영하지 않은 상태에서 경매절차를 진행하였다고 하더라도, 전유부분에 대한 대지사용권을 분리처분할 수 있도록 정한 규약이 존재한다는 등의 특별한 사정이 없는 한 낙찰인은 경매목적물인 전유부분을 낙찰받음에 따라 <u>종물 내지 종된 권리인 대지지분도 함께 취득하였다 할 것이므로, 구분건물의 대지지분 등기가 경료된 후 집행법원의 촉탁에 의하여 낙찰인이 대지지분에 관하여 소유권이전등기를 경료받은 것을 두고 법률상 원인 없이 이득을 얻은 것이라고 할 수 없다</u>(대법원 2001. 9. 4. 선고

2001다22604 판결).

바. 대지사용권 성립 후 전유부분만에 대한 저당권설정의 유효성

유효하고, 전유부분을 취득하면 대지권도 취득하여 대지권이전등기 청구가 가능하다. 즉 전유부분만에 설정된 저당권은 대지권에도 미친다.

집합건물의 분양자가 지적정리 등의 지연으로 대지지분에 대한 소유권이전등기나 대지권변경등기는 지적정리 후 해 주기로 하고 우선 전유부분에 대하여만 소유권보존등기를 한 후 수분양자에게 소유권이전등기를 마쳐 주었는데, 그 후 대지지분에 대한 소유권이전등기나 대지권변경등기가 되지 아니한 상태에서 전유부분에 대한 경매절차가 진행되어 제3자가 전유부분을 경락받은 경우, 그 경락인은 본권으로서 집합건물의 소유 및 관리에 관한 법률 제2조 제6호 소정의 대지사용권을 취득한다고 할 것이고, 이는 수분양자가 분양자에게 그 분양대금을 완납한 경우는 물론 그 분양대금을 완납하지 못한 경우에도 마찬가지라고 할 것이다. 따라서 그러한 경우 그 경락인은 대지사용권 취득의 효과로서 분양자와 수분양자를 상대로 분양자로부터 수분양자를 거쳐 순차로 대지지분에 대한 소유권이전등기절차를 마쳐줄 것을 구하거나 분양자를 상대로 대지권변경등기절차를 마쳐줄 것을 구할 수 있다고 할 것이고, 분양자는 이에 대하여 수분양자의 분양대금 미지급을 이유로 한 동시이행항변을 할 수 있을 뿐이라고 할 것이다(대법원 2006. 9. 22. 선고 2004다58611 판결).

따라서 입찰참여자는 분양대금 납부여부를 살펴야 할 것이다.

한편 집합건물의 건축자로부터 전유부분에 대한 소유권이전등기만을 경료받고 대지지분에 대한 소유권이전등기를 경료받지 못한 수분양자가 아직 분양대금을 완납하지 못한 경우 그 전유부분의 소유를 위한 대지사용권을 취득하고, <u>위 수분양자로부터 전유부분과 대지사용권을 양도받은 양수인이 분양자와 수분양자를 상대로 대지지분의 소유권이전등기절차 이행 등을 청구할 수 있다</u>(대법원 2008. 11. 27. 선고 2008다60742 판결). 구분건물의 전유부분에 대한 소유권보존(또는 이전)등기만을 경료하고 대지지분에 대한 등기를 경료하기 전에 전유부분에 대하여 양도담보를 원인으로 소유권이전등기를 경료한 경우, 그 양도담보의 효력이 대지사용권에 미친다(대법원 2008. 11. 27. 선고 2008다60742 판결)

사. 대지권 성립 후에 전유부분만에 설정된 저당권과 그 이후 대지권을 넘겨받은 자가 대지권에 대해서 전유부분 저당권자과 아니라 제3자에게 저당권을 설정한 경우
분리처분 금지에 위배되어 대지권에 대한 저당권은 무효이다.

3. 대지사용권 성립 후 가압류의 효력

가. 대지사용권 성립 후 전유부분만에 대해서 내려진 가압류
대지사용권 성립 후 전유부분만에 대해서 내려진 가압류는 <u>대지지분에도 미친다.</u>
민법 제100조제2항의 종물과 주물의 관계에 관한 법리는 물건 상호간의 관계뿐 아니라 권리 상호간에도 적용되고, 위 규정에서의 처분은 처분행위에 의한 권리변동뿐 아니라 주물의 권리관계가 압류와 같은 공법상의 처분 등에 의하여 생긴 경우에도 적용되어야 하는 점, 저당권의 효력이 종물에 대하여도 미친다는 민법 제358조 본문 규정은 같은 법 제100조제2항과 이론적 기초를 같이하는 점, 집합건물법 제20조제1항, 제2항에 의하면 구분건물의 대지사용권은 전유부분과 종속적 일체불가분성이 인정되는 점 등에 비추어 볼 때, 구분건물의 전유부분에 대한 소유권보존등기만 경료되고 대지지분에 대한 등기가 경료되기 전에 전유부분만에 대해 내려진 가압류결정의 효력은, 대지사용권의 분리처분이 가능하도록 규약으로 정하였다는 등의 특별한 사정이 없는 한, 종물 내지 종된 권리인 그 대지권에까지 미친다(대법원 2006. 10. 26. 선고 2006다29020 판결).

나. 대지사용권이 성립 한 이후의 대지 만에 대한 가압류

대지사용권이 성립 한 이후의 대지 만에 대한 가압류는 분리처분금지에 위배되어 무효이다.

대법원은 "한국수자원공사로부터 토지를 분양받은 집합건물의 건축주가 토지상에 아파트 및 상가를 신축하다가 부도를 내자 건축주의 채권자들이 건축의 마무리 공사를 진행하고 신축건물에 관하여 건축주 명의의 소유권보존등기와 수분양자들 명의의 이전등기를 마친 경우, 건축주가 한국수자원공사에 대하여 가지는 토지에 관한 소유권이전등기청구권에 대한 압류 및 가압류는 필연적으로 전유부분과 토지의 분리처분이라는 결과를 낳게 되어 효력이 없다"고 판시하였다(대법원 2006. 3. 10. 선고 2004다742 판결).

다. 대지사용권 성립 전 대지 만에 대한 가압류의 효력(유효) : 사후 대지권 소멸

대지사용권 성립 전에 대지에 근저당권이 설정된 경우(특별매각조건이 없는 한 소멸)와 가압류가 된 경우(매각절차 진행여부를 살펴 소멸여부 결정)는 다르다.

저당권의 경우 대법원은 "전유부분에 관하여 설정된 저당권에 기한 경매절차에서 전유부분을 매수한 매수인은 대지지분에 대한 소유권을 함께 취득하고, 그 경매절차에서 대지에 관한 저당권을 존속시켜 매수인이 인수하게 한다는 특별매각조건이 정하여져 있지 않았던 이상 설사 대지사용권의 성립 이전에 대지에 관하여 설정된 저당권이라고 하더라도 대지지분의 범위에서는 민사집행법 제91조제2항이 정한 '매각부동산 위의 저당권'에 해당하여 매각으로 소멸하는 것이며, 이러한 대지지분에 대한 소유권의 취득이나 대지에 설정된 저당권의 소멸은 전유부분에 관한 경매절차에서 대지지분에 대한 평가액이 반영되지 않았다거나 대지의 저당권자가 배당받지 못하였다고 하더라도 달리 볼 것은 아니다."고 판시하였다(대법원 2013. 11. 28. 선고 2012다103325 판결, 대법원 2008. 3. 13. 선고 2005다15048 판결).

그러나 가압류는 다소 다르다. "소외 1등이 1995. 2. 22. 이 사건 대지 중 소외 2 주식회사소유의 1,509/1,564 지분에 관하여 가압류등기(이하 '이 사건 가압류등기'라 한다)를 마친 다음 소외 2가 그 지상에 송도타워맨션을 신축하여 소유권보존등기를 마치면서 건물등기부에 그 부지 소유권의 대지권등기가 기입되고 부지인 토지등기부에는 대지권등기가 되었다는 취지의 기재가 기입된 사실, 위 집합건물 중 305호, 1501호, 2001호(이하 '계쟁세대'라고 한다)에 관하여 제3자들이 분양을 받아 각 소유권이전등기를 마쳤는데, 원고들은 위 제3자들의 각 채권자에 의한 강제 및 임의경매절차(이하 '이전 각 경매절차'라고 한다)에서 계쟁세대를 직접 낙찰받거나 낙찰자들로부터 전득한 사실, 이전 각 경매절차에서 소외 1등은 배당을 받을 채권자로 인정되지 아니하여 배당절차에서 배제되었고 또한 위 각 집행법원은 계쟁세대 각 건물 및 대지권에 관한 소유권이전등기와 경매절차에 의하여 소멸되는 권리들에 대한 말소등기를 촉탁하면서 이 사건 가압류등기에 대하여는 말소촉탁대상에 포함시키지 아니한 사실, 그 후 가압류채권자인 소외 1등이 신청한 강제경매절차(이하 '이 사건 경매절차'라 한다)에서 피고가 2001. 7. 20. 계쟁세대 각 대지지분을 포함하여 이 사건 대지 중 50,948/1,564,000 중 4,222/8,700 지분을 낙찰받아 같은 해 8. 2. 지분이전등기를 마쳤고, 이에 따라 계쟁세대의 각 대지권은 말소된 사실을 알 수 있다."는 사실관계에 대해, 대법원 2007. 4. 13. 선고 2005다8682 판결은 "부동산에 대한 선순위가압류등기 후 가압류목적물의 소유권이 제3자에게 이전되고 그 후 제3취득자의 채권자가 경매를 신청하여 매각된 경우, 가압류채권자는 그 매각절차에서 당해 가압류목적물의 매각대금 중 가압류결정 당시의 청구금액을 한도로 배당을 받을 수 있고, 이 경우 종전 소유자를 채무자로 한 가압류등기는 말소촉탁의 대상이 될 수 있다. 그러나 경우에 따라서는 집행법원이 종전 소유자를 채무자로 하는 가압류등기의 부담을 매수인이 인수하는 것을 전제로 하여 위 가압류채권자를 배당절차에서 배제하고 매각절차를 진행시킬 수도 있으며, 이와 같이 매수인이 위 가압류등기의 부담을 인수하는 것을 전제로 매각절차를 진행시킨 경우에는 위 가압류의 효력이 소멸하지 아니하므로 집행법원의 말소촉탁이 될 수 없다. 따라서 종전 소유자를 채무자로 하는 가압류등기가 이루어진 부동산에 대하여 매각절차가 진행되었다는 사정만으로 위 가압류의 효력이 소멸하였다고 단정할 수 없고, 구체적인 매각절차를 살펴 집행법원이 위 가압류등기의 부담을 매수인이 인수하는 것을 전제로 하여 매각절차를 진행하였는가 여부에 따라 위 가압류 효력의 소멸 여부를 판단하여야 한다."고 판시하였다.

즉, 대지사용권 성립 전에 대지에 설정된 저당권은 이를 인수한다는 특별매각조건이 없는 한 전유부분 경매로 소멸하나, 가압류는 구체적인 매각절차를 살펴 집행법원이 위 가압류등기의 부담을 매수인이 인수하는 것을 전제로 하여 매각절차를 진행하였는가 여부에 따라 위 가압류 효력의 소멸 여부를 판단하여야 한다는 것이다.

4. 전유부분에 설정된 전세권의 효력

전세권은 이용권으로서의 성질상 집합건물에 있어서 대지권에 대해서는 등기를 할 수 없다. 따라서 전유부분만에 설정된 전세권은 특별한 사정이 없는 한 대지사용권에도 그 효력이 미친다. 단, 대지사용권이 성립하고, 전유부분과 대지사용권의 소유자가 동일인이어야 하고, 분리처분 가능규약이 없어야 한다.

대법원은 "집합건물이 되기 전의 상태에서 건물 일부만에 관하여 전세권이 설정되었다가 그 건물이 집합건물로 된 후 그 전세권이 구분건물의 전유 부분만에 관한 전세권으로 이기된 경우, 구분소유자가 가지는 전유 부분과 대지사용권의 분리처분이 가능하도록 규약으로 정하는 등의 특별한 사정이 없는 한, <u>그 전유 부분의 소유자가 대지사용권을 취득함으로써 전유 부분과 대지권이 동일소유자에게 귀속하게 되었다면 위 전세권의 효력은 그 대지권에 까지 미친다고 보아야 할 것이고</u>, 위 집합건물에 관하여 경매가 실행된 경우 대지권의 환가대금에 대한 배당순위에 있어서, 위 전세권이, 대지사용권이 성립하기 전의 토지에 관하여 이미 설정된 저당권보다 우선한다고 할 수는 없는 바, 이는 대지사용권에 대한 전세권의 효력은 대지사용권이 성립함으로써 비로소 미치게 되는 것이므로 대지사용권이 성립하기 전에 그 토지에 관하여 이미 저당권을 가지고 있는 자의 권리를 해쳐서는 안되기 때문이다."라고 판시하고 있다(대법원 2002. 6. 14. 선고 2001다68389 판결).

5. 대지사용권 소멸을 예상한 통정허위표시에 의한 가등기

　실무상 대지만 경매가 나올 경우 그 대지가 낙찰됨으로 인하여 대지사용권이 사후적으로 소멸하여 낙찰자로부터 부당이득금 청구나 철거소송을 당할 것을 우려하여, 전유부분 소유자가 가족 명의로 가등기를 설정하여 놓는 경우가 있다.

　이 경우 낙찰자의 대응법은 간단하다. 실제 <u>매매계약이 존재하지 않거나 설령 존재한다고 하더라도 통정허위표시에 해당하여 무효라고</u>

보고 가등기말소청구소송을 제기하면 된다. 실무상 이러한 소송이 제기될 경우에 실제 돈이 수수되었는지 여부, 신분관계, 설정시기 등을 종합하여 판단한다. 말소되는 사례도 많다(서울중앙지방법원 2016. 2. 4. 선고 2014가합592351 판결).

한편 선순위 가등기된 부동산을 낙찰 받아 이전등기를 경료한 후에 가등기에 기한 본등기 때문에 결국 낙찰 받은 부동산을 상실하게 되었다면, 민법 제578조, 제576조에 따라 채무자나 채권자를 상대로 대금의 반환을 청구할 수 있다(법리상으로 부당이득반환청구는 허용되지 않음을 주의할 필요가 있다). 결국, 가등기에 기한 본등기가 경료되면서 낙찰 받은 소유권을 상실하게 될 경우 해결은 낙찰대금을 반환받는 방법이 되는데, 민법 제578조제1항에 따라 우선적인 반환책임이 있는 채무자는 대개의 경우 무자력인 경우가 많아, 2차적인 책임이 있는 배당채권자의 자력이나 지위를 고려해서 낙찰에 임할 필요가 있다. 배당받게 될 채권자가 금융기관과 같이 향후 담보책임을 부담하기에 충분한 자력이 있는 경우에는 취득한 부동산을 상실하는 경우에도 낙찰대금 상당의 손해를 회복할 가능성이 크기 때문에 이 경우에는 고민하지 말고 낙찰 받아도 될 것이다.

나아가 미리 배당금을 가압류하여 채권자에게 지급하지 못하도록 조치하는 것도 하나의 방법이다. 경우에 따라서는 '입찰방해죄'로 성립여부도 검토해 보아야 할 것이다.

제8장 구분소유권 매도청구

1. 법 규정

대지사용권을 가지지 아니한 구분소유자가 있을 때에는 그 전유부분의 철거를 청구할 권리를 가진 자는 그 구분소유자에 대하여 구분소유권을 시가(時價)로 매도할 것을 청구할 수 있다(법 제7조).

법 시행전에 건축되거나 구분된 건물에 관하여도 그 적용이 있다. 집합건물이 같은 법 부칙 제2조에 의하여 가옥대장으로 개제되었는지 여부는 구분소유권매도청구권의 행사에 장애가 되지 않는다(대법원 1989. 4. 11. 선고 88다카2981 판결).

2. 철거청구 선행여부

집합건물 부지의 소유자가 대지사용권을 갖지 아니한 구분소유자에 대하여 철거를 구하는 외에 집합건물법 제7조에 따라 전유부분에 관한 매도청구권을 행사할 수 있다고 하더라도 위 조항에 따른 매도청구권의 행사가 반드시 철거청구에 선행하여야 하는 것은 아니다.

집합건물의 부지 소유권자는 대지사용권을 가지지 아니한 구분소유자에 대하여 그 전유부분의 철거를 구할 권리를 가진 자에 해당하여 집합건물법 제7조에 의하여 구분소유권을 시가로 매도할 것을 청구할 수 있고, 전유부분의 철거가 사실상 불가능하다는 등의 사유만으로 그 매도청구권을 부정할 수는 없다(대법원 1996. 11. 29. 선고 95다40465 판결).

또한 구분소유한 전유부분만을 철거하는 것이 사실상 불가능하다고 하더라도 이는 집행개시의 장애요건에 불과할 뿐이어서 철거청구를 기각할 사유에 해당하지 아니한다(대법원 2011. 9. 8. 선고 2011다23125 판결). 다수인이 구분적으로 소유하여 다수의 전유부분으로 되는 계층적 건물을 대상으로 하여 어떤 소유자에 대한 건물철거를 명하는 채무명의에 기하여 그 집행을 하고자 할 때에는 피해를 받는 다른 소유자의 승낙을 받는다든가 또는 이러한 자에 대한 확정판결을 구비하는 것이 그에 대한 집행개시의 요건이 된다(서울동부지방법원 1986. 10. 10. 선고 86타13589 판결).

건물이 그 존립을 위한 토지사용권을 갖추지 못하여 토지 소유자가 건물소유자에 대하여 당해 건물의 철거 및 그 대지의 인도를 청구할 수 있는 상황에서 건물소유자가 아닌 사람이 건물을 점유하고 있는 경우, 토지소유자가 건물 점유자에 대하여 퇴거청구를 할 수 있다. 이 경우 그 건물점유자가 대항력 있는 임차인인 경우라도 위 퇴거청구에 대항할 수 없다(대법원 2010. 8. 19. 선고 2010다43801 판결).

한편 전세권 설정자가 건물의 존립을 위한 토지사용권을 가지지 못하여 토지 소유자의 건물철거등 청구에 대항할 수 없는 경우, 민법 제304조 등을 들어 전세권자 또는 대항력 있는 임차인이 토지소유자의 권리 행사에 대항할 수 없고, 건물에 대하여 전세권 또는 대항력 있는 임차권을 설정하여 준 지상권자가 지료를 지급하지 아니함을 이유로 토지소유자가 한 지상권 소멸 청구가 전세권자 또는 임차인의 동의 없이 행하여 진 경우, 민법 제304조제2항에 의하여 그 효과가 제한되지 않는다(대법원 2010. 8. 19. 선고 2010다43801 판결).

3. 철거 청구가 신의칙에 기해 제한되는 경우

대지소유자의 사용승낙에 기하여 건축한 건물을 분양받은 자들에게 그 철거를 구하는 것은 신의성실의 원칙에 위배된다. 즉, 갑이 그 소유의 토지에 관하여 을로 하여금 건물을 신축하는 데 사용하도록 승낙하였고 을이 이에 따라 건물을 신축하여 병 등에게 분양하였다면 갑은 위 건물을 신축하게 한 원인을 제공하였다 할 것이므로 이를 신뢰하고 136세대에 이르는 규모로 견고하게 신축한 건물 중 각 부분을 분양받은 병 등에게 위 토지에 대한 을과의 매매계약이 해제되었음을 이유로 하여 그 철거를 요구하는 것은 비록 그것이 위 토지에 대한 소유권에 기한 것이라 하더라도 신의성실의 원칙에 비추어 용인될 수 없다(대법원 1993. 7. 27. 선고 93다20986 판결).

4. 승소사례

서울동부지법 2007. 7. 10. 선고 2006가단64789 판결 : 항소
【주 문】
1. 피고는 원고에게 원고로부터 46,250,000원에서 2006. 5. 2.부터 별지 제2목록 기재 부동산을 인도할 때까지 월 426,000원씩으로 계산한 금액을 공제한 돈을 지급받음과 동시에 위 부동산 중 2분의 1 지분에 관하여 2006. 9. 22.자 매매를 원인으로 한 소유권이전등기절차를 이행하고, 위 부동산을 인도하라.
2. 원고의 나머지 청구를 기각한다.
3. 소송비용 중 10%는 원고가, 90%는 피고가 각 부담한다.

※ 구분건물의 대지소유자 겸 구분건물 중 2분의 1 지분 소유자 甲이 대지사용권을 가지지 아니한 구분건물 중 2분의 1 지분 소유자 乙에 대하여 소유지분을 시가로 매도할 것을 청구하여 매매가 성립한 경우, 구분건물 중 2분의 1 지분만을 소유하고 있으면서도 구분건물 전부를 점유·사용하고 있는 乙은 구분건물의 2분의 1과 대지권 전부에 상응하는 임료를 부당이득으로 반환하여야 한다고 한 사례.

광주지법 1996. 7. 24. 선고 94가단14624 판결 : 확정
  [1] 집합건물법은 구분소유관계를 주로 1동의 건물을 기준으로 하여 규정하고 있으나, 각 동의 건물에 관하여 구분소유관계가 성립하고 있는 이상 단지관계에 있는 수 동의 구분소유자 상호간의 대지사용권에 관한 법률관계도 1동의 건물의 구분소유자들간의 관계와 동일하게 해석해야 한다.
  [2] 1동의 건물 또는 1필지의 대지 위에 축조되어 단지를 이루는 여러 동의 건물의 구분소유자들이 건물의 대지를 공유하고 있는 경우, 각 구분소유자는 별도의 규약이 존재하는 등의 특별한 사정이 없는 한 그 대지에 관하여 가지는 공유지분의 비율에 관계없이 그 건물의 대지 전부를 용도에 따라 사용할 수 있는 적법한 권원을 가지는 것이어서, 단지를 이루는 여러 동의 구분소유자들 중의 일부가 각 전유부분의 면적비율에 대응한 대지공유지분에 못미치는 지분을 소유하고 있다고 하더라도 그 구분소유자에게 대지사용권이 없다고 할

수는 없으나, 건물을 건축하기 전부터 각 전유부분의 면적비율에 대응한 대지지분을 정하여 전유부분의 개수만큼의 지분을 만들어 이를 각 전유부분의 대지사용권으로 할 것으로 예정한 경우에는, 각 전유부분의 면적비율에 응한 대지 지분을 소유하여야만 대지사용권을 취득한다고 해석해야 한다.

[3] 집합건물법 제7조 소정의 매수청구권을 행사할 수 있는 '전유부분 철거를 구할 권리를 가진 자'란 전유부분의 철거청구권을 행사할 수 있는 지위에 있는 자이면 족하고, 그 자에 의하여 실제로 어느 전유부분의 철거집행이 가능한지 여부는 그 자격요건을 가리는 데 참작할 사유가 아니다.

[4] 구분건물의 전유부분을 위한 대지사용권이란 구분소유자가 전유부분을 소유하기 위하여 건물의 대지에 대하여 가지는 권리를 말하고, 일단 대지사용권이 된 대지 지분은 그 전유부분과 일체로서만 처분할 수 있으며, 이에 반하는 대지사용권의 처분은 특별한 사정이 없는 한 무효이어서 대지 지분이 어느 전유부분에 대한 대지사용권이 되기 위하여는 전유부분의 소유자가 이를 대지사용권으로 하여야 하고, 일단 대지 지분이 어느 전유부분에 대한 대지사용권으로 되었을 경우에는 그 전유부분만의 양수인은 그 전유부분의 대지사용권에 속했던 대지 지분을 취득하지 아니하면 대지사용권을 취득하지 못한 것이 되지만, 어느 전유부분에 대하여 본래부터 대지사용권이 없었던 경우에는 다른 전유부분의 대지사용권이 아닌 대지 지분을 양수하여도 대지사용권을 유효하게 취득한다.

【주 문】
1. 원고(반소피고)에게,
가. 피고(반소원고) 강○○는,
   (1) 별지 목록 기재 제1부동산을 명도하고,
   (2) 금 4,000,000원 및 이에 대한 1996. 7. 25.부터 완제일까지 연 2할 5푼의 비율에 의한 금원과 1995. 4. 6.부터 별지 목록 기재 제1부동산의 명도완료일까지 월 금 80,000원씩을 지급하라.
나. 피고(반소원고) 박○○은, 금 4,094,684원 및 그 중 금 4,000,000원에 대하여 1996. 7. 25.부터 완제일까지 연 2할 5푼의 비율에 의한 금원을 지급하라.
2. 원고(반소피고)는 피고(반소원고) 박○○으로부터 금 12,000,000원을 지급받음과 상환으로 피고(반소원고) 박○○에게 별지 목록 기재 제2부동산에 관하여 1995. 5. 12. 매매를 원인으로 한 소유권이전등기절차를 이행하라.
3. 원고(반소피고)의 피고(반소원고) 박○○에 대한 나머지 본소청구 및 피고(반소원고) 강○○의 반소청구를 각 기각한다.

제9장 대지소유자의 분할청구 금지

1. 법 규정

집합건물법 제8조는 "대지 위에 구분소유권의 목적인 건물이 속하는 1동의 건물이 있을 때에는 그 대지의 공유자는 <u>그 건물 사용에 필요한 범위의 대지</u>에 대하여는 분할을 청구하지 못한다."고 규정한다.

즉, 집합건물의 대지는 그 지상의 구분소유권과 일체성 내지 불가분성을 가지는데 일반의 공유와 같이 공유지분권에 기한 공유물분할을 인정한다면 그 집합건물의 대지사용관계는 파탄에 이르게 되므로 <u>집합건물의 공동생활관계의 보호를 위하여 분할청구가 금지된다.</u>

2. '건물의 사용에 필요한 범위 내의 대지'에 해당여부

집합건물 대지의 공유자가 분할을 청구하는 부분이 집합건물법 제8조 소정의 '건물의 사용에 필요한 범위 내의 대지'에 해당하는지 여부를 판단함에 있어서는 위 제8조의 입법 취지가 우선 고려되어야 하고, 나아가 같은 법상 '건물의 대지'에 관한 정의(제2조제5호, 제3조제3항, 제4조 참조), 분할청구 부분 및 집합건물, 전체 대지와의 상호 이용관계 등이 유기적으로 함께 고려될 수 있다. 한편, '건물의 사용'이라는 개념과 관련하여, 집합건물과 분할청구 토지 부분 및 전체 대지 등의 분할청구 당시 현황은 물론 이들의 과거 이용관계와 장래 예상되는 상호관계, 또한 대지의 분할이 이루어질 경우 집합건물의 사용자들이나 그 분할된 토지 부분 및 나머지 토지 부분 등에 미치는 영향, 그 분할이 향후 전체 대지의 이용가치 내지 경제적 가치에 미치는 효과 등도 그 판단 기준이 될 수 있다. 이러한 점에 기초하여 볼 때 집합건물의 사용에 필요한 범위 내의 대지에 해당하는지 여부에 관하여는, 대지 전체 및 분할청구 부분의 각 위치, 형상, 면적 및 물리적·공간적 현황, 집합건물의 용도 및 이용 형태, 분할청구 부분 및 그 지상에 설치된 시설물의 이용관계, 분할청구 부분과 전체 대지의 법률적·사실적 상호관계, 분할이 향후 전체 대지의 이용관계 및 대지 공유자들의 재산권에 미치는 영향 등을 종합하여 판단하여야 한다(대법원 2007. 12. 27. 선고 2005다66374 판결, 일명 진주상가 사건).

제10장 집합건물에 대한 구분소유적 공유 문제

1. 의의

구분소유적 공유란 특정부분을 소유하기로 하면서도 등기만은 공유지분으로 등기하기로 약정한 것을 말한다. 이는 주로 토지에서 있을 것이지만 건물에서도 성립할 수 있다.

다만 어떤 건물이 구분소유의 대상이 되려면 집합건물법에 따른 구조상·이용상의 독립성을 구비하여야 하는바, 따라서 집합건물법상 구분소유의 대상이 될 수 없는 건물부분은 원칙적으로 구분소유적 공유의 대상도 될 수 없는 것이다.[68]

1동 건물 중 각 일부분의 위치 및 면적이 특정되지 않거나 구조상·이용상 독립성이 인정되지 아니한 경우에는 공유자들 사이에 이를

---

68 김미리, "건물의 구분소유적 공유관계의 성립·승계·해소 및 절차 중단을 간과한 하자의 성격 등에 대하여", 2012년, 양창수 대법관 회갑기념 논문집, 432. 2012년.

구분소유하기로 하는 취지의 약정이 있다 하더라도 일반적인 공유관계가 성립할 뿐, 공유지분등기의 상호명의신탁관계 내지 건물에 대한 구분소유적 공유관계가 성립한다고 할 수 없다(대법원 2014. 2. 27. 선고 2011다42430 판결).

즉, 1동의 건물 중 위치 및 면적이 특정되고 '구조상 및 이용상 독립성이 있는 일부분'씩을 2인 이상이 구분소유하기로 하는 약정을 하고 등기만은 편의상 각 구분소유의 면적에 해당하는 비율로 공유지분등기를 하여 놓은 경우 공유자들 사이에 상호 명의신탁관계에 있는 이른바 구분소유적 공유관계에 해당한다.

이렇게 건물부분에 대해서 구분소유적 공유관계가 성립하면, 집합건물법 제8조(분할금지)와 제20조(분리처분금지)가 직접 적용 내지 유추적용 된다.

낙찰에 의한 소유권취득은 성질상 승계취득이어서 1동의 건물 중 특정부분에 대한 구분소유적 공유관계를 표상하는 공유지분을 목적으로 하는 근저당권이 설정된 후 그 근저당권의 실행에 의하여 위 공유지분을 취득한 낙찰자는 구분소유적 공유지분을 그대로 취득하는 것이므로(대법원 1991. 8. 27. 선고 91다3703 판결 참조) 건물에 관한 구분소유적 공유지분에 대한 입찰을 실시하는 집행법원으로서는 감정인에게 위 건물의 지분에 대한 평가가 아닌 특정 구분소유 목적물에 대한 평가를 하게 하고 그 평가액을 참작하여 최저입찰가격을 정한 후 입찰을 실시하여야 할 것이다(대법원 2001. 6. 15. 자 2000마2633 결정).

법상 구분소유적 공유가 성립하는 경우도 있다.

> **부칙 〈법률 제3725호, 1984.4.10〉**
> **제5조 (공유지분등의 취득에 관한 경과조치)** ①이 법 시행당시 구분건물로 등기된 건물이 제1조의 규정에 부합하지 아니하여 그 등기용지가 폐쇄된 때에는 그 건물의 소유자는 분양가 또는 분양가를 알 수 없을 때에는 감정업자의 감정가의 비율에 따라 그 건물이 속하는 1동의 건물의 공유지분을 취득한 것으로 본다.
> ②제1항의 경우 그 구분건물에 등기된 소유권의 등기외의 권리에 관한 등기의 효력은 그 지분에 당연히 미친다.

1필지의 토지의 위치와 면적을 특정하여 2인 이상이 구분소유하기로 하는 약정을 하고 그 구분소유자의 공유로 등기하는 이른바 구분소유적 공유관계에 있어서, 1필지의 토지 중 특정 부분에 대한 구분소유적 공유관계를 표상하는 공유지분을 목적으로 하는 근저당권이 설정된 후 구분소유하고 있는 특정 부분별로 독립한 필지로 분할되고 나아가 구분소유자 상호간에 지분이전등기를 하는 등으로 구분소유적 공유관계가 해소되더라도 그 근저당권은 종전의 구분소유적 공유지분의 비율대로 분할된 토지들 전부의 위에 그대로 존속하는 것이고, 근저당권설정자의 단독소유로 분할된 토지에 당연히 집중되는 것은 아니다(대법원 2014. 6. 26. 선고 2012다25944 판결).

2. 분할 가능여부

구분소유적 공유는 분할이 금지된다(대법원 2010. 5. 27. 선고 2006다84171 판결, 대법원 1996. 2. 23. 선고 95다8430 판결).

3. 분리처분금지

집합건물법 제20조에 의해 분리처분이 금지된다. 집합건물법 제20조제2항에 의하면 구분소유자는 특별한 사정이 없는 한 대지사용권을 전유부분과 분리하여 처분할 수 없고, 이를 위반한 대지사용권의 처분은 법원의 공유물분할경매절차에 의한 것이라 하더라도 무효[69]이므로, 구분소유의 목적물인 건물 각 층과 분리하여 그 대지만에 대하여 경매분할을 명한 확정판결에 기하여 진행되는 공유물분할경매절차에서 그 대지만을 매수하더라도 매수인은 원칙적으로 그 대지의 소유권을 취득할 수 없다(대법원 2010. 5. 27. 선고 2006다84171 판결).

4. 경매 시 구분소유적 공유 관계 판단 방법

경매에 참여하는 자는 구분소유적 공유관계를 표상하는 것으로 취급되어 그에 따른 감정평가와 최저경매가격이 결정되고 경매가 실시되지 아니하면, 낙찰자는 구분소유적 공유가 아닌 단순 공유지분을 취득한다.

대법원은 "원고가 강제경매절차에서 이 사건 지분을 경락받았다면, 그 경매절차에서 이 사건 지분이 위 공터 부분에 대한 구분소유적 공유관계를 표상하는 것으로 취급되어 그에 따른 감정평가와 최저경매가격이 결정되고 경매가 실시되었다는 점이 입증되지

---

69 공유물분할을 위한 경매에 의한 분리처분도 금지된다는 최초의 판결이다.

아니하는 이상, 원고는 이 사건 전체 대지에 대하여 이 사건 지분에 상응하는 공유지분소유권을 적법하게 취득하고 이 부분에 관한 상호명의신탁관계는 소멸되는 것으로 보아야 할 것이고, 원고가 이 사건 지분을 경락받음에 있어 그것이 구분소유적 공유관계를 표상하는 것으로 인식하고 있었는지 여부에 따라서 달리 볼 것은 아니다. 그런데 기록을 살펴보아도 위 경매절차에서 이 사건 지분이 구분소유적 공유관계를 표상하는 것으로 취급되었다고 볼 아무런 증거가 없고, 오히려 원심이 배척하지 아니한 갑 제4호증(감정평가서)에 의하면 이 사건 지분이 위 경매절차에서 진정한 공유지분으로 감정평가된 것으로 엿볼 수 있을 뿐이다."고 판시하였다(대법원 2008. 2. 15. 선고 2006다68810 판결).

구분소유적 공유에 해당하기 위하여는 집행법원이 공유지분이 아닌 특정 구분소유 목적물에 대한 평가를 하게 하고 그에 따라 최저경매가격을 정한 후 경매를 실시하여야 한다고 할 것이고(대법원 2001. 6. 15.자 2000마2633 결정, 대법원 2002. 5. 14. 선고 2001재다701 판결 등 참조), 그러한 사정이 없는 경우에는 1필지에 관한 공유자의 지분에 대한 경매목적물은 원칙적으로 1필지 전체에 대한 공유지분이라고 봄이 상당하다(대법원 2001. 11. 30. 선고 2001다21038 판결 등 참조).

5. 구분건물로 등기하는 방법

건물 각 층의 구분소유자들은 다른 층 소유자들과 사이에 상호명의신탁을 해지하는 한편으로, 건물에 대하여 구분건물로 건축물대장의 전환등록절차(집합건물법 제56조제3항, 건축물대장의 기재 및 관리 등에 관한 규칙 제15조 등 참고) 및 등기부의 구분등기절차(2011. 4. 12. 법률 제10580호로 전부 개정되기 전의 구 부동산등기법 제104조의2 및 현행 부동산등기법 제41조, 제46조 등 참고)를 마치고 각 층별로 상호간에 자기가 신탁받은 공유지분 전부를 이전하는 방식으로 건물에 대한 구분소유적 공유관계를 해소할 수 있다(대법원 2010. 5. 27. 선고 2006다84171 판결).

법 제56조(건축물대장의 신규 등록신청) ① 이 법을 적용받는 건물을 신축한 자는 1개월 이내에 1동의 건물에 속하는 전유부분 전부에 대하여 동시에 건축물대장 등록신청을 하여야 한다.
② 제1항의 신청서에는 제54조에 규정된 사항을 적고 건물의 도면, 각 층의 평면도(구분점포의 경우에는 「건축사법」 제23조에 따라 신고한 건축사 또는 「공간정보의 구축 및 관리 등에 관한 법률」 제39조제2항에서 정한 측량기술자가 구분점포의 경계표지에 관한 측량성과를 적어 작성한 평면도를 말한다)와 신청인의 소유임을 증명하는 서면을 첨부하여야 하며, 신청서에 적은 사항 중 규약이나 규약에 상당하는 공정증서로써 정한 것이 있는 경우에는 그 규약이나 공정증서를 첨부하여야 한다. 〈개정 2014.6.3.〉
③ 이 법을 적용받지 아니하던 건물이 구분, 신축 등으로 인하여 이 법을 적용받게 된 경우에는 제1항과 제2항을 준용한다.
④ 제3항의 경우에 건물 소유자는 다른 건물의 소유자를 대위(代位)하여 제1항의 신청을 할 수 있다.[전문개정 2010.3.31.]
부동산등기법 제41조(변경등기의 신청) ① 건물의 분할, 구분, 합병이 있는 경우와 제40조의 등기사항에 변경이 있는 경우에는 그 건물 소유권의 등기명의인은 그 사실이 있는 때부터 1개월 이내에 그 등기를 신청하여야 한다.
② 구분건물로서 표시등기만 있는 건물에 관하여는 제65조 각 호의 어느 하나에 해당하는 자가 제1항의 등기를 신청하여야 한다.

③ 구분건물로서 그 대지권의 변경이나 소멸이 있는 경우에는 구분건물의 소유권의 등기명의인은 1동의 건물에 속하는 다른 구분건물의 소유권의 등기명의인을 대위하여 그 등기를 신청할 수 있다.
④ 건물이 구분건물인 경우에 그 건물의 등기기록 중 1동 표제부에 기록하는 등기사항에 관한 변경등기는 그 구분건물과 같은 1동의 건물에 속하는 다른 구분건물에 대하여도 변경등기로서의 효력이 있다.
제46조(구분건물의 표시에 관한 등기) ① 1동의 건물에 속하는 구분건물 중 일부만에 관하여 소유권보존등기를 신청하는 경우에는 나머지 구분건물의 표시에 관한 등기를 동시에 신청하여야 한다.
② 제1항의 경우에 구분건물의 소유자는 1동에 속하는 다른 구분건물의 소유자를 대위하여 그 건물의 표시에 관한 등기를 신청할 수 있다.
③ 구분건물이 아닌 건물로 등기된 건물에 접속하여 구분건물을 신축한 경우에 그 신축건물의 소유권보존등기를 신청할 때에는 구분건물이 아닌 건물을 구분건물로 변경하는 건물의 표시변경등기를 동시에 신청하여야 한다. 이 경우 제2항을 준용한다.

제11장 기타

1. 특별승계인의 관리비 납부 의무

가. 1차 판결 : 공용부분 매수인 부담

집합건물법 제18조는 공유자가 공용부분에 관하여 다른 공유자에 대하여 가지는 채권은 그 특별승계인에 대하여도 행사할 수 있다고 규정하고 있다. 이 조항은 명확성의 원칙에 반하지 않는다고 한다(헌법재판소 2013. 5. 30. 선고 2011헌바201).

아파트의 특별승계인은 전 입주자의 체납관리비 중 공용부분에 관하여는 이를 승계하여야 한다고 봄이 타당하다(대법원 2001. 9. 20. 선고 2001다8677 전원합의체 판결).

한편 집합건물법 제17조는 "각 공유자는 규약에 달리 정함이 없는 한 그 지분의 비율에 따라 공용부분의 관리비용 기타 의무를 부담한다", 제25조제1항은 "관리인은 공용부분의 보존·관리 및 변경을 위한 행위와 관리단의 사무의 집행을 위한 분담금액 및 비용을 각 구분소유자에게 청구·수령하는 행위 및 그 금원을 관리하는 행위를 할 권한과 의무를 가진다"라고 규정하고 있는바, 이에 의하면, 위 법상 관리단은 관리비 징수에 관한 유효한 관리단 규약 등이 존재하지 않더라도, 위 법 제25조제1항 등에 따라 적어도 공용부분에 대한 관리비는 이를 그 부담의무자인 구분소유자에 대하여 청구할 수 있다고 봄이 상당하다(대법원 2009. 7. 9. 선고 2009다22266 판결).

나. 2차 판결 : 공용부분 원금만 부담, 즉 연체료는 부담하지 않음

집합건물의 전(前) 구분소유자의 특정승계인에게 승계되는 공용부분 관리비에는 집합건물의 공용부분 그 자체의 직접적인 유지·관리를 위하여 지출되는 비용뿐만 아니라, 전유부분을 포함한 집합건물 전체의 유지·관리를 위해 지출되는 비용 가운데에서도 입주자 전체의 공동의 이익을 위하여 집합건물을 통일적으로 유지·관리해야 할 필요가 있어 이를 일률적으로 지출하지 않으면 안 되는 성격의 비용은 그것이 입주자 각자의 개별적인 이익을 위하여 현실적·구체적으로 귀속되는 부분에 사용되는 비용으로 명확히 구분될 수 있는 것이 아니라면, 모두 이에 포함되는 것으로 봄이 상당하다. 한편, 관리비 납부를 연체할 경우 부과되는 연체료는 위약벌의 일종이고, 전(前) 구분소유자의 특별승계인이 체납된 공용부분 관리비를 승계한다고 하여 전 구분소유자가 관리비 납부를 연체함으로 인해 이미 발생하게 된 법률효과까지 그대로 승계하는 것은 아니라 할 것이어서, 공용부분 관리비에 대한 연체료는 특별승계인에게 승계되는 공용부분 관리비에 포함되지 않는다(대법원 2006. 6. 29. 선고 2004다3598 판결).

한편 관리비 연체료는 위약벌의 성격을 갖는 것이므로(대법원 1989. 10. 10. 선고 88누1417 판결), 연체료를 '공용부분에서 생기는 이익'으로 볼 수는 없으므로, 법 제17조에 따라 지분별로 구분소유자에게 귀속하지는 않는다. 규약으로 연체료의 귀속주체나 사용처에 대해 정할 수 있으며(법 제28조), 규약에 없다면 관리비 연체료는 관리단에 귀속된다.[70]

다. 3년 이내 공용부분 부담

1개월 단위로 지급되는 관리비 채권은 민법 제163조제1호의 3년 단기 소멸시효 대상이다(대법원 2007. 2. 22. 선고 2005다65821 판결). 따라서 매수인은 매각 대금 납부시점에서 3년이 지난 관리비는 납부하지 않아도 되나, 밀린 관리비에 대해 가압류를 해 놓은 경우에는 시효중단이 된다. 만일 관리인이 전 소유자를 상대로 체납 관리비에 대해 판결을 받아 놓은 경우는 10년이 소멸시효기간이다.

즉, 집합건물의 전 구분소유자가 공용부분에 관한 관리비를 체납한 상태에서 그 전유부분에 관한 구분소유권을 취득하여 전 구분소유자의 체납관리비 채무를 인수한 자가 민법 제169[71]조의 '승계인'에 해당하여 채권자의 전 구분소유자에 대한 시효중단의 효력이 신 구분소유자에게도 미친다(대법원 2015. 5. 28. 선고 2014다81474 판결).

---

70 법무부, 전게서, 120.
71 민법 제169조(시효중단의 효력) 시효의 중단은 당사자 및 그 승계인간에만 효력이 있다.

라. 중첩적 채무인수

집합건물법상의 특별승계인은 관리규약에 따라 집합건물의 공용부분에 대한 유지·관리에 소요되는 비용의 부담의무를 승계한다는 점에서 채무인수인으로서의 지위를 갖는데, 위 법률의 입법 취지와 채무인수의 법리에 비추어 보면 구분소유권이 순차로 양도된 경우 각 특별승계인들은 이전 구분소유권자들의 채무를 중첩적으로 인수한다고 봄이 상당하므로, <u>현재 구분소유권을 보유하고 있는 최종 특별승계인뿐만 아니라 그 이전의 구분소유자들도 구분소유권의 보유 여부와 상관없이 공용부분에 관한 종전 구분소유자들의 체납관리비채무를 부담한다</u>(대법원 2008. 12. 11. 선고 2006다50420 판결).

마. 단전·단수

관리규약에 단전·단수 조치가 규정되어 있다고 하더라도 이를 실행함에 있어서는 주의를 요한다. 공갈죄나 강요죄, 업무방해죄로 형사처벌을 받을 수도 있고, 불법행위로 손해배상 책임도 질 수 있다.

대법원은 "원고가 체납된 관리비 중 공용부분 관리비를 승계한다고 하여 전(前) 구분소유자의 관리비 연체로 인한 법률효과까지 승계하는 것은 아니어서 <u>원고가 구분소유권을 취득하였다는 점만으로 원고가 승계된 관리비의 지급을 연체하였다고 볼 수 없음은 분명한</u> 것이므로, 원고가 구분소유권을 승계하였음에도 전 구분소유자에 대해 해 오던 단전·단수 등의 조치를 유지한 것은 관리규약에 따른 적법한 조치에 해당한다고 볼 수 없다. <u>나아가 단전·단수 등의 조치가 적법한 행위로서 불법행위를 구성하지 않기 위해서는 그 조치가</u>

관리규약을 따른 것이었다는 점만으로는 부족하고, 그와 같은 조치를 하게 된 동기와 목적, 수단과 방법, 조치에 이르게 된 경위, 그로 인하여 입주자가 입게 된 피해의 정도 등 여러 가지 사정을 종합하여 사회통념상 허용될 만한 정도의 상당성이 있어 위법성이 결여된 행위로 볼 수 있는 경우에 한한다 할 것인데, 이 사건의 경우 원고에 대하여 행하여진 당초의 단전·단수 등의 조치가 불법행위에 해당하고 원고가 이를 다투며 관리비 지급을 거부하였다는 것이므로, 그런 와중에 3개월이 경과됨으로써 3개월 이상 관리비 연체라는 관리규약상의 요건이 충족되었다 하더라도 그러한 사정만으로 종전부터 계속되어 오던 피고의 위법한 단전·단수 등의 조치가 그 시점부터 사회통념상 허용될 만한 정도의 상당성이 있는 행위로서 적법행위로 된다고 할 수는 없는 것이다. 원심의 이 부분 설시에 다소 미흡한 점이 있으나 결과에 있어 정당하고, 피고의 이 부분 상고이유의 주장은 모두 이유 없다."고 판시하였다(대법원 2006. 6. 29. 선고 2004다3598 판결).

바. 대납 시 처리방법

밀린 관리비를 대납할 때 주의하여야 할 점은 어쩔 수 없이 납부한다는 점을 입증하여야 한다. 그래야만 후일 민사소송을 돌려받을 수 있다.

사. 밀린 공과금

전기·수도·도시가스 체납요금도 매수인이 승계하지 않는다.

대법원은 "전기사업법 제17조제1항 소정의 "전기요금 기타 공급조건"이라 함은 전기를 공급받고자 하는 자 또는 전기를 사용하는 자가 일반전기사업자로부터 장래 전기를 공급받기 위한 전기공급계약의 내용으로 되는 사항, 즉 일반전기사업자가 수용가에게 전기를 공급하는 방법, 이와 관련하여 수용가가 수인하거나 부담하여야 할 요금 기타 사항을 말한다 할 것이고, 구수용가가 체납한 전기료납부의무의 승계에 관한 사항은 구수용가의 한국전력공사에 대한 채무를 신수용가가 인수하느냐 하는 문제로서 신수용가가 장래 위 공사로부터 전기를 공급받는 데 관한 사항은 아니며, 따라서 이러한 사항은 위 "전기요금기타 공급조건"에 포함되지 아니한다. 수도법 제17조의 규정에 의하여 제정된 시의 수도급수조례에 급수장치에 관한 권리의무는 당해 급수장치가 설치된 건물 또는 토지의 처분에 부수하며, 급수장치에 관한 소유 또는 관리권을 취득한 자는 이 조례에 의하여 그 취득 전에 발생한 의무에 대하여도 이를 승계한다고 규정되어 있어도 위 규정은 급수장치에 관한 권리의무의 승계에 관한 것으로서 건물의 구소유자의 체납수도요금납부의무가 건물에 대한 소유권을 취득하였다는 것만으로 신소유자에게 승계된다고 할 수 없다"고 판시하였다(대법원 1992. 12. 24. 선고 92다16669 판결). 그러나 참고로 수도 사용자의 범위를 급수장치의 사용자, 소유자 및 관리인으로 규정하면서 그들이 요금납부에 있어서 연대책임을 진다는 춘천시의 급수조례 제25조가 모법인 구 수도법에 위반하여 무효라고 할 수는 없다(대법원 1996. 7. 9. 선고 94다31112 판결).

서울고등법원은 "수돗물의 공급을 받지 않았던 신규 수도사용자가 기존 수도사용자의 체납 수도요금 납부의무를 승계하도록 한 부천시 수도급수 조례 제24조제2항은 수도법 제38조제1항의 '그 밖의 수돗물의 공급조건에 관한 규정'의 위임 범위를 벗어난 것으로 법률에 위배되어 무효이다."라고 판시하였다(서울고법 2011. 4. 21. 선고, 2010누33476 판결[72] : 확정).

아파트의 특별승계인은 전 입주자의 체납관리비 중 공용부분에 관하여는 이를 승계하여야 한다고 봄이 타당하다(대법원 2001. 9. 20. 선고 2001다8677 전원합의체 판결).

2. 하자보수금 승계여부

집합건물의 소유 및 관리에 관한 법률 제9조에 따른 하자담보추급권은 집합건물의 수분양자가 집합건물을 양도한 경우 양도 당시 양도인이 이를 행사하기 위하여 유보하였다는 등의 특별한 사정이 없는 한 현재의 집합건물의 구분소유자에게 귀속한다(대법원 2016. 7. 22. 선고 2013다95070 판결).

3. 상가 업종제한이 있는지 여부[73]

낙찰 받은 상가에 업종제한이 있는지 여부는 매우 중요하다.

---

[72] 부천시장이 '타이거월드' 부천체육문화센터를 매수한 甲 회사에 부천시 수도급수 조례 제24조제2항을 근거로 甲 회사가 스포츠센터 소유권을 취득하기 전 기존 수도사용자 乙 회사가 체납한 상하수도요금을 부과한 사안에서, 수돗물 공급을 받지 않았던 신규 수도사용자가 기존 수도사용자의 체납 수도요금 납부의무를 승계하도록 한 위 조례 제24조제2항은 수도법 제38조제1항의 위임 범위를 벗어나 법률에 위배되어 무효이므로, 그에 근거하여 이루어진 부과처분은 위법하다고 한 사례.
[73] 업종제한에 대한 상세사항은 제3편 제4장 상가업종제한 참고

대법원은 "건축회사가 상가를 건축하여 점포별로 업종을 정하여 분양한 후에 점포에 관한 수분양자의 지위를 양수한 자 또는 그 점포를 임차한 자는 특별한 사정이 없는 한 상가의 점포 입점자들에 대한 관계에서 상호 묵시적으로 분양계약에서 약정한 업종제한 등의 의무를 수인하기로 동의하였다고 봄이 상당하므로, 상호간의 업종제한에 관한 약정을 준수할 의무가 있다고 보아야 하고, 따라서 점포 수분양자의 지위를 양수한 자 등이 분양계약 등에 정하여진 업종제한약정을 위반할 경우, 이로 인하여 영업상의 이익을 침해당할 처지에 있는 자는 침해배제를 위하여 동종업종의 영업금지를 청구할 권리가 있다."고 판시하고 있다(대법원 2006. 7. 4. 자 2006마164 결정).

한편 분양자는 피분양자와 업종제한계약을 체결하면서 이러한 내용을 관리규약에 반영하여 두고 분양계약 시에 관리규약에 대해서도 동의를 받아 왔다. 이러한 관리규약이 효력을 가지면 이는 각 점포의 구분소유자와 그 특별승계인 및 점유자에게도 그 효력이 미친다(법 제42조).

그리고 업종제한약정 위반을 이유로 한 동종영업금지청구권은 분양계약이나 관리단규약 등에 특별히 달리 정한 것이 있거나 기타 특별한 사정이 없는 한 통상적으로 동일 상권을 이루는 같은 건물 내에 소재하고 있는 모든 상가 점포들에 대하여 주장할 수 있다(대법원 2006. 7. 4. 자 2006마164 결정).

따라서 이러한 업종제한이 있는지 여부를 먼저 살펴서 입찰여부를 결정하여야 할 것이다.

집합건물 재건축과 매도청구

1. 서설

법은 5분의 4이상이 재건축결의를 하도록 하고(법 제47조), 이에 반대한 자들의 소유권을 취득하기 위해 매도청구권을 부여하고(법 제48조), 매도청구 결과 재건축 찬성자들만 남으면 남은 자들은 재건축을 하여야 함을 전제로 재건축합의의제단체를 만들었다(법 제49조).

2. 도시정비법상 재건축과의 구별

구분	집합건물법	도시정비법
상대방	재건축결의 전부터 토지만 소유한 자는 불가	가능
국·공유지 매수	규정 없음	규정 있음
권리변환의 동일성 여부	동일성 불인정. 그 결과 저당권 등은 별도로 말소해야 함	동일성 인정. 그 결과 조합원 소유 부동산 저당권 등 말소 안함
용도의 동일성 여부	구 건물 새 건물 용도의 동일성 불요구	-대법원 2008. 2. 1. 선고 2006다32217 판결은 공동주택만 건설, 상가는 불가 -2016. 7. 28.부터는 주택재개발사업 및 주택재건축사업에 의하여 건설하여 공급할 수 있는 건축물에 오피스텔을 추가하되, 준주거·상업지역에서 전체 건축물 연면적의 100분의 30 이하까지만 허용함(제6조제2항, 제3항 및 제7항).

3. 집합건물법상 재건축의 개념

가. 구 건물 철거

법 제47조제1항은 "관리단집회는 그 건물을 철거하여 그 대지를 구분소유권의 목적이 될 새 건물의 대지로 이용할 것을 결의할 수 있다."고 규정하여, 재건축은 ① 구 건물 철거, ② 새 건물 건축, ③ 구 건물 철거 후 그 대지를 새 건물의 대지로 이용할 것이라는 3가지 요소를 규정하고 있다.

여기서 집합건물이란 구분소유권의 대상이 되는 1동의 건물을 말하므로, 법상 재건축은 1동을 단위로 하고 있고, 법은 2동 이상의 단지 재건축에 대해서는 특별히 규정하고 있지 않다.

하나의 단지 내에 있는 여러 동의 집합건물을 재건축하는 경우에 일부 동에 재건축 결의의 요건을 갖추지 못하였지만 나머지 동에 재건축결의의 요건을 갖춘 경우 그 나머지 동에 대하여는 적법한 재건축결의가 있었으므로 그 나머지 동의 구분소유자 중 재건축결의에 동의하지 아니한 구분소유자에 대하여 매도청구권을 행사할 수 있다고 할 것이다(대법원 2006. 11. 23. 선고 2005다68769 판결, 대법원 2000. 6. 23. 선고 99다63084 판결, 2005. 6. 24. 선고 2003다55455 판결 등 참조).

건물의 철거는 건축법에 의한다. 철거하지 않고 증축하는 것은 재건축 결의는 아니다. 재건축결의 전에 먼저 전부 멸실된 경우는 재건축 대상이 되는 건물이 없으므로 법상 재건축은 아니다. 이 경우는 토지소유자 전부가 합의하여야 건축이 가능하다.

나. 새 건물 건축

새 건물도 집합건물이어야 한다.

구 건물과 새 건물의 용도의 동일성은 요구되지 않는다. 대법원 "집합건물의 재건축결의에 관한 집합건물법 제47조제1항은 부근 토지의 이용상황에 변화가 있는 경우를 재건축 요건의 하나로 삼고 있는 한편 재건축에 있어 구건물과 신건물의 용도가 동일·유사할 것을 요구하고 있지 않으므로, 집합건물법상 주거용 집합건물을 철거하고 상가용 집합건물을 신축하는 것과 같이 건물의 용도를 변경하는 형태의 재건축결의는 다른 법령에 특별한 제한이 없는 한 허용된다고 보아야 한다."고 판시하고 있다(대법원 2008. 2. 1. 선고 2006다32217 판결).

또한 구 건물을 철거하고 그 대지와 인접한 주위 토지를 합하여 이를 신 건물의 대지로 이용하기로 하는 재건축결의가 허용된다. 대법원은 공동주택인 삼덕맨션을 철거하고 그 대지와 인접한 단독주택 등의 대지를 묶어 그 위에 새로이 상가인 집합건물을 건축하기로 한 이 사건 재건축결의가 집합건물법상 허용되는 것이어서 유효하다고 판시하였다(대법원 2008. 2. 1. 선고 2006다32217 판결[74]).

---

74 *이 사건 재건축결의 당시 원고가 이 사건 공동주택을 구성하는 21세대 중 11세대를 매입하여 소유하고 있었던 사실 등을 인정한 다음, 원고가 이 사건 공동주택의 상당수 세대와 그 인접 토지를 매수하여 이 사건 재건축 추진을 주도하고 있다 하더라도 그러한 사정만으로 이 사건 재건축을 집합건물법의 입법 취지에 부합하지 않아 허용되지 않는 것으로 보기는 어렵다고 판단하였다. 기록과 집합건물법의 관련 규정에 비추어 살펴보면, 원심의 이러한 인정과 판단은 수긍할 수 있고, 이 사건 공동주택 중 피고 소유의 제101호(이하 '이 사건 부동

새 건물이 구 건물보다 반드시 커야 하는 것은 아니다.

다. 구 건물의 대지를 신 건물의 대지로 이용할 것

구 건물의 대지를 신 건물의 대지로 이용하면 되는 것이지 반드시 동일 면적일 필요는 없다. 따라서 주변토지를 매입하여 신 건물의 대지로 할 수도 있고(대법원 2008. 2. 1. 선고 2006다32217 판결[75]), 구 건물 대지의 일부를 처분하여 비용에 충당할 수도 있다.

4. 재건축 결의 요건

가. 실질적 요건

건물 건축 후 상당한 기간이 지나 건물이 훼손되거나 일부 멸실되거나 그 밖의 사정으로 건물 가격에 비하여 지나치게 많은 수리비·복구비나 관리비용이 드는 경우 또는 부근 토지의 이용 상황의 변화나 그 밖의 사정으로 건물을 재건축하면 재건축에 드는 비용에 비하여 현저하게 효용이 증가하게 되는 경우여야 한다.

대법원은 "법 제47조제1항이 재건축의 요건을 '건물 건축 후 상당한 기간'으로 규정한 것은 입법기술상 부득이하고, 또한 '건물 건축 후

산'이라 한다)를 제외한 나머지 세대 전부가 실질적으로 원고의 소유라고 하면서 이를 전제로 이 사건 재건축은 집합건물법이 예정한 본래의 재건축이라고 할 수 없다는 취지의 상고논지는 사실심의 전권사항인 원심의 사실인정을 탓하는 것이거나 원심과는 다른 견해에서 그 판단을 나무라는 것이어서 받아들일 수 없다.
　　*이 사건 재건축결의 후 집합건물법 제48조 제4항에 의하여 원고가 매수지정자의 지위에서 그 재건축에 참가하지 않은 피고를 상대로 이 사건 부동산에 대한 매도청구권을 행사하는 이 사건에서 그 판시와 같이 예비적 청구의 매도청구권 행사에 따라 매매계약이 2005. 4. 18. 성립되었다고 판단
[75] 하급심 대구지방법원 2006. 05. 10. 선고 2005나16469 판결

상당한 기간'이라고 하는 문언 자체는 불확정적인 개념이기는 하나 건전한 상식과 통상적인 법감정을 가진 사람이라면 각 건물의 건축 및 관리상태 등의 요소를 감안하여 구체적으로 어느 정도의 기간이 그 기간에 해당하는지를 합리적으로 판단할 수 있으므로, 이를 가지고 국민이 그 규정 내용을 알 수 없어 법적 안정성과 예측가능성을 확보할 수 없게 하고 법집행 당국에 의한 자의적 집행을 가능하게 하는 불명확한 규정이라고 할 수 없고, 같은 법 제48조제4항 소정의 매도청구권은 재건축을 가능하게 하기 위한 최소한의 필요조건이라 할 것이므로, 재건축제도를 인정하는 이상 같은 조항 자체를 가지고 재건축 불참자의 기본권을 과도하게 침해하는 위헌적인 규정이라고 할 수 없으며, 한편 집합건물법과 토지수용법은 그 입법 목적을 전혀 달리하는 것으로서 매매대금의 지급시기 등에 관하여 집합건물법이 토지수용법과 그 내용을 달리하고 있다는 이유만으로 집합건물법이 위헌이라고 할 수 없으며, 같은 법의 위와 같은 조항들로 인하여 집합건물 거주자인 구분소유자들이 자신의 의사와 관계없이 거주를 이전하여야 하게 되고, 이는 그들의 행복추구권·거주이전의 자유·주거의 자유에 영향을 미치게 됨은 분명하지만, 재건축에 반대하는 구분소유자들의 구분소유권 및 대지사용권에 대한 같은 법의 제한에는 합리적인 이유가 있다고 인정되므로, 같은 법의 그와 같은 조항들이 구분소유자들의 행복추구권·거주이전의 자유 및 주거의 자유의 본질적인 내용을 침해하거나 이를 과도하게 제한하여 위헌이라고 할 수 없다."고 판시하고 있다(대법원 1999. 12. 10. 선고 98다36344 판결).

나. 절차적 요건

(1) 구분소유자

① 미등기자

구분소유자라 함은 일반적으로 구분소유권을 취득한 자(등기부상 구분소유권자로 등기되어 있는 자)를 지칭하는 것이나, 다만 수분양자로서 분양대금을 완납하였음에도 분양자측의 사정으로 소유권이전등기를 경료받지 못한 경우와 같은 특별한 사정이 있는 경우에는 이러한 수분양자도 구분소유자에 준하는 것으로 보아 관리단의 구성원이 되어 의결권을 행사할 수 있다(대법원 2005. 12. 16. 자 2004마515 결정).

② 미분양된 구분소유자

집합건물의 분양이 개시되고 입주가 이루어져서 공동관리의 필요가 생긴 때에는 그 당시의 미분양된 전유부분의 구분소유자를 포함한 구분소유자 전원을 구성원으로 하는 관리단이 설립된다고 할 것이다(대법원 2002. 12. 27. 선고 2002다45284 판결).

③ 임차인

임차인은 구분소유자가 아니다.

④ 1개의 전유부분이 멸실된 경우

법 제4조 제3항은 "건물이 있는 토지가 건물이 일부 멸실함에 따라 건물이 있는 토지가 아닌 토지로 된 경우에는 그 토지는 제1항에 따라 규약으로써 건물의 대지로 정한 것으로 본다."고 규정하고 있으므로, 그 집합건물의 일부를 구성하는 전유부분이 전부멸실되었다고 하더라도 멸실된 구분소유자는 관리단에 참여하여 재건축 결의를 할 수 있다.

⑤ 1개의 전유부분을 수인이 공유하는 경우 : 1인

전유부분을 여럿이 공유하는 경우에는 공유자는 관리단집회에서 의결권을 행사할 1인을 정한다(법 제37조제2항). 전유부분을 여럿이 공유하는 경우에 제1항의 통지는 제37조제2항에 따라 정하여진 의결권을 행사할 자(그가 없을 때에는 공유자 중 1인)에게 통지하여야 한다(법 제34조제2항).

관리단집회의 의결에 있어서 구분소유자의 수가 문제되는 경우 전유부분이 수인의 공유에 속하는 때라도 그 공유자 전원을 하나의 구분소유자로 계산하도록 하는 강행규정이다(대법원 2008. 3. 27. 자 2007마1734 결정).

공유자 중 1인을 조합원으로 보고 그 1인을 조합원으로 등록하도록 하고 있더라도, 이를 공유자 중 대표조합원 1인 외의 나머지 공유자를 재건축조합과의 사단적 법률관계에서 완전히 탈퇴시켜 비조합원으로 취급하겠다는 취지로 해석할 수는 없고, 공유자 전원을 1인의 조합원으로 보되 공유자 전원을 대리할 대표조합원 1인을 선출하여 그 1인을 조합에 등록하도록 함으로써 조합 운영의 절차적 편의를 도모함과 아울러, <u>조합규약이나 조합원총회 결의 등에서 달리 정함이 없는 한 공유자 전원을 1인의 조합원으로 취급하여 그에 따른 권리분배 등의 범위를 정하겠다는 의미로 보아야 한다</u>(대법원 2009. 2. 12. 선고 2006다53245 판결).

⑥ 구분소유자 1인이 여러 채를 가지고 있는 경우 : 1인

법 제38조 제1항의 '구분소유자의 과반수'를 계산함에 있어, 다수의 집합건물을 소유한 자를 1인으로 볼 것인지, 아니면 소유하고 있는 집합건물의 개수에 해당하는 수인으로 볼 것인지 여부가 문제된다.

이에 대해 부산지방법원은 "집합건물법 제38조 제1항에 의하면, 관리단집회의 의사는 구분소유자 및 의결권의 각 과반수로써 의결한다고 규정하고 있는데, 집합건물법이 이와 같이 지분비율에 의한 의결권의 과반수라는 요건 외에 구분소유자의 과반수라는 요건을 또다시 요구하고 있는 것은, 집합건물이 물권으로서의 재산적 측면과 소유자집단 또는 공동생활집단으로서의 인적 측면이라는 양면성을 가지는 점을 고려하여, 특정 소수의 구분소유자가 집합건물의 대부분을 소유하고 있는 때에 의결권의 비율만으로 관리단집회의 의사가 결정되는 것으로 한다면 그들의 전횡을 막을 수 없게 되므로 그러한 전횡을 막고, 구분소유건물의 공정·공평하고 원활한 유지·관리를 위함이라고 볼 것인바, 그와 같은 위 집합건물법의 규정취지에 비추어 구분소유자 중 1인이 다수의 구분소유권을 가지고 있다고 하더라도 구분소유자의 수를 계산함에 있어서는 이를 1인으로 보아야 할 것이다."라고 판시한 바 있다(부산지방법원 2006. 11. 1. 선고 2006가합7153 판결).

(2) 특별다수결 찬성

재건축결의는 구분소유자의 5분의 4 이상 및 의결권의 5분의 4 이상의 결의에 따른다(법 제47조제2항).

(3) 결의 내용

재건축을 결의할 때에는 다음 각 호의 사항을 정하여야 한다(법 제47조제3항).

1. 새 건물의 설계 개요
2. 건물의 철거 및 새 건물의 건축에 드는 비용을 개략적으로 산정한 금액
3. 제2호에 규정된 비용의 분담에 관한 사항
4. 새 건물의 구분소유권 귀속에 관한 사항

여기서 비용분담에 관한 사항이 매우 중요하다. 대법원 판결을 소개한다.

> **대법원 2007. 10. 11. 선고 2005다58786 판결**[76]
> 집합건물의 소유 및 관리에 관한 법률(이하 '집합건물법'이라 한다) 제47조 제3항은 재건축의 결의를 할 때에는 건물의 철거 및 신건물의 건축에 소요되는 비용의 분담에 관한 사항과 신건물의 구분소유권의 귀속에 관한 사항 등을 정하여야 한다고 규정하고 있는바, 위 재건축 비용의 분담에 관한 사항은 구분소유자들로 하여금 상당한 비용을 부담하면서 재건축에 참가할 것인지, 아니면 시가에 의하여 구분소유권 등을 매도하고 재건축에 참가하지 않을 것인지를 선택하게 하는 기준이 되는 것이고, <u>재건축 결의의 내용 중 가장 중요하고 본질적인 부분으로서, 재건축의 실행단계에서 다시 비용 분담에 관한 합의를 하지 않아도 될 정도로 그 분담액 또는 산출기준을 정하여야 하고 이를 정하지 아니한 재건축 결의는 특별한 사정이 없는 한 무효라고 할 것이나</u>(대법원 2005. 4. 29. 선고 2004다7002 판결 등 참조), 이 때 <u>비용 분담에 관한 사항은 재건축 참가자가 확정될 경우에 자동적으로 그 부담비율이 결정될 정도로 재건축 결의 단계에서 이를 정하여 놓음으로써 적어도 장차 재건축에 참가할 경우에 재건축 비용을 어떻게 분담할 것인지를 예측할 수 있을 만큼 비용 분담의 기준을 제시하면 충분하다</u>(대법원 2005. 7. 8. 선고 2005다21036 판결 참조).

기록에 의하면, 1999. 5. 29. 원고 조합 창립총회에서의 재건축 결의 이후 시공자 선정 및 공사계약의 체결, 종합상가 구분소유자들인 피고(선정당사자) 및 선정자들(이하 '피고들'이라 한다)의 재건축 참여 등의 단계를 거쳐 2000. 12. 16. 조합 설립인가를 받을 무렵 총 구분소유자 및 의결권의 4/5 이상에 해당하는 다수가 재건축에 동의함으로써 유효한 재건축 결의가 성립된 사실, 피고들이 재건축에 참여하면서 원고 조합에 제출한 이 사건 동의서에는 '대지면적 : 2,313㎡(701평)', '규모 : 1개동 지상 5층, 지하 2층', '건물연면적 : 2,870평(지상 1,750평, 지하 1,120평)', '산출근거 : 총대지 701평 × 용적율 250% = 총건평 2,870평, 철거 및 건설공사비 : 2,232,493원/평 × 2,870평 = 6,407,000,000원, 기타 비용 : 366,325원/평 × 2,870평 = 1,051,000,000원, 총비용 : 2,598,818원/평 × 2,870평 = 7,458,000,000원', '신축건물의 건축비는 잉여건축물의 매각(분양)대금으로 충당하고, 부족분이 생길 경우 조합원의 입주평형에 따라 공정하게 분담한다.', '신축건물의 구분소유권 귀속은 현행 소유 대지 지분비율에 따라 형평이 유지되도록 배분하고, 토지는 사업완료 후 배분 평형에 따라 공유지분으로 등기하며, 건물은 조합원 각자의 명의로 소유권보존등기를 마친다. 상가조합원에게 우선 분양하고 남은 잔여 상가, 부대시설은 관계 법령에 따라 일반 분양한다.'고 기재되어 있었던 사실, 당시 피고들이 제공받은 자료에는 여러 가지 평당 분양단가와 예상 용적율에 따른 조합원들의 분담액이 가정적으로 예시되어 있었던 사실, 한편 원고 조합의 정관에는 사업시행에 필요한 자금은 조합원이 출자한 토지, 조합원들의 분담금 및 신축 건축물의 분양수입금 등으로 충당하기로 되어 있고, 그 분담금은 무상 분양면적과 실제 분양받은 면적에 차이가 있을 경우 그 면적에 대하여 일반분양에 적용되는 단위면적당 가격을 기준으로 환산한 금액으로 정하도록 되어 있는 사실을 알 수 있는바, 그렇다면 원고 조합은 재건축 결의와 관련하여 구 상가건물의 철거 및 신 상가건물의 건축에 소요되는 비용의 개산액을 정하는 한편 그 비용의 분담에 관한 사항을 정하였다고 할 것이고, 설령 피고들의 주장과 같이 상가 부분의 비용 개산액을 정함에 ○○아파트 부분의 평당 건축비를 준용하였다고 하더라도 그것만으로 위법하다고 할 수 없으며, 비용 분담에 관한 사항을 정함에 있어 무상 분양면적과 평당 분양가를 구체적으로 확정하지 않았다고 하더라도 정관에서 그 부담금 산정의 기준을 명

> 시함과 아울러 당시 산정 가능한 방법으로 평당 분양단가와 예상 용적율에 따른 분담액을 제시한 이상 재건축의 실행단계에서 다시 합의를 하지 않아도 될 정도로 구체적인 사항을 정한 것으로서 상가 구분소유자들로 하여금 상당한 비용을 부담하면서 재건축에 참가할 것인지, 아니면 시가에 의하여 구분소유권 등을 매도하고 재건축에 참가하지 않을 것인지를 선택하게 하는 기준이 될 수 있다고 할 것이다.

비용의 분담에 관한 사항, 새 건물의 구분소유권 귀속에 관한 사항은 각 구분소유자 사이에 형평이 유지되도록 정하여야 한다(법 제47조제4항).

> **대법원 2009. 6. 25. 선고 2006다64559 판결**
> 집합건물의 소유 및 관리에 관한 법률 제47조 제3항, 제4항에 의하면 재건축의 결의를 할 때에는 건물의 철거 및 신건물의 건축에 소요되는 비용의 분담에 관한 사항과 신건물의 구분소유권의 귀속에 관한 사항을 정하여야 하고, <u>위와 같은 사항은 각 구분소유자 간의 형평이 유지되도록 정하지 아니하면 아니 되므로</u>, 재건축의 결의가 위와 같은 사항에 관하여 각 구분소유자 간의 형평에 현저히 반하는 경우에는 이러한 재건축결의는 특별한 사정이 없는 한 무효이다. <u>이에 관하여 신건물의 구분소유권의 귀속이 각 구분소유자 간의 형평에 반하는지 여부를 판단함에 있어서는 단순히 각 구분소유권의 위치, 면적, 층수에 차이가 있다는 점만을 고려할 것이 아니라, 그와 같은 차이가 발생하게 된 경위, 신건물의 배치와 설계상의 합리성 및 경제적 타당성, 조합원들이 종전에 소유하던 구분건물의 평형과 대지권 지분의 분포와 그 권리가격의 크기, 구분소유권 배분방식의 형평성, 각 구분소유권의 재산적 가치에 대한 불균형의 정도, 그 불균형을 줄일 수 있는 다른 방법의 존재 가능성, 불이익을 입은 구분소유자에 대한 적절한 보상 여부, 재건축의 결의나 관리처분계획안 결의시 구분소유권의 귀속등에 관하여 다수 조합원들이 소수</u>

---

76 동지 : 대법원 2006. 11. 23. 선고 2005다68769 판결, 대법원 1998. 6. 26. 선고 98다15996 판결, 2006. 7. 4. 선고 2004다7408 판결 등 참조

> 조합원들에게 부당하게 불이익을 강요하였는지 여부 등 제반 사정을 종합하여 판단하여야 한다.
>
> **대법원 2005. 6. 9. 선고 2005다11404 판결 : 형평 위배**
> ○○아파트 상가의 위치 이전으로 일부 구분소유자에게 재산적 가치의 하락 및 영업손실이 예상할 수 있고, 이는 재건축으로 인한 이익은 구분소유자 모두가 향유하는 반면 그것을 가능하게 한 기존 상가의 위치 이전으로 인한 손실은 일부 구분소유자가 부담하게 되는 결과가 되므로 구분소유자들과의 형평에 현저히 어긋날 여지가 있음에도 불구하고 이에 대한 적절한 보상방법을 정하지 않은 재건축 결의를 각 구분소유자 간의 형평이 유지되지 않았다고 보기는 어렵다고 한 원심판결을 파기한 사례.
> ○○아파트 상가의 위치 이전으로 피고가 분양받을 3개 점포 중 2개 점포(104호·105호)는 기존 다른 건물에 ○○아파트 단지 앞 외부도로에서 보이지 않게 된다는 것이므로, 그 재산적 가치의 하락 및 영업손실을 족히 예상할 수 있다고 할 것이고, 이는 재건축으로 인한 이익은 피고를 제외한 구분소유자 모두가 향유하는 반면 그것을 가능하게 한 기존 상가의 위치 이전으로 인한 손실은 피고가 부담하게 되는 결과가 되므로 구분소유자들과의 형평에 현저히 어긋날 여지가 있다고 할 것이다.
>
> **대구지방법원 1996. 8. 22. 선고 95가합31182 판결(항소 화해 종결)**
> 원래 주거용이었던 건물을 상가로 개조한 것에 대하여 주거 부분을 주기로 하는 내용의 재건축 결의를 하였다는 점만으로는 그 결의의 효력을 부인할 만큼 형평성을 잃은 것이라고 보기 어렵다.

(4) 결의사항의 통지

관리단집회를 소집하려면 관리단집회일 1주일 전에 회의의 목적사항을 구체적으로 밝혀 각 구분소유자에게 통지하여야 한다. 다만, 이 기간은 규약으로 달리 정할 수 있다(법 제34조제1항). 그러나 대법원은 "재건축조합은 비법인사단으로서 법인격을 전제로 하는 조항을 제외하고는 민법의 법인에 관한 규정의 준용을 받는다 할 것인바, 민법 제71조, 제72조에 비추어 볼 때 정관에 다른 규정이 없는 한 총회에서는 소집 1주간 전에 통지된 그 회의의 목적사항에 관하여만 결의할 수 있다."고 판시하여, 1주일 전 통지기간은 단축이 불가하다 보고 있다.

 법 제34조제5항은 "회의의 목적사항이 제15조제1항, 제29조제1항, 제47조제1항 및 제50조제4항인 경우에는 그 통지에 그 의안 및 계획의 내용을 적어야 한다."고 규정하고 있다.
 여기서 계획의 내용에는 법 제47조제3항의 결의사항을 모두 통지해야 한다.

(5) 결의방법 및 결의 성립시점

 집회를 개최하는 경우 관리단 집회는 구분소유자 전원이 동의하면 소집절차를 거치지 아니하고 소집할 수 있고(법 제35조), 의결권의 행사는 서면행사는 물론 대리행사도 가능하며(법 제38조제2항), 재건축 결의는 회의를 개최하지 않고 서면결의도 가능하다.

 재건축결의 역시 제41조제1항에 의한 서면결의가 가능하고, 이에 따라 구분소유자 및 의결권의 각 5분의 4 이상의 서면에 의한 합의가 있는 때에는 관리단집회의 결의가 있는 것으로 보아야 할 것이고, 위와 같은 서면결의는 관리단집회가 열리지 않고도 관리단집회가 있는 것과 동일하게 취급하고자 하는 것이어서 그와 같은 서면결의를 함에 있어서는 관리단집회가 소집·개최될 필요가 없음은 당연하다고 할 것이고(대법원 2006. 11. 23. 선고 2005다68769 판결, 대법원 1999. 8. 20. 선고 98다17572 판결, 2003. 5. 13. 선고 2003다2628

판결 등 참조).

대법원은 "유효한 재건축결의가 있었는지 여부는 반드시 최초의 관리단집회에서의 결의에만 한정하여 볼 것은 아니고 비록 최초의 관리단집회에서의 재건축동의자가 재건축에 필요한 정족수를 충족하지 못하였다고 하더라도 그 후 이를 기초로 하여 재건축 추진과정에서 구분소유자들이 재건축에 동의하는 취지의 서면을 별도로 제출함으로써 재건축결의 정족수를 갖추게 된다면 그로써 관리단집회에서의 결의와는 별도의 재건축결의가 유효하게 성립한다. 그리고 집합건물의 소유 및 관리에 관한 법률에는 재건축결의의 시기에 관하여 아무런 제한을 두지 않고 있으므로, 재건축결의가 반드시 재건축조합의 창립총회일에 함께 이루어져야 한다고 볼 근거는 없다."고 한다(대법원 2009. 6. 25. 선고 2006다64559 판결).

대법원은 "집합건물법 제41조제1항은 "이 법 또는 규약에 의하여 관리단집회에서 결의할 것으로 정한 사항에 관하여 구분소유자 및 의결권의 각 5분의 4 이상의 서면에 의한 합의가 있는 때에는 관리단집회의 결의가 있는 것으로 본다."고 규정하고 있고, 재건축의 결의는 같은 법 제47조제1항에 의하여 관리단집회에서 결의할 수 있는 사항이므로, 이러한 재건축의 결의는 같은 법 제41조제1항에 의한 서면결의가 가능하다고 할 것이고, 나아가 재건축조합은 대체로 그 조합원의 수가 많고, 재건축에 대한 관심과 참여 정도가 조합원에 따라 현격한 차이가 있으며, 재건축의 과정이 장기간에 걸쳐 복잡하게 진행될 뿐만 아니라 재건축 대상인 건물이 일단 철거된 후에는 조합원의 주거지가 여러 곳으로 분산되는 등의 사정이 있음에 비추어, 재건축 결의의 내용을 변경하는 것도 같은 법 제41조제1항을 유추적용하여 서면합의에 의할 수 있다고 할 것이다."라고 판시하였다(대법원 2005. 4. 21. 선고 2003다4969 전원합의체 판결). 또한 "재건축 결의 내용의 변경에 집합건물법 제41조제1항을 유추적용할 필요성에 관한 제반 사정들과 같은 법이 서면합의에 의한 관리단집회의 결의를 인정하면서 서면합의의 요건이나 그 절차 및 방법 등에 관하여 아무런 제한을 하고 있지 않은 점에 비추어 볼 때, 의결정족수에 영향을 미칠 우려가 있을 정도의 조합원들의 참여기회가 원천적으로 배제된 채 서면합의가 이루어지거나 조합원 5분의 4 이상의 자의에 의한 합의가 성립되었다고 인정할 수 없을 정도의 중대한 하자가 있는 등 특별한 사정이 없는 한 서면합의에 의한 재건축 결의 내용의 변경은 유효하다."라고 판시하였다(대법원 2005. 4. 21. 선고 2003다4969 전원합의체 판결).

서면결의에 의한 재건축결의 성립 시점은 5분의 4 이상이 찬성한 무렵이다. 대법원은 "원고 조합은 창립총회에서의 재건축결의 이후 임시총회에서의 시공자 선정, 안전진단의 의뢰, 설계계약 및 공사계약의 체결, 조합설립인가 등의 여러 단계와 과정을 거쳐 2000. 5.경까지는 단지 전체 총 구분소유자 및 의결권의 4/5 이상에 해당하는 절대 다수가 재건축에 동의하였으므로 그 무렵 서면에 의한 재건축결의가 이루어졌다고 할 것이고,"라고 판시한바 있다(대법원 2005. 6. 24. 선고 2003다55455 판결).

관리단집회가 있었는지의 여부는 당해 집회의 명칭에도 불구하고 실질적으로 관리단 집회라고 할 것이 존재하는 지 여부를 기준으로 판단하여야 한다. '00맨션 재건축모임' 총회라고 하더라도 실질적으로 관리단 집회로 볼 수 있으면 가능하다(대구지방법원 2006. 5. 10. 선고 2005나16469 판결, 이 판결은 기타 관리단집회에서 임시의장을 선출하여 진행한 것, 피고가 소집통지를 수취거절한 것, 집회에 참석하지 않은 자에 대해서는 찬반여부를 기재할 수 없는 것 등은 모두 적법하다 판시하였다).

하나의 단지 내에 있는 여러 동의 건물 전부를 일괄하여 재건축하고자 하는 경우라도 재건축 결의의 요건 충족 여부는 각각의 건물마다 별개로 따져야 하므로, 단지 내의 일부 건물에 대하여 일단 재건축 결의의 정족수가 충족되었다면 나머지 건물에 대하여 재건축 결의의 정족수가 아직 충족되지 아니하였더라도, 정족수가 충족된 일부 건물의 구분소유자 중 재건축 결의에 찬성하지 아니한 구분소유자에 대하여 먼저 매도청구권을 행사할 수 있다(대법원 2002. 9. 24. 선고 2000다22812 판결).

(6) 의사록에 기재

관리단집회의 의사에 관하여는 의사록을 작성하여야 한다(법 제39조제1항). 의사록에는 의사의 경과와 그 결과를 적고 의장과 구분소유자 2인 이상이 서명·날인하여야 한다(동조제2항).

그런데 재건축 결의를 위한 관리단집회의 의사록에는 결의에 대한 각 구분소유자의 찬반 의사를 적어야 한다(법 제47조제5항).

따라서 집회 결의 시에는 투표용지에 각 구분소유자의 성명을 적고 서명하거나 또는 기명·날인하도록 하여 후일 분쟁 발생 시를 대비하여야 할 것이다.

 의사록은 관리인 또는 구분소유자나 그 대리인으로서 건물을 사용하고 있는 자 중 1인이 보관하여야 한다(법 제30조제1항, 제39조제4항).

 의사록을 보관할 구분소유자나 그 대리인은 규약에 다른 규정이 없으면 관리단집회의 결의로써 정한다(법 제30조제2항).

5. 재건축 결의의 효력

가. 개설
 유효한 재건축 결의가 있으면 그 이후에는 매도청구를 하게 되고, 매도청구 후에는 재건축합의의제단체를 구성하게 된다.

 집합건물법에서는 권리변환 규정이 없으므로 구분소유권에 설정되어 있는 저당권, 가등기, 압류 등을 말소하여야만 재건축을 추진할 수 있다.

 <u>재건축 결의 이전부터 구분소유권 없이 그 대지에 관한 소유권만을 가지고 있는 자들에게까지 그 소유권을 매도할 것을 청구할 수 있다는 취지라고 해석할 수 없다</u>(대법원 1997. 12. 9. 선고 97다43031 판결, 대법원 2003. 7. 11. 선고 2003다14911 판결).

나. 구분소유자

관리단집회의 결의는 구분소유자의 특별승계인에 대하여도 효력이 있다. 점유자는 구분소유자가 건물이나 대지 또는 부속시설의 사용과 관련하여 규약 또는 관리단집회의 결의에 따라 부담하는 의무와 동일한 의무를 진다(법 제42조).

재건축 결의에 찬성한 각 구분소유자, 재건축 결의 내용에 따른 재건축에 참가할 뜻을 회답한 각 구분소유자 및 구분소유권 또는 대지사용권을 매수한 각 매수지정자(이들의 승계인을 포함한다)는 재건축 결의 내용에 따른 재건축에 합의한 것으로 본다(법 제49조).

다. 제3자

전유부분의 임차인 등 점유자에 대해서, 나아가 저당권자 등에 대해서는 재건축 결의의 구속력이 없다.

6. 재건축 결의의 하자

재건축 결의는 의사결정기관인 총회의 의사를 결정하는 법률행위로서, 소정의 절차에 따라 결의의 성립이 선언됨으로써 관계자에 대하여 구속력을 가지는 결의가 외형적으로 존재하게 되고, 그와 같이 결의의 존재를 인정할 수 있는 어떤 외관적인 징표가 있어야만 그 결의의 효력 유무의 확인을 구할 수 있다(대법원 2008. 2. 14. 선고 2007다62437 판결).

구분소유자 등의 매도청구권은 재건축의 결의가 유효하게 성립하여야 비로소 발생하는 것이므로, 재건축의 결의가 같은 법 제47조제2항 소정의 정족수를 충족하지 못하였다면 유효한 재건축의 결의가 있다고 할 수 없어 매도청구권을 행사할 수 없고, 매도청구권행사에 따른 소송중에 재건축불참자 일부가 재건축 결의에 찬성함으로써 정족수를 충족하였다고 하더라도 정족수의 하자가 치유되어 무효인 종전의 재건축 결의가 소급하여 유효하게 되는 것은 아니다(대법원 2002. 9. 27. 선고 2000다10048 판결).

관리단집회에서 재건축결의가 의결정족수 미달로 일단 무효가 된 후 서면에 의한 동의로 재건축결의의 의결정족수를 충족하게 된 경우, 이는 무효인 재건축결의의 하자의 치유나 보완이 아니라 관리단집회에서의 결의와는 별도의 서면에 의한 새로운 결의이다(대법원 2008. 8. 21. 선고 2007다83533 판결).

서면결의의 방법에 의한 재건축결의에 있어서 재건축결의가 유효하게 성립하기 전까지는 재건축결의에 대한 동의를 철회할 수 있고, 그 철회의 의사표시는 재건축결의에 대한 동의의 의사표시와 마찬가지로 조합규약이나 정관에 다른 정함이 없는 이상 반드시 일정한 절차와 방식에 따라서만 하여야 하는 것은 아니며, 그 철회의 의사를 분명히 추단할 수 있는 행위나 외관이 있는 것으로 충분하다(대법원 2008. 8. 21. 선고 2007다83533 판결).

7. 매도청구권

가. 매도청구소송 요건
(1) 유효한 재건축 결의

(2) 적법한 촉구(최고)
재건축의 결의가 있으면 집회를 소집한 자는 지체 없이 그 결의에 찬성하지 아니한 구분소유자(그의 승계인을 포함한다)에 대하여 그 결의 내용에 따른 재건축에 참가할 것인지 여부를 회답할 것을 서면으로 촉구하여야 한다(법 제48조제1항).

① 최고의 방법
반드시 서면으로 촉구하여야 한다(법 제48조제1항). 따라서 배달증명 우편으로 촉구하는 것이 좋다.

② 최고를 할 자
재건축의 결의 시 집회를 소집한 자가 하여야 한다. 따라서 관리인 또는 구분소유자의 5분의 1 이상이 집회를 소집한 경우에는 그 대표자가 하여야 한다고 본다.

③ 최고 시기
재건축 결의 성립 후 '지체 없이' 촉구하여야 한다(법 제48조제1항).

'지체 없이'란 귀책사유 있는 지연이 없다는 것인데 어느 정도 기간 내에 최고를 하는 것이 '지체 없이'한 것으로 볼 것인가는 최고 상대방의 이익 등을 고려하여 사회통념에 따라 판단해야 할 것이다(서울서부지방법원 2006. 12. 7. 선고 2005가합8903 판결).

조합설립동의 후 1년 10개월 후에 한 최고가 무효라는 하급심판결(수원지방법원 2007. 5. 22. 선고 2006가합2851 판결)이 있으므로 주의하여야 한다.

참고로 동의 후 2개월 반 경과 후 최고는 적법하다고 본 하급심판결(서울고등법원 2007. 8. 21. 선고 2007나13000 판결)이 있다.

또한 조합설립인가처분을 받아 조합설립등기를 마친 도시정비법상 주택재건축조합으로서 설립인가를 받은 때로부터 약 10개월 후 재건축결의에 찬성하지 아니한 구분소유자를 상대로 재건축에의 참가 여부를 회답할 것을 최고하였는바, 이것이 "지체 없이 최고"하도록 규정한 집합건물법 제48조 제1항(도시정비법 제39조에서 준용)에 위반되는지 문제된 사안에서, 인천지방법원 부천지원 2012. 1. 17. 선고 2010가합7415, 7439 판결에서는 "설령 원고가 이 사건 최고를 지체하였다고 본다 하더라도 다음과 같은 이유에서 이 사건 최고 및 이를 기초로 한 매도청구권의 행사가 효력이 없는 것으로서 배척되어야한다고 단정하기는 어렵다. (중략)그런데 이러한 최고를 지체하였을 경우에 그 최고가 효력이 없다고 보게 되면 (중략)이는 매도청구권의 행사 요건으로서의 최고를 지체한 결과 실질적으로 재건축결의가 무효로 되고 마는 결과를 초래하는 것이어서 신속한 재건축사업 추진을 도모함으로써 재건축에 동의를 하지 않은 구분소유자는 물론 동의를 한 구분소유자에게도 불필요한 손해가 발생하는 것을 방지하고 나아가 재건축사업의 장기화에 따른 사회적 비용 부담의 증가를 방지하려는 위 법 제48조의 입법 의도에도 반하는 결과를 가져오고 만다. 재건축결의의 무효 사유는 그보다 더욱 중대하고 명백한 것이어야 할 것이다. 또한 "지체 없이"란 문언은 해석을 통하여 그 구체적인 기간이 확정될 수밖에 없는 추상적인 표현이어서 이것을 권리 상실의 요건으로 보게 될 경우에는 권리자의 권리행사기간에 관한 예측가능성을 침해하는 결과를 가져오게 되는데, 이 또한 입법자가 의도한 바라고 보기는 어렵다. 한편 매도청구권 행사의 기초가 되는 최고 및 매도청구권의 행사를 지체한 경우에 목적물 시가의 하락 등으로 인하여 매도청구의 상대방인 구분소유자에게 손해가 발생한 경우에는 지체가 없었던 경우의 시가와의 차액을 손해로 배상하도록 하는 등 그 지체로 인하여 발생한 손해에 대한 배상책임을 물을 수 있고, 그것으로 충분하다고 할 것이다. 이러한 점들을 종합적으로 고려해 보았을 때 집합건물법 제48조 제1항 소정의 '지체 없이 최고를 하여야 할 의무'를 위반하여 <u>한 최고라 하더라도, 그로 인하여 발생한 손해에 대한 배상책임을 부담함은 별론으로 하고, 매도청구권을 행사하기 위한 요건으로서의 효력이 없는 최고라고 볼 수는 없다</u>"라고 판시하였다.

그러나 이 판결의 결론에는 찬성할 수 없다. 아래 대법원 판결이 언급한 것처럼 지체 없이 하도록 한 이유가 있기 때문이다.

대법원 2015. 02. 12. 선고 2013다15623 판결

1. 도시 및 주거환경정비법 제39조 제1호, 집합건물의 소유 및 관리에 관한 법률 제48조 제1항에 의하면, 주택재건축조합이 조합 설립에 동의하지 않은 사람에 대하여 매도청구권을 행사하기 위하여는 먼저 그에게 재건축에 참가할 것인지 여부를 회답할 것을 지체 없이 서면으로 촉구하여야 하고, 여기에서 '지체 없이'는 재건축결의가 이루어진 직후는 아니더라도 적어도 재건축사업의 진행 정도에 비추어 적절한 시점에는 이루어져야 한다는 의미이다(대법원 2009. 1. 15. 선고 2008다40991 판결 등 참조).

2. 원심은 그 판시와 같은 사정들을 종합하여, 원고가 조합설립등기를 마친 2008. 11. 6.부터 2년이 지난 2010. 12. 9.과 2011. 1. 11.에 피고들에게 재건축사업 참가 여부를 묻는 이 사건 최고를 하였더라도 재건축사업의 진행 정도에 비추어 적절한 시점에 최고가 이루어진 것이어서, 원고가 지체 없이 최고를 하도록 한 규정을 위반한 것으로 볼 수 없다고 판단하였다.

그러나 원심판결 이유와 기록에 의하여 알 수 있는 다음과 같은 사정, 즉 ① 원고는 그 설립등기를 마친 2008. 11. 6.부터 최고를 할 수 있었고, 실제로 원고 스스로 피고들에게 2008. 12.경에 최고서를 발송하였으나 수취인부재 또는 수취거절을 이유로 반송되었다고 주장하면서도, 그 무렵부터 2년 이상이 경과한 2010. 12. 9. 및 2011. 1. 11.에 이르러서야 비로소 이 사건 최고를 한 점, ② 원고 조합에 대한 원심판시 변경인가처분은 당초 인가받은 사항 중 토지 및 건축물의 매매 등에 따른 조합원의 명의변경 및 추가동의서 제출에 따른 동의율 변경을 사유로 한 것으로서 경미한 사항의 변경에 대한 신고를 수리하는 의미에 불과하고, 그 무렵 별도로 조합설립변경동의 등을 받지 않았으므로 그 변경인가에 기하여 새로이 매도청구권을 행사할 수는 없으며, 이 사건 최고를 그 변경인가에 기한 새로운 최고로 볼 수는 없는 점, ③ 원고가 토지 및 건축물의 매매 등에 따른 조합원의 명의변경 및 추가동의서 제출을 사유로 위와 같이 변경인가처분을 받는 등 조합원을 새로이 확정하여야 하는 상황에 있었기는 하나, 그 변경인가에 따라 변경된 조합원의 수가 많지 않았고 피고들은 그 지위에 변동이 없었음에도 이 사건 변경인가일로부터 약 10개월이 지나서야 이 사건 최고가 이루어진 점, ④ 피고들이 원고를 상대로 2008. 12. 18. 조합설립무효 확인소송을 제기하였더라도 원고는 그러한 소송이

> 계속 중인 상태에서도 2회에 걸쳐 조합설립변경인가처분을 받기도 하였고 그 변경인가처분은 앞에서 본 바와 같이 경미한 사항의 변경에 대한 신고를 수리하는 의미에 불과하여, 위와 같은 소송이 계속 중이라는 사정만으로는 원고가 피고들에게 재건축 참가 여부에 대하여 최고를 하고 매도청구를 하는 것이 불가능하거나 곤란하였다고 볼 수 없는 점 등을 앞서 본 법리에 비추어 보면, 원고의 이 사건 최고는 지체 없이 이루어진 최고라고 보기 어렵다.
> 　그럼에도 원심은 그 판시와 같은 이유만으로 원고의 이 사건 최고가 적법하다고 판단하였으므로, 이러한 원심판결에는 매도청구권의 행사를 위한 최고의 시기에 관한 법리를 오해하여 판결에 영향을 미친 잘못이 있고, 이 점을 지적하는 피고들의 상고이유 주장에는 정당한 이유가 있다.

　한편 서면결의의 방법에 의한 재건축결의에 있어서 재건축결의가 유효하게 성립하기 전까지는 재건축결의에 대한 동의를 철회할 수 있으므로(대법원 2008. 8. 21. 선고 2007다83533 판결), <u>서면결의에 의하여 재건축 결의가 유효하게 성립하면 이 때를 시점으로 지체 없이 촉구하여야 한다.</u>

④ 최고 내용

　재건축 결의 내용에 따라 재건축에 참가할 것인지 여부이다. 이는 최고를 받은 구분소유자가 재건축결의의 구체적 사항을 검토하여 재건축에 참가할지 여부를 판단하여야 하므로 <u>최고서에는 재건축결의사항이 구체적으로 적시되어 있어야 하나</u>, 다만 그러한 사항들이 재건축사업의 추진과정에서 총회의 결의나 재건축에의 참여 권유 또는 종용 등을 통하여 최고의 대상자들에게 널리 알려지고, 소송의 변론과정에서도 주장이나 입증 등을 통하여 그 내용이 알려짐에 따라 재건축 참가의 기회가 충분히 부여되었다면 그 참가 최고는 적법하다고 할 것이다(대법원 2005. 6. 24. 선고 2003다55455

판결).

ⓔ 최고 상대방
ⓐ 재건축 결의에 반대한 자(특별승계인 포함, 법 제42조)

ⓑ 등기명의자
 아파트 분양자가 분양자 ○○아파트를 이미 제3자에게 분양하여 그의 일부 잔대금 청산이 완결될 때까지만 그의 소유권을 보유하고 있는 상태라고 하더라도 그의 소유권보존등기가 아직 분양자 명의로 남아 있는 이상 그 분양자는 대외적으로 그 아파트의 처분권을 갖고 있는 적법한 소유자라고 할 것이므로, 집합건물법 제48조에 정한 매도청구권은 대외적인 법률상의 처분권을 갖고 있는 등기부상 소유자인 분양자에게 행사하여야 하며, 그로 인하여 분양자가 수분양자들에 대해 소유권이전등기의무의 이행불능에 따른 손해배상책임을 부담하게 된다고 하더라도 그 매도청구권의 행사가 부동산등기특별조치법이나 사회질서에 반하거나 신의성실의 원칙에 위반한다고 할 수는 없다(대법원 2000. 6. 23. 선고 99다63084 판결).

ⓒ 재단법인
 재단법인의 기본재산에 대하여 집합건물의 소유 및 관리에 관한 법률상의 매도청구가 있는 경우에는 그 기본재산에 대한 매매계약의 성립뿐만 아니라 기본재산의 변경을 내용으로 하는 재단법인의 정관의 변경까지 강제된다(대법원 2008. 7. 10. 선고 2008다12453 판결).

ⓓ 공유자 : 공유자 전원에 대하여 최고하여야 한다.

ⓔ 재건축결의 전 대지사용권만을 취득한 자는 불가
　재건축 결의 이전부터 구분소유권 없이 그 대지에 관한 소유권만을 가지고 있는 자들에게까지 그 소유권을 매도할 것을 청구할 수 있다는 취지라고 해석할 수는 없다(대법원 1997. 12. 9. 선고 97다43031 판결).

(3) 재건축 최고에 대해 반대 회답 또는 침묵
　촉구를 받은 구분소유자는 촉구를 받은 날부터 2개월 이내에 회답하여야 한다(법 제48조제2항). 회답기간은 단축은 불가하지만 연장은 가능하다고 본다. 참가한다는 취지의 회답은 반드시 서면으로 하여야 하는 것은 아니다.

　제2항의 기간 내에 회답하지 아니한 경우 그 구분소유자는 재건축에 참가하지 아니하겠다는 뜻을 회답한 것으로 본다(법 제48조제3항).

　최고가 수회에 걸쳐 이루어진 경우에는 회답기간의 만료일은 최초의 최고 수령일을 기준으로 하여야 한다고 본다.[77] 최고에 대해서 일단 불참을 회답하였다가 다시 이를 철회할 수 있다. 반면에 참가회답의 임의철회는 인정되지 않는다고 해석된다(재판실무편람 2006년 개정판, 64페이지). 반면에 재건축 결의에의 참가 여부에 대한 수차례의 최고가 있는 경우 위 규정에 의한 '최고기간

---

77 · 유어녕, 집합건물법의 이론과 실무, 법률정보센터, 813.

만료일로부터'의 기준이 되는 최고는 최종적으로 이루어진 최고로 보아야 한다는 판시도 있기는 하다(대구지방법원 1996. 8. 22. 선고 95가합31182 판결). 사견은 최고기간과 소 제기기간을 정한 취지를 보면 전자가 타당하다고 본다. 실무상으로도 전자로 해석하는 것이 안전하다.

나. 매도청구권 행사

(1) 형성권

매도청구권은 형성권으로서 매도청구권자의 일방적인 의사표시로 매매계약이 성립한다. 매도청구권을 소송 외에서 행사한 경우는 매도청구의 의사표시가 상대방에게 도달한 때, 소송으로 행사한 경우에는 소장 부본이 송달된 때에 매매계약이 성립한다.

> ▶청구취지 기재 례
> ○ 사례 1
> 피고 김00은 원고로부터 1,709,217,500원을 지급받음과 동시에 원고에게 서울 마포구 00동 12-4 대 261㎡ 및 위 지상 연와조 기와즙 2층 주택 1동 (1층 24평 9홉 1작, 2층 11평 9홉 5작, 지하실 2평 6홉 9작)에 관하여 2007. 3. 26. 매매를 원인으로 한 소유권이전등기절차를 이행하고, 위 토지 및 주택 1동을 인도하라.
> ○ 사례 2
> 1. 피고는 원고로부터 914,724,602원을 지급받음과 동시에 원고에게 울산 남구 00동 000 대 45,063㎡ 중 45,094분의 621지분에 관하여 2007. 2. 6. 매매를 원인으로 한 소유권이전등기절차를 이행하라.
> 2. 소송비용은 피고가 부담한다.

(2) 행사기간

재건축 결의가 있으면 지체 없이 참가여부를 서면으로 촉구하고,

촉구를 받은 자는 촉구를 받은 날로부터 2개월 이내에 회답하여야 하며, 회답기간 만료일로부터 2개월 내에 매도청구권을 행사하여야 한다.

집합건물법 제48조제4항에서 매도청구권의 행사기간을 규정한 취지는, 매도청구권이 형성권으로서 재건축참가자 다수의 의사에 의하여 매매계약의 성립을 강제하는 것이므로, 만일 위와 같이 행사기간을 제한하지 아니하면 매도청구의 상대방은 매도청구권자가 언제 매도청구를 할지 모르게 되어 그 법적 지위가 불안전하게 될 뿐만 아니라 매도청구권자가 매수대상인 구분소유권 등의 시가가 가장 낮아지는 시기를 임의로 정하여 매도청구를 할 수 있게 되어 매도청구 상대방의 권익을 부당하게 침해할 우려가 있는 점에 비추어 매도청구 상대방의 정당한 법적 이익을 보호하고 아울러 재건축을 둘러싼 법률관계를 조속히 확정하기 위한 것이라고 봄이 상당하므로 매도청구권은 그 행사기간 내에 이를 행사하지 아니하면 그 효력을 상실한다고 할 것이다(대법원 2008. 2. 29. 선고 2006다56572 판결, 대법원 2000. 6. 27. 선고 2000다11621 판결, 대법원 2002. 9. 24. 선고 2000다22812 판결 참조).

소송으로 매도청구권을 행사하는 경우에는 소장 접수시기를 기준으로 기간 준수여부를 판단한다(인천지방법원 부천지원 2005. 2. 4. 선고 2002가합785 판결). 즉, 소제기로 매도청구를 하는 경우 소장 부본은 매도청구권 행사기간을 도과한 때에 송달되더라도 무방하다고 봄이 상당하다(대법원 2003. 5. 27. 선고 2002다14532, 14549판결, 대구지방법원 2007. 11. 21. 선고 2005가합13824 판결).

(3) 매도청구권자

최고를 할 자는 재건축의 결의 시 집회를 소집한 자가 하여야 한다. 따라서 관리인 또는 구분소유자의 5분의 1 이상이 집회를 소집한 경우에는 그 대표자가 하여야 한다고 본다.

그런데 매도청구권 행사자는 다르다. 매도청구권 행사자는 ① 재건축 결의에 찬성한 각 구분소유자, 재건축 결의 내용에 따른 재건축에 참가할 뜻을 회답한 각 구분소유자(그의 승계인을 포함한다) ② 또는 이들 전원의 합의에 따라 구분소유권과 대지사용권을 매수하도록 지정된 자(이하 "매수지정자"라 한다)이다(법 제48조 제4항).

대법원은 "집합건물법 제48조제4항의 규정은 재건축에 참가하지 아니하는 구분소유자를 구분소유관계로부터 배제함으로써 구분소유자 전원이 재건축에 참가하는 상태를 형성할 수 있도록 하기 위하여, 재건축에 참가하는 구분소유자는 재건축에 참가하지 아니하는 구분소유자의 구분소유권 및 대지사용권에 대한 매도청구를 할 수 있게 함과 아울러, 구분소유자의 자금 부담이 곤란한 경우 등을 고려하여 자금력을 가진 구분소유자 이외의 제3자도 재건축 참가자 전원의 합의에 의한 매수 지정을 받은 경우에는 매도청구권을 행사할 수 있도록 한 취지이므로, 재건축에 참가하는 구분소유자들만으로 구성되어 주택건설촉진법에 의한 설립인가를 받은 재건축조합은 같은 조항의 재건축에 참가하는 전체 구분소유자에 다름 아니고, 따라서 전체 구분소유자에 갈음하여 당연히 매도청구권을 행사할 수 있다고 해석하여야 한다(대법원 1999. 12. 10. 선고 98다36344 판결).

재건축조합의 규약상 당해 재건축조합이 재건축의 결의에 찬성한 각 구분소유자 전원의 합의에 의한 매수지정자라고 볼 수 있는 경우에는 위 <u>재건축조합 명의로 매도청구권을 행사하는 소송을 제기함에 있어서 조합원총회의 결의를 거치지 않았다고 하더라도 그 소는 부적법한 것이 아니다</u>(대법원 1999. 10. 22. 선고 97다49398 판결).

(4) 매도청구의 상대방

앞에서 본 최고의 상대방과 같다.

재건축 결의가 있은 <u>후에</u> 이 구분소유자로부터 대지사용권만을 취득한 자의 대지사용권에 대하여도 또한 같다(법 제48조제4항후문). 재건축 결의 <u>이전부터</u> 구분소유권 없이 그 대지에 관한 소유권만을 가지고 있는 자들에게까지 그 소유권을 매도할 것을 청구할 수 있다는 취지라고 해석할 수 없다(대법원 1997. 12. 9. 선고 97다43031 판결).

(5) 시가의 산정
① 개발이익 포함

매도청구를 하여 소유권을 취득하기 위해서는 당연히 반대급부로 아파트 등 종전자산 값을 주어야 한다. 이 종전자산 값은 법원이 감정평가사를 선정하여 감정평가를 거쳐 최종적으로 결정하는데, 감정을 실시함에 있어서 소위 개발이익이 포함된 "시가"로 정하여야 한다는 것이 대법원 판례이다. 즉, "시가"란 매도청구권이 행사된 당시 재건축으로 인하여 발생할 것으로 예상되는 **개발이익이 포함된 가격**을 말한다(대법원 1996. 1. 23. 선고 95다38172 판결, 대법원 2014. 7. 24. 선고 2012다62561, 2012다62578 판결).

② 시가산정기준일

매매계약체결의제일 즉, 매도청구의 의사표시가 담긴 소장 부본 송달일이거나, 최고를 소장으로 하였으면 최고서 송달일로부터 2개월이 경과한 다음날이 기준일이다(대법원 2010. 7. 15. 선고 2009다63380 판결).

(6) 매도청구의 효과

매도청구권은 형성권이기 때문에 매도청구권의 행사결과 이를 행사한 자와 상대방인 재건축불참자 사이에 재건축불참자의 소유권에 대해 시가에 의한 매매계약이 성립된 것으로 의제된다.

재건축참가 여부에 대한 최고를 한 후 소제기로 매도청구를 하는 경우 매매계약의 성립시점은 매도청구의 의사표시가 담긴 소장 또는 준비서면이 상대방에게 송달된 날이다. 최고와 동시에 매도청구를 하는 경우는 최고서 송달일로부터 2개월을 경과한 다음날 매매계약의 체결이 의제된다.

다. 근저당권 등 문제

근저당권, (가)압류 등기에 대해 소유자를 상대로 말소청구는 불가하다. 이는 단지 등기의무자이므로 그렇다(대법원 1974. 6. 25. 선고 73다211).

근저당권 등 동시이행범위

> **대법원 2015. 11. 19. 선고 전원합의체 판결 2012다114776**
> 재건축조합은 말소되지 아니한 근저당권의 채권최고액 또는 채권최고액의 범위 내에서 확정된 피담보채무액에 해당하는 청산금에 대하여만 동시이행의 항변권에 기초하여 지급을 거절할 수 있다고 보는 것이 공평의 관념과 신의칙에 부합한다.
> 이와 달리 토지 등 소유자가 소유권이전등기 및 인도를 마친 때에도 근저당권설정등기가 말소되지 아니하였다면 재건축조합이 청산금 전부에 대하여 근저당권설정등기말소와의 동시이행을 주장하여 지급을 거절할 수 있다는 취지로 판시한 대법원 2009. 9. 10. 선고 2009다32850, 32867 판결 등은 이 판결의 견해에 배치되는 범위 내에서 변경하기로 한다.
> ☞ 구 도시정비법 제47조에 따른 현금청산대상자인 원고들이 사업시행자인 피고에 대하여 청산금 및 그에 대한 지연손해금의 지급을 구하자, 피고가 원고들 소유의 토지에 관하여 마쳐진 근저당권설정등기말소와 동시이행의 항변을 한 사안에서, 피고가 근저당권설정등기말소와의 동시이행을 주장하여 지급을 거절할 수 있는 청산금의 액수는 말소되지 아니한 근저당권의 채권최고액 또는 그 범위 내에서 확정된 피담보채무액에 한정된다고 한 사례

<u>매도청구로 가등기를 말소할 수는 없다.</u> 이 점 유의하여야 한다.

> **대전지방법원 천안지원 2014. 11. 7. 선고 2013가합5414**
> 근저당권, 압류 등기에 대해 소유자를 상대로 말소청구는 불가하다. 이는 단지 등기의무자이므로 그렇다(대법원 1974. 6. 25. 선고 73다211).
> **서울동부지방법원 2014. 8. 19. 선고 2011가합18374**
> - 원고주장 : 강제수용 실질 가진다. 따라서 가등기 말소 청구 가능하다.
> - 판단 : 사적자치에 대한 제한은 법에 있어야 가능하다. 매도청구권에 인정되는 것은 제8조제4항제1호외에는 말소규정 없다. <u>가등기 말소 불가하다.</u>

라. 소유자 대응방법

매도청구를 당하는 자들은 단체로 대응을 하여야 할 사항과 개인적으로 대응을 하여야 할 사항이 있다. 먼저 개인적으로 대응할

중요한 사항을 지적하면 다음과 같다.

(1) 즉시 대응을 하여야 한다.

피고는 소장을 받는 날, 아니 받기 전부터 미리 대응을 하여야 한다. 최선의 대응은 전문변호사를 빨리 선임하는 것이다. <u>처음부터 사전 준비하고, 나아가 소송에서는 감정인 선정절차부터 철저히 준비하여야 제대로 된 감정평가를 받을 수 있다. 가끔 감정평가가 나온 후에 대비한다는 생각, 2심에 가서 다시 재판하면 된다는 생각을 하는 경우가 있으나, 이는 매우 잘못이다.</u> 대부분은 법원에서 선정한 1심 감정인의 감정평가 결과가 나오면 그것으로 끝이다. 그 후에 결과는 바뀌지 않는 경우가 대부분이다.

(2) 전문변호사를 선임하여야 한다.

"아는 만큼 보인다."라는 말이 있다. 전문변호사의 눈에는 사소한 것부터 큰 것까지 볼 수 있는 능력과 경험이 있다. 매도청구소송을 법리적인 측면 및 감정평가에 대한 지식, 경험을 두루 갖춰야 하는 전문분야임을 잊지 않아야 한다. 게다가 재건축사업에 관한 전반을 잘 알고 있는 전문변호사라면 최선이라고 할 수 있다.

(3) 감정평가가 전부이다.

시가는 감정평가에 의해 결정된다. 통상은 원고(조합) 측이 감정평가를 신청하여 감정절차를 주도하고 있다. 그러나 피고도 감정절차에 적극적으로 대응함이 좋다. 즉 <u>공동 감정신청을 고려</u>하여야 하고, 감정인 선정, 감정비용, 시가에 대한 의견을 철저히 개진하여야 한다.

감정인의 감정 결과는 그 감정방법 등이 경험칙에 반하거나 합리성이 없는 등의 현저한 잘못이 없는 한 이를 존중하여야 한다(대법원 2007. 02. 22. 선고 2004다70420 판결, 대법원 1997. 2. 11. 선고 96다1733 판결 등 참조).

(4) 반소제기 여부를 고려해 보아야 한다.
매도청구소송은 원고가 현금청산대상자에게 시가를 지급받음과 동시에 소유권을 이전하고 부동산을 인도하라는 것이다. 따라서 원고가 급하면 바로 돈을 지급하고 나가라고 하지만 급하지 않으면 판결이 있어도 돈도 주지 않고 그냥 세월을 보내는 것이다. 이러한 경우 피고가 바로 돈을 받기 위해서는 반소를 제기하는 것이다.

8. 명도기한의 허여

재건축에 참가하지 아니하겠다는 뜻을 회답한 구분소유자가 건물을 명도(明渡)하면 생활에 현저한 어려움을 겪을 우려가 있고 재건축의 수행에 큰 영향이 없을 때에는 법원은 그 구분소유자의 청구에 의하여 대금 지급일 또는 제공일부터 1년을 초과하지 아니하는 범위에서 건물 명도에 대하여 적당한 기간을 허락할 수 있다(법 제48조제5항).

명도기간의 허여는 독립된 소송으로 할 수도 있고, 매도청구소송에서 항변으로도 할 수 있다. 다만, 독립으로 행사하는 경우는 그 사유가 매도청구권 행사 소송의 변론종결시 후에 발생한 것이어야 한다.

매도청구소송에서 피고가 항변으로 명도기한의 허여를 구하는 경우가 있으나 건물을 명도함에 따라 생활상 현저한 곤란을 받을 우려가 있고, 또한 재건축의 수행에 심한 영향이 없는 것으로 인정되어야 하므로 위 항변이 인용되는 경우는 거의 없고, 인용되더라도 1개월 정도의 단기간에 그치고 있다(서울중앙지방법원 2004. 2. 11. 선고 2003가합15599 판결).

9. 재건축사업 지연시 환매청구

재건축 결의일부터 2년 이내에 건물 철거공사가 착수되지 아니한 경우에는 제4항에 따라 구분소유권이나 대지사용권을 매도한 자는 이 기간이 만료된 날부터 6개월 이내에 매수인이 지급한 대금에 상당하는 금액을 그 구분소유권이나 대지사용권을 가지고 있는 자에게 제공하고 이들의 권리를 매도할 것을 청구할 수 있다. 다만, 건물 철거공사가 착수되지 아니한 타당한 이유가 있을 경우에는 그러하지 아니하다(법 제48조 제6항).

건물 철거공사가 착수되지 아니한 타당한 이유가 없어진 날부터 6개월 이내에 공사에 착수하지 아니하는 경우에는 제6항 본문을 준용한다. 이 경우 같은 항 본문 중 "이 기간이 만료된 날부터 6개월 이내에"는 "건물 철거공사가 착수되지 아니한 타당한 이유가 없어진 것을 안 날부터 6개월 또는 그 이유가 없어진 날부터 2년 중 빠른 날까지"로 본다(법 제48조제7항).

재건축조합의 매도청구에 대하여 상대방의 환매청구를 인용한 사례가 있으므로 주의를 요한다.

> **대구지법 2007. 11. 15. 선고 2005가합12876 판결[78]**
>
> 피고는, 원고의 매도청구권 행사에 의하여 이 사건 매매계약이 성립하였다고 하더라도 피고가 원고에 대하여 집합건물법 제48조제6항이 정하는 환매청구권을 행사하였으므로, 원고의 청구에 응할 수 없다고 항변한다.
>
> 집합건물법 제48조제6항에 규정된 '매도한 자'의 의미가 '매매계약의 이행을 완료한 자'인지 아니면 '매매계약을 체결한 자'인지 보건대, 집합건물법 제48조제6항의 매도청구권은 재건축에 참가하지 아니한 정비구역 내의 부동산 소유자를 보호하는 규정이므로 주택재건축사업시행자가 장기간 철거공사에 착수하지 아니한 원인이 주로 주택재건축사업시행자에게 있는 경우에는 매도인에게 유리하게 해석해야 하는 점, 매매계약이 체결되었음에도 불구하고 주택재건축사업시행자가 부동산의 시가 즉 매매대금을 입증하지 아니하고 그것을 지급하지 아니하거나 매도인으로부터 소유권이전등기를 수취하는 것 또는 부동산을 인수하는 것을 불이행하는 경우에는 <u>형평의 원칙상 매도인의 의무이행(부동산 소유권이전 및 인도)을 기대하기 곤란한 점</u>, 주택재건축사업시행자로서는 매매계약이 성립된 경우에는 부동산의 시가를 적극적으로 입증한 후 시가 상당의 매매대금을 변제공탁함과 동시에 명도단행가처분이나 소유권이전등기 및 부동산인도 소송 등을 통하여 부동산의 점유와 소유권을 취득하여 철거공사에 착수할 수 있는 점 등에 비추어 볼 때, 집합건물법 제48조제6항에 규정된 '매도한 자'는 '매매계약의 이행을 완료한 자'가 아니라 '매매계약을 체결한 자'를 의미하는 것이라고 볼 것이다.

---

78 · 항소, 대구고등법원 2007나11416, 2008. 11. 18. 강제조정 종결

> 이 사건에 관하여 보건대, 원고의 매도청구에 의하여 2005. 10. 10. 이 사건 매매가 체결된 사실은 앞서 본 바와 같으므로 피고는 집합건물법 제48조제6항에 규정된 '매도한 자'에 해당하고, 원고가 재건축결의일로부터 2년이 경과한 2007. 1. 28.까지 이 사건 정비구역 내의 건물에 대한 철거공사에 전혀 착수하지 아니한 사실은 앞서 본 바와 같고, 원고는 이 사건 소송 계속 중인 2006. 6. 20. 이 사건 부동산의 시가를 입증하기 위한 감정신청을 하였다가 2006. 6. 22. 철회하고, 2007. 1. 24. 다시 동일한 감정신청을 하였다가 감정료를 납부하지 아니하여 이 사건 제4차 변론기일(2007. 7. 12.)에 이르러 감정신청을 철회함으로써 이 사건 소송을 약 1년간 지연한 사실, 피고는 집합건물법 제48조제6항에 따라 철거공사 착수기한인 2007. 1. 28.로부터 6개월이 경과하기 전인 이 사건 제4차 변론기일(2007. 7. 12.)에 원고에 대하여 이 사건 부동산에 관하여 환매청구권을 행사한 사실은 기록상 명백하므로, 피고의 환매청구(피고는 매매대금을 수령하지 않았으므로 환매청구시 원고에게 매매대금을 제공할 의무는 없었다)에 의하여 2007. 7. 12. 이 사건 부동산에 관하여 원고를 매도인, 피고를 매수인으로 하는 환매계약이 체결되었다고 할 것이다.
>
> 그런데, 원고는 이 사건 매매를 원인으로 하여 이 사건 부동산의 소유권을 이전받는다고 하더라도 다시 위 환매를 원인으로 하여 피고에게 그 소유권을 이전할 의무가 있으므로, 원고가 피고를 상대로 이 사건 매매의 이행을 청구하는 것은 피고에 대하여 무의미한 절차의 반복과 비용부담을 초래하는 것이어서 신의성실의 원칙상 허용될 수 없다고 할 것이다.

10. 합의 의제

가. 합의의제

집합건물을 재건축하려면 반드시 100%의 찬성이 필요하다. 그래서 법은 80% 찬성 후에 매도청구권을 행사하여 나머지 반대자들 소유권을 취득하여 결국 100% 찬성을 받는 것이다.

이때 법 제49조는 "재건축 결의에 찬성한 각 구분소유자, 재건축 결의 내용에 따른 재건축에 참가할 뜻을 회답한 각 구분소유자 및 구분소유권 또는 대지사용권을 매수한 각 매수지정자(이들의 승계인을 포함한다)는 재건축 결의 내용에 따른 재건축에 합의한 것으로 본다."고 규정하고 있다.

나. 의제된 합의의 법적 성격

법 제49조에 의한 단체는 법상 당연히 성립하는 단체이다.
그러나 법률의 규정만으로 사회적으로 독립한 권리의무의 주체가 될 수 없는 것이므로, 합의의제단체가 법률관계를 형성하기 위해서는 재건축조합이나 민법상 조합 등과 같은 별도의 조직행위나 계약이 있어야 하고, 그에 따라 단체가 성립한다고 본다.

집합건물이 철거되기 전까지는 관리단과 재건축합의단체가 병존하게 된다. 재건축의 결의가 유효하게 성립한 후에는 재건축 결의에 찬성한 구분소유자 등으로 구성되는 단체에 의하여 재건축사업이 실행되는 것이므로 집합건물법상의 규약, 집회 및 관리단에 대한 규정은 원칙적으로 적용되지 아니하고, 단체의 성격에 따라 민법상의 조합 또는 사단법인에 관한 규정이 적용된다 할 것이다(대법원 1998. 6. 26. 선고 98다15996 판결).

다. 의제된 합의의 변경결의

과거에는 조합원 전원의 결의가 있어야 변경이 가능하다고 하였으나, 판례가 변경되었다.

대법원은 "집합건물법 제49조에 의하면, 재건축의 결의에 찬성한 각 구분소유자, 재건축의 결의의 내용에 따른 재건축에 참가할 뜻을 회답한 각 구분소유자 및 구분소유권 또는 대지사용권을 매수한 각 매수지정자(이들의 승계인을 포함한다)는 재건축 결의의 내용에 따른 재건축에 합의한 것으로 본다고 규정하고 있는바, 재건축의 결의가 유효하게 성립한 후에는 재건축 결의에 찬성한 구분소유자 등으로 구성되는 단체에 의하여 재건축 사업이 실행되는 것이므로 집합건물법상의 규약, 집회 및 관리단에 대한 규정은 원칙적으로 적용되지 아니하고, 단체의 성격에 따라 민법상의 조합 또는 사단법인에 관한 규정이 적용된다 할 것이다. 그런데 재건축 결의에 따라 설립된 재건축조합은 민법상의 비법인 사단에 해당하므로(대법원 2001. 5. 29. 선고 2000다10246 판결 등 참조) 그 구성원의 의사의 합의는 총회의 결의에 의할 수밖에 없다고 할 것이나, 다만 위 의제된 합의 내용인 재건축 결의의 내용을 변경함에 있어서는 그것이 구성원인 조합원의 이해관계에 미치는 영향에 비추어 재건축 결의시의 의결정족수를 규정한 집합건물법 제47조 제2항을 유추적용하여 조합원 5분의 4 이상의 결의가 필요하다고 할 것이다."라고 판시하였다(대법원 2005. 4. 21. 선고 2003다4969 전원합의체 판결).

11. 매도청구 후 재건축방법

매도청구 후 실제 재건축을 하는 방법이 문제이다.

건축법에 의한 건축허가나 또는 주택법에 의한 사업계획승인 중

하나로 사업을 할 것이다.

그런데 건축법과 주택법은 각각 장·단점이 있다. 먼저 30세대 미만으로 재건축을 하려면 건축법으로 건축허가를 받으면 된다. 이 경우는 큰 문제는 없다. 만일 비법인사단인 재건축조합으로 신탁등기를 한 후에 건축법으로 건축허가를 받으면 조합원에게 우선 공급할 수 있고, 각종 제한에서 자유롭다. 문제는 30세대 이상인 경우는 주택법상 사업계획승인을 받아야 한다. 그런데 주택법에 의할 경우에 가장 큰 문제는 종전 소유자(또는 조합원)에게 아파트를 우선 공급할 근거가 없다는 것이다. 이 경우 종전 소유자가 아파트를 공급받으려면 먼저 일반분양을 하고나서 미분양이 된 이후에나 가능하다. 따라서 입법론으로는 이왕 집합건물법에 의한 재건축을 허용하였으면 「주택공급에 관한 규칙」에 우선공급을 허용하는 규정을 두어야 한다.

다음 30세대 이상에 대해 건축법에 의해 주상복합아파트로 건축허가를 받으면 종전 소유자에게 우선공급을 할 수는 있으나, 주상복합아파트는 주택 외의 시설과 주택을 동일 건축물로 건축하는 경우를 말하는 것으로 <u>준주거지역 또는 상업지역(유통상업지역은 제외한다)</u>에서 300세대 미만의 주택과 주택 외의 시설을 동일 건축물로 건축하는 경우로서 해당 건축물의 연면적에서 주택의 연면적이 차지하는 비율이 90퍼센트 미만이어야 한다. 즉, 주거지역에서는 건축법에 주상복합아파트를 건축할 수가 없는 단점이 있다.

> **주택법 제15조(사업계획의 승인)**
> ① 대통령령으로 정하는 호수 이상의 주택건설사업을 시행하려는 자 또는 대통령령으로 정하는 면적 이상의 대지조성사업을 시행하려는 자는 다음 각 호의 사업계획승인권자(이하 "사업계획승인권자"라 한다. 국가 및 한국토지주택공사가 시행하는 경우와 대통령령으로 정하는 경우에는 국토교통부장관을 말하며, 이하 이 조, 제16조부터 제19조까지 및 제21조에서 같다)에게 사업계획승인을 받아야 한다. 다만, 주택 외의 시설과 주택을 동일 건축물로 건축하는 경우 등 대통령령으로 정하는 경우에는 그러하지 아니하다.
> 주택법 시행령 제27조(사업계획의 승인) ④ 법 제15조제1항 각 호 외의 부분 단서에서 "주택 외의 시설과 주택을 동일 건축물로 건축하는 경우 등 대통령령으로 정하는 경우"란 다음 각 호의 어느 하나에 해당하는 경우를 말한다.
> 1. 다음 각 목의 요건을 모두 갖춘 사업의 경우
>   가. 「국토의 계획 및 이용에 관한 법률 시행령」 제30조제1호다목에 따른 준주거지역 또는 같은 조 제2호에 따른 상업지역(유통상업지역은 제외한다)에서 300세대 미만의 주택과 주택 외의 시설을 동일 건축물로 건축하는 경우일 것
>   나. 해당 건축물의 연면적에서 주택의 연면적이 차지하는 비율이 90퍼센트 미만일 것
> 2. 「농어촌정비법」 제2조제10호에 따른 생활환경정비사업 중 「농업협동조합법」 제2조제4호에 따른 농업협동조합중앙회가 조달하는 자금으로 시행하는 사업인 경우

다음 사업주체를 누구로 할 것인가의 문제도 있다. 즉, 지주공동사업을 할 것인지, 신탁회사(또는 비법인사단인 재건축조합)에 신탁을 하여 인·허가를 받는 방법으로 할 것인지가 문제된다.

그런데 주택법 제4조제1항은 "연간 대통령령으로 정하는 호수(戶數) 이상의 주택건설사업을 시행하려는 자 또는 연간 대통령령으로 정하는 면적 이상의 대지조성사업을 시행하려는 자는 국토교통부장

관에게 등록하여야 한다."고 규정하고 있고, 동법 제5조제1항은 "토지소유자가 주택을 건설하는 경우에는 제4조제1항에도 불구하고 대통령령으로 정하는 바에 따라 제4조에 따라 등록을 한 자(이하 "등록사업자"라 한다)와 공동으로 사업을 시행할 수 있다. 이 경우 토지소유자와 등록사업자를 공동사업주체로 본다."고 규정하고 있다. 따라서 비법인사단인 재건축조합을 결성한다고 하여 무조건 재건축조합명의로 주택법상 사업계획승인을 받을 수는 없고, 다만 재건축조합 앞으로 모두 신탁등기가 경료되는 등으로 재건축조합이 소유권을 취득하면, 토지소유자로서 등록사업자와 공동으로 사업계획승인을 받을 수는 있다.

이 경우도 각각 장·단점이 있다. 우선 지주공동사업을 할 경우에는 지주 전원이 사업주체이므로 전원 찬성으로 사업을 시행하여야만 하고, 지주 중 1인이라도 권리제한등기가 경료되면 전원이 영향을 받는다는 단점이 있다. 신탁사에 신탁을 할 경우에는 당연히 신탁수수료가 나가는 단점이 있다. 경우에 따라서 시행자가 다수 토지를 확보한 경우에는 시행자와 나머지 토지소유자 명의로 건축허가를 받아 진행할 수도 있다. 나아가 시행사가 자기가 확보한 토지와 사용승낙을 받은 서류를 첨부하여 자기 단독으로 건축허가를 받을 수도 있을 것이다(다만, 분양을 목적으로 하는 공동주택은 제외한다. 건축법 제11조에 의하면 분양목적인 경우에는 소유권을 확보하여야 한다[79].

---

79 따라서 비법인 사단인 재건축조합은 분양을 목적으로 하는 경우에는 신탁등기 등으로 소유권을 확보하지 않는 한 건축허가도 불가하다.

건축법 제11조(건축허가) ⑪ 제1항에 따라 건축허가를 받으려는 자는 해당 대지의 소유권을 확보하여야 한다. 다만, 다음 각 호의 어느 하나에 해당하는 경우에는 그러하지 아니하다. 〈신설 2016.1.19.〉
1. 건축주가 대지의 소유권을 확보하지 못하였으나 그 대지를 사용할 수 있는 권원을 확보한 경우. 다만, 분양을 목적으로 하는 공동주택은 제외한다[80].
2. 건축주가 건축물의 노후화 또는 구조안전 문제 등 대통령령으로 정하는 사유로 건축물을 신축·개축·재축 및 리모델링을 하기 위하여 건축물 및 해당 대지의 공유자 수의 100분의 80 이상의 동의를 얻고 동의한 공유자의 지분 합계가 전체 지분의 100분의 80 이상인 경우

> **령 제9조의2(건축허가 신청 시 소유권 확보 예외 사유)** ① 법 제11조제11항 제2호에서 "건축물의 노후화 또는 구조안전 문제 등 대통령령으로 정하는 사유"란 건축물이 다음 각 호의 어느 하나에 해당하는 경우를 말한다.
> 1. 급수·배수·오수 설비 등의 설비 또는 지붕·벽 등의 노후화나 손상으로 그 기능 유지가 곤란할 것으로 우려되는 경우
> 2. 건축물의 노후화로 내구성에 영향을 주는 기능적 결함이나 구조적 결함이 있는 경우
> 3. 건축물이 훼손되거나 일부가 멸실되어 붕괴 등 그 밖의 안전사고가 우려되는 경우
> 4. 천재지변이나 그 밖의 재해로 붕괴되어 다시 신축하거나 재축하려는 경우
> ② 허가권자는 건축주가 제1항제1호부터 제3호까지의 어느 하나에 해당하는 사유로 법 제11조제11항제2호의 동의요건을 갖추어 같은 조 제1항에 따른 건축허가를 신청한 경우에는 그 사유 해당 여부를 확인하기 위하여 현지조사를 하여야 한다. 이 경우 필요한 경우에는 건축주에게 다음 각 호의 어느 하나에 해당하는 자로부터 안전진단을 받고 그 결과를 제출하도록 할 수 있다.
> 1. 건축사
> 2. 「기술사법」 제5조의7에 따라 등록한 건축구조기술사(이하 "건축구조기술사"라 한다)
> 3. 「시설물의 안전관리에 관한 특별법」 제9조제1항에 따라 등록한 건축 분야 안전진단전문기관[본조신설 2016.7.19.]

12. 소규모 재건축 시 시행사 부도 위험방지 방법

가. 문제의 제기

최근 30세대 미만 주택재건축이나, 상가 재건축의 경우 시행사가 일부를 매수하고 나머지 소유자들에게 재건축결의를 받아 재건축 사업을 진행하려고 시도하는 곳이 많다. 이때 소유자들은 시행자가 한 약속이 이행될 지 여부(추가 부담금 납부여부) 및 시행자가 부도가 날지 여부 등 불안한 상태에 빠진다. 이런 위험을 최대한 방지하는 방법이 무엇일까.

예를 들면 서울 공릉동 모 연립주택은 재건축결의를 한 후에 대출을 받아 이주까지 하였으나, 시행사가 자금을 확보하지 못해 후속 사업진행을 못한 채로 방치되고 있어, 이주를 한 소유자들은 난감한 상태에 빠져 있다.

나. 문제의 해결

최선의 방법은 정직한 시행사를 만나는 것이다. 그러나 정직한 시행사를 찾는 것이 쉽지 않다. 따라서 결론은 재건축결의를 제대로 하는 것이고, 시행자와의 약정을 제대로 맺는 것이다. 아니면 시행을 자신들이 스스로 하는 것이다. 지주공동사업을 하거나, 신탁사로 하여금 인허가를 받아 진행하게 하면 된다. 물론 재건축조합 앞으로 신탁등기를 경료하고 등록사업자와 공동으로 사업을 시행할 수도

---

80 따라서 비법인 사단인 재건축조합은 분양을 목적으로 하는 경우에는 신탁등기 등으로 소유권을 확보하지 않는 한 건축허가도 불가하다.

있다. 자금만 확보하면 어렵지 않다. 건설회사는 도급계약을 맺어 처리하면 된다. 물론 이때도 제대로 된 건설회사를 찾아야 한다. 방법은 쉽다. 그 건설회사에게 예전 실적을 제출하라고 한 후에 건축주를 찾아가 평판을 조사하면 금방 제대로 된 건설회사인지 알 수 있다.

  문제는 또 있다. 현재 주상복합아파트인데, 상가소유자가 소수인 경우이다. 이 경우 상가소유자들은 자신들의 주장사항이 재건축결의에 반영되도록 하여야 하고, 이러한 상가부분은 상가소유자들 5분의 4이상이 동의하지 않으면 변경할 수 없다는 내용도 결의사항에 포함되도록 하여야 할 것이다. 추가부담금을 내야 하는 상황에 대해서도 시행자들과 명확한 약정을 하여야 할 것이다.

집합건물의 관리

제1장 관리단

1. 관리단의 의의

가. 관리단의 의의

건물에 대하여 구분소유 관계가 성립되면 구분소유자 전원을 구성원으로 하여 건물과 그 대지 및 부속시설의 관리에 관한 사업의 시행을 목적으로 하는 관리단이 설립된다(법 제23조제1항).

관리단은 어떠한 조직행위를 거쳐야 비로소 성립되는 단체가 아니라 구분소유관계가 성립하는 건물이 있는 경우 당연히 그 구분소유자 전원을 구성원으로 하여 성립되는 단체라 할 것이므로, 집합건물의 분양이 개시되고 입주가 이루어져서 공동관리의 필요가 생긴 때에는 그 당시의 미분양된 전유부분의 구분소유자를 포함한 구분소유자 전원을 구성원으로 하는 관리단이 설립된다고 할 것이다(대법원 2002. 12. 27. 선고 2002다45284 판결).

따라서 집합건물이 1개라도 분양이 되어 입주(점)를 하면 당연히 그 소유자와 나머지 소유자가 관리단을 구성한다.

그리고 구분소유자와 구분소유자가 아닌 자로 구성된 단체라 하더라도 구분소유자만으로 구성된 관리단의 성격을 겸유할 수도 있다(대법원 1996. 8. 23. 선고 94다27199 판결[81]). 관리단집회에서 적법하게 결의된 사항은 그 결의에 반대한 구분소유자에 대하여도 효력을 미치는 것이다(대법원 1995. 3. 10. 선고 94다49687 판결).

이러한 관리단은 법상 성립하는 전부관리단, 동관리단, 일부관리단, 단지관리단, 일부단지관리단 등으로 구분할 수 있다.[82] 일부관리단(一部管理團) 및 단지관리단(團地管理團)은 일부 또는 단지 내 구분소유자들의 자유의사에 의하여 구성할 수 있고, 그 구성의 법률적 성질은 합동행위로 된다. 집합건물법 제23조제2항은 "일부공용부분이 있는 경우 그 일부의 구분소유자는 규약에 의하여 그 공용부분의 관리에 관한 사업의 시행을 목적으로 하는 관리단을 구성할 수 있다."라고 하고, 제51조제1항은 "한 단지 내 수동의 건물이 있고 그 단지 내 토지 또는 부속시설이 그 건물의 소유자의 공동소유에 속하는 경우에는 이들 소유자는 그 단지 내 토지 또는 부속시설의 관리를 위한 단체를 구성하여 이 법률이 정하는 바에 따라 집회를 개최하고

---

81 상가번영회가 비록 그 구성원에 구분소유자 아닌 세입자가 포함되어 있다 하더라도 경우에 따라서는 구분소유자만으로 구성되는 관리단으로서의 성격을 겸유할 수도 있고, 상가번영회의 상가관리규약을 제정함에 있어서도 점포당 1명씩만이 결의에 참여하였다면 세입자가 구분소유자를 대리하여 의결권을 행사하였거나 서면에 의한 결의를 하였다고 볼 여지가 있으며 그러한 경우 그 상가관리규약은 관리단 규약으로서의 효력을 갖게 된다는 이유로, 일부 구분소유자와 세입자로 구성된 상가번영회와 그 상가관리규약이 집합건물의소유및관리에관한법률 소정의 관리단 및 규약에 해당되지 않는다고 본 원심판결을 파기한 사례.
82 유어녕, 집합건물법의 이론과 실무, 556. 법률정보센타, 2011년.

규약을 정하고 또한 관리인을 둘 수 있다."라고 규정하고 있다.

나. 관리단의 법적성격

집합건물법은 관리단을 당연설립기관으로 하고 있으면서도 그 법률적 지위에 관하여는 언급하지 않고 있다. 학설은 조합설과 비법인사단설이 있다.

조합설(組合說)은 관리단은 독립자산이나 공시방법이 없고 관리단 채무에 대하여 구분소유자는 무한책임을 부담하는 점을 근거로 하고, 비법인사단설(非法人社團說)은 관리단의 대표자는 관리단의 집행기관으로서 관리단의 사무를 처리하고 구성원은 관리단 집회를 통하여 단체의사에 참여하나 개개인은 관리단의 운영에 직접 참여하지는 않을 뿐만 아니라 관리단의 규약은 사단의 정관과 유사한 점을 든다.

대법원은 관리단의 법적 성격을 비법인 사단으로 보고 있다. 즉, 대법원은 "집합건물의 관리단은 어떠한 조직행위가 없더라도 구분소유자 전원을 구성원으로 하여 구분소유 건물 및 그 대지와 부대시설의 관리에 관한 사업의 시행을 목적으로 하는 구분소유자 단체로서 당연히 성립되는 것이고, 그 관리단이 실제로 조직되어 자치적 관리를 시작한 이상 구분소유 건물의 관리에 관한 권한 및 책임은 종국적으로 동 관리단에 귀속되고, 만일 관리단이 그의 재산으로 채무를 완제할 수 없는 때에는 같은 법 제27조제1항에 의하여 구분소유자는 규약으로써 그 부담 부분을 달리 정하지 않는 한 그가 가지는 전유부분의 면적의 비율에 따라 결정되는 공유지분의 비율로 관리단의 채무를 변제할 책임을 진다."(대법원 1997. 8. 29. 선고 97다19625 판결), "이 사건 다세대주택과 같이 구분소유자가 10인 이상인 집합건물의 공용부분에 해당하는 부설주차장의 관리책임은 위 법률 제24조제1항 소정의 관리인에게 있음이 명백하고, 다만 그 관리인이 선임되어 있지 아니한 경우에는 구분소유자 전원으로 구성되어 비법인사단으로서의 독립된 실체를 가지는 관리단에게 그 책임이 있다고 해석할 것이다."(대법원 2002. 12. 10. 선고 2002도4674 판결), "집합건물법 제23조제1항에 따라 구분소유자 전원으로 구성되는 관리단은 권리능력 없는 사단이고, 관리단집회에서 정하는 규약은 자치법규로서 집합건물법 제42조에 따라 구분소유자는 물론 그 특별승계인이나 점유자에게도 효력이 미친다. 집합건물은 다수의 사람이 공동으로 소유하며 사용하는 건물이므로, 규약을 통하여 구분소유자나 그 특별승계인 또는 점유자의 권리에 일정한 제한을 가하는 것은, 그러한 제한이 헌법이나 다른 법령의 규정에 어긋나지 아니하는 한, 허용된다."(대법원 2001. 9. 20. 선고 2001다8677 전원합의체 판결[83])고 판시하고 있다.

한편 대법원은 "민사소송법 제52조가 비법인사단의 당사자능력을 인정하는 것은 법인이 아니라도 사단으로서의 실체를 갖추고 그 대표자 또는 관리인을 통하여 사회적 활동이나 거래를 하는 경우에는 그로 인하여 발생하는 분쟁은 그 단체가 자기 이름으로 당사자가 되어 소송을 통하여 해결하도록 하기 위한 것이므로, 여기서 말하는 사단이라 함은 일정한 목적을 위하여 조직된 다수인의 결합체로서

---

83 별개의견 : 집합건물법 제23조제1항에 따라 구분소유자 전원으로 구성되는 관리단은 권리능력 없는 사단이다.

대외적으로 사단을 대표할 기관에 관한 정함이 있는 단체를 말한다."고 판시하고 있다(대법원 2009. 1. 30. 선고 2006다60908 판결).

따라서 문제는 관리인이나 관리규약도 존재하지 않고 단지 법에 의하여 당연설립된 소형 상가건물이나 소규모 연립주택등의 관리단도 비법인사단으로 볼 것인지에 있다. 이 경우 관리인이 없으므로 상대방도 연립주택이나 상가건물 구분소유자 전원을 상대로 소송을 제기하는 수밖에 없다. 이 점에서 관리단의 당연설립에 맹점이 있는 것이다. 그러나 관리단은 집합건물법이 집합건물의 관리를 둘러싼 법률관계를 처리하기 위해 특별히 인정한 단체이고 그 구성과 운영에 대해 대강은 법으로 정해져 있으므로 단체로서의 실질이 부족하다고 하더라도 비법인사단으로 볼 수 있다는 견해가 있다.[84] 그러나 관리인도 없고, 관리규약도 없는 단지 법상 설립된 관리단을 비법인사단으로 보아서 소송상 당사자능력을 인정하기는 어렵다고 본다.

사견은 관리단이 집합건물의 관리라는 고유목적을 가지고 사단적 성격을 가지는 규약을 만들어 이에 근거하여 의사결정기관 및 집행기관인 대표자를 두는 등 조직을 갖추고 있고, 또한 기관의 의사결정이나 업무집행 방법이 다수결에 의하여 행하여지며, 구성원의 가입·탈퇴 등으로 인한 변경에 관계없이 단체 그 자체로서 존속되는 조직을 가지는 있다면 이는 비법인 사단이라고 보지만,

---

[84] 김남근, "집합건물의 성립·분양·관리상 법적 쟁점에 관한 연구", 고려대학교 박사학위논문, 2013. 151

관리인과 관리규약도 없는 경우에는 비법인사단으로 보기는 어렵다고 본다.

다. 관리단의 소송상 당사자 적격성

법인이 아닌 사단이나 재단은 대표자 또는 관리인이 있는 경우에는 그 사단이나 재단의 이름으로 당사자가 될 수 있다(민사소송법 제52조).

그런데 앞서 본 바와 같이 관리단은 비법인 사단이다. 그렇다면 관리단은 당연히 소송상의 당사자능력을 가진다고 보아야 할 것인데, 집합건물법에 특수한 규정이 있어 관리단이 무조건 소송상 당사자능력이 있는지가 문제된다.

즉, 관리단은 어느 구분소유자가 관리규약에 위반한 행위를 한 경우 그 위반행위의 시정 또는 손해배상을 청구하거나, 집합건물의 공용부분이나 구분소유자의 공유에 속하는 건물의 대지 또는 부속시설을 제3자가 불법으로 점유하는 경우 그 제3자에 대하여 방해배제의 청구 및 부당이득의 반환을 청구하거나, 또는 집합건물 외벽의 균열 등 하자가 발생한 경우, 건설회사 등에 대한 하자보수 또는 손해배상청구권을 행사할 수 있는 소위 소송상 당사자 적격의 지위를 가지는 지가 문제된다.

이에 대해, 대법원은 "집합건물에 있어서 공용부분이나 구분소유자의 공유에 속하는 건물의 대지 또는 부속시설을 제3자가 불법으로 점유하는 경우에 그 제3자에 대하여 방해배제와 부당이득의 반환 또는 손해배상을 청구하는 법률관계는 구분소유자에게 단체적으로 귀속되는 법률관계가 아니고 공용부분 등의 공유지분권에 기초한 것이어서 그와 같은 소송은 1차적으로 구분소유자가 각각 또는 전원의 이름으로 할 수 있고, 나아가 집합건물에 관하여 구분소유관계가 성립하면 동시에 법률상 당연하게 구분소유자의 전원으로 건물 및 그 대지와 부속시설의 관리에 관한 사항의 시행을 목적으로 하는 단체인 관리단이 구성되고, 관리단집회의 결의에서 관리인이 선임되면 관리인이 사업집행에 관련하여 관리단을 대표하여 그와 같은 재판상 또는 재판외의 행위를 할 수 있다."고 판시하고 있다(대법원 2003. 6. 24. 선고 2003다17774 판결).

이 판결에 대해 '관리단을 대표하여'라고 표현하고 있으므로, 관리단의 소송능력을 인정하고 있는 것이며, 나아가 법이 제43조 내지 제45조에서 권리의 행사주체를 '관리인'이라고 표현한 것은 입법상 오류라고 보는 견해가 있다.[85]

한편으로는 관리단은 "집합건물의 관리를 위한 관리권의 귀속주체로서 관리단 사무에 관한 의사결정기관이며 관리권행사 주체로서 지위를 가진다. 따라서 관리단의 대표권행사가 관리인에 의하여 행사된다고 하여 관리권행사의 주체성을 상실하는 것은 아니다. 관리단의 관리권의 행사는 특별한 제한이 없는 이상 공용부분의 보존·관리 및 변경을 위한 행위, 관리단의 사무집행을 위한 부담금액 및 비용을 각 구분소유자에게 청구·수령하는 행위 및 그 금원을

---

85 김남근, 전게논문, 162

관리하는 행위, 관리단의 사업시행에 관련하여 관리단을 대표하여 행하는 재판상 또는 재판외의 행위, 그밖에 규약에 정하여진 행위를 대내적으로는 물론이고 대외적으로 행사할 주체로서 지위를 가진다."고 보는 견해도 있다.[86] 서울고등법원도 "집합건물의 구분소유자가 건물의 보전에 해로운 행위, 기타 건물의 관리 및 사용에 관하여 구분소유자들의 공동이익에 반하는 행위를 한 경우에 그것의 정지나 사용금지를 하는 등의 재판상청구를 하려는 경우에는 <u>그 집합건물의 관리단이 원고적격을 가지며 그 관리단집회로부터 선임된 관리인은 그 관리단의 대표자로서 소송행위를 할 수 있을 뿐 독립된 당사자적격이 없다.</u>"고 판시하고 있다(서울고등법원 1986. 10. 8. 선고 86나2225 판결[87]). 대법원은 "집합건물법 제43조제1, 2, 3항의 규정들에 의하면 집합건물의 <u>관리인</u>이 관리단의 대표자로서 위 규정들에 의한 소송을 제기할 수 있을 뿐만 아니라 <u>관리단 집회의 결의에 의하여 지정받은 구분소유자</u>도 관리단집회의 결의가 있으면 관리인과는 별도로 소송당사자가 되어 위와 같은 소송을 제기할 수 있다."고 판시하고 있다(대법원 1987. 5. 26. 선고 86다카2478 판결).

생각건대, <u>집합건물법 제25조제1항제3호</u>는 "관리단의 사업 시행과 관련하여 관리단을 대표하여 하는 재판상 또는 재판 외의 행위", "법 제43조 내지 제45조 행위주체"는 관리인의 권한으로 하는 특별규정을 두고 있으므로, 관리인이 선임되어 있는 경우는 소송상 당사자능력은 위 특별규정에 의해 관리인에게 귀속하고, 관리인이

---

86 박종두, "관리단의 법적 지위에 관한 재검토", 집합건물법학 제4집 (2009년 12월), 86.
87 대법원에 상고(대법원 1987. 5. 26. 선고 86다카2478 판결)되었으나, 이 부분에 대해서는 판단이 없어 아쉽기는 하다.

없는 경우에는 관리단에게 귀속한다고 보아야 한다고 본다. 관리인도 없고 관리규약도 없는 경우에는 구분소유자 전원의 이름으로 하여야 할 것이다. 즉, 당연설립되어도 관리인이 선임되기 전에는 구분소유자 각자가 전유부분과 공유부분을 관리하여야 한다(대법원 1996. 12. 10. 선고 96다12054 판결).

2. 입주자대표회의와 구별

가. 차이점

	입주자대표회의	관리단
근거규정	주택법	집합건물법
설립행위	요함	당연 설립
구성원	-구분소유자인 입주자+세입자 -미분양건물의 분양자 ×	-구분소유자만, 세입자는 × -미분양건물의 분양자 ○
의사결정 방법	동대표 선출에 의한 대의제	관리단집회에서 결정, 직접제

나. 학설

공동주택에 있어서는 입주자대표회의가 관리단의 실체를 갖는다는 견해, 입주자대표회의가 곧 관리단이라는 견해가 있다.

반면에 주택법도 입주자대표회의와 관리단을 구별하고 있다고 하면서 별개라고 보는 견해가 있다.[88]

---

88 · 유어녕, 전게서, 581.

다. 판례

관리단과 별개의 단체라는 판결(대법원 2003. 6. 24. 선고 2003다17774 판결, 부산지방법원 2009. 9. 16. 선고 2009가합2886 판결)과 관리단과 별개지만 관리단의 역할을 수행하고 있다고 보는 경우도 있다(서울행정법원 2007. 3. 16. 선고 2006구합39806 판결).

결국 판례는 입주자대표회의는 관리단과 별개라는 견해이다. 다만 관리단의 역할을 수행할 수도 있다는 것이다.

3. 관리단의 성립

가. 관리단의 당연설립

건물에 대하여 구분소유 관계가 성립되면 구분소유자 전원을 구성원으로 하여 건물과 그 대지 및 부속시설의 관리에 관한 사업의 시행을 목적으로 하는 관리단이 설립된다(법 제23조제1항). 구분소유자가 10인 이상일 때에는 관리단을 대표하고 관리단의 사무를 집행할 관리인을 선임하여야 한다(법 제24조제1항).

따라서 관리단집회에서 관리인이 선임되기 전에는 관리단은 관념적으로만 존재한다.

나. 설립시기

구분소유관계가 성립하는 때에 설립된다. 당연설립되어도 관리인이 선임되기 전에는 구분소유자 각자가 전유부분과 공유부분을 관리하여야 한다(대법원 1996. 12. 10. 선고 96다12054 판결).

다. 일부관리단

일부공용부분이 있는 경우 그 일부의 구분소유자는 규약에 따라 그 공용부분의 관리에 관한 사업의 시행을 목적으로 하는 관리단을 구성할 수 있다(법 제23조제2항).

즉, 일부관리단은 관념적으로 존재하는 것이 아니라 조직행위를 통하여만 구성된다.

집합건물법 제10조제1항은 "공용부분은 구분소유자 전원의 공유에 속한다. 다만, 일부의 구분소유자만의 공용에 제공되는 것임이 명백한 공용부분은 그들 구분소유자의 공유에 속한다."고 규정하고 있는바(이하 구분소유자 전원 공용에 제공된 공용부분은 '전체공용부분'이라 하고, 구분소유자 일부만의 공용에 제공된 공용부분을 '일부공용부분'[89]이라 한다), 집합건물의 어느 부분이 전유부분인지 공용부분인지의 여부는 구분소유가 성립한 시점, 즉 원칙적으로 건물 전체가 완성되어 당해 건물에 관한 건축물대장에 집합건물로 등록된 시점을 기준으로 판단하여야 하고, 그 후의 건물 개조나 이용상황의 변화 등은 전유부분인지 공용부분인지 여부에 영향을 미칠 수 없으며, 집합건물의 어느 부분이 구분소유자의 전원 또는 일부의 공용에 제공되는지의 여부는 소유자들 간에 특단의 합의가 없는 한 그 건물의 구조에 따른 객관적인 용도에 의하여 결정되어야 한다(대법원 2007. 7. 12. 선고 2006다56565 판결, 대법원 2005. 6. 24. 선고 2004다30279 판결 등 참조).

---

[89] 일부공용부분은 없다고 보아도 좋을 것이라고 본다. 신창용, 대지사용권 완전정복, 45, 스틱, 2016년. 그러나 100% 그런 것은 아니라는 점을 유의하여야 한다.

4. 관리단의 구성원

오로지 구분소유자만이다. 임차인은 불가하다.

5. 관리단의 재산

가. 총유물의 관리처분행위
정관 기타 계약에 의하는 외에는 사원총회의 결의에 의하여야 하고, 사용·수익은 정관이나 기타 규약에 따라 각자 사용·수익할 수 있다.

나. 총유물의 보존행위
총유물의 보존에 있어서는 공유물의 보존에 관한 민법 제265조의 규정이 적용될 수 없고, 특별한 사정이 없는 한 민법 제276조제1항 소정의 사원총회의 결의를 거쳐야 하고, 이는 대표자의 정함이 있는 비법인사단인 교회가 그 총유재산에 대한 보존행위로서 대표자의 이름으로 소송행위를 하는 경우라 할지라도 정관에 달리 규정하고 있다는 등의 특별한 사정이 없는 한 그대로 적용된다(대법원 1994. 10. 25. 선고 94다28437 판결).

6. 관리단의 채무에 대한 구분소유자의 책임

법은 일반적인 권리능력 없는 사단의 경우와는 달리 특별 규정을 두어, 구분소유자의 무한책임을 규정하고, 다만 지분의 한도에서 책임지는 분할채무로 하고 있다.

관리단이 그의 재산으로 채무를 전부 변제할 수 없는 경우에는 구분소유자는 제12조의 지분비율에 따라 관리단의 채무를 변제할 책임을 진다. 다만, 규약으로써 그 부담비율을 달리 정할 수 있다. 구분소유자의 특별승계인은 승계 전에 발생한 관리단의 채무에 관하여도 책임을 진다(법 제27조).

구분소유자가 10인 이상인 집합건물의 공용부분에 해당하는 부설주차장의 관리책임은 위 법률 제24조제1항 소정의 관리인에게 있음이 명백하고, 다만 그 관리인이 선임되어 있지 아니한 경우에는 구분소유자 전원으로 구성되어 비법인사단으로서의 독립된 실체를 가지는 관리단에게 그 책임이 있다고 해석할 것이다(대법원 2002. 12. 10. 선고 2002도4674 판결).

7. 관리단의 소멸

관리단은 구분소유관계가 소멸하면 당연히 소멸한다.
구분 소유관계는 물리적으로 소멸되는 경우와 법률적으로 소멸되는 경우가 있다. 전유부분이 합병되거나(1인이 모든 전유부분의 매수하여도 구분소유관계나 관리단이 당연소멸하는 것은 아니고, 그 1인이 집합건물을 일반건물로 합병을 해야 소멸한다). 구조상·이용상 독립성을 결하는 경우에는 소멸한다.

관리단 집회에서 해산결의로 구분 소유관계를 소멸할 수는 없다.

제2장 관리인

1. 관리인

관리단을 대표하고 관리단의 사무를 집행할 자를 관리인이라 한다(법 제24조제1항).

2. 관리인의 선임과 해임 등

가. 선임과 해임

(1) 필수기관으로서의 관리인과 임의기관으로서의 관리인

구분소유자가 10인 이상일 때에는 관리단을 대표하고 관리단의 사무를 집행할 관리인을 선임하여야 한다(법 제24조제1항).

따라서 구분소유자가 10인 미만일 경우에는 관리인 선임은 임의적이다. 따라서 이 경우는 구분소유자 전원이 관리를 하게 되며, 관리인을 선임하고 관리규약을 제정하여 시행하면 권리능력 없는 사단이다.

한편 관리인은 자연인외에 법인도 가능하다고 보아야 할 것이다.[90]

(2) 관리단 집회의 결의

<u>관리인은 관리단집회의 결의로 선임되거나 해임된다. 다만, 규약으로 제26조의2에 따른 관리위원회의 결의로 선임되거나 해임되도록 정한 경우에는 그에 따른다(법 제24조제3항)</u>. 이 법 또는 규약에 따라 관리단집회에서 결의할 것으로 정한 사항에 관하여 구분소유자의 5분의 4 이상 및 의결권의 5분의 4 이상이 서면이나 전자적 방법 또는 서면과 전자적 방법으로 합의하면 관리단집회에서 결의한 것으로 본다(법 제41조제1항). 이 규정은 강행규정이라고 보아야 한다.

2012. 12. 18. 법이 개정되면서, "다만, 규약으로 제26조의2에 따른 관리위원회의 결의로 선임되거나 해임되도록 정한 경우에는 그에 따른다."는 부분이 추가 신설된 것이다. 따라서 과거 대법원은 "관리인의 선임·해임을 관리단집회의 결의에 의해서만 하도록 한

---

90 서울지방법원 2003. 6. 17. 선고 2001가합37809 판결은 관리인은 결국 관리단의 대표자이므로 자연인 외에 법인도 될 수 있다고 하고 있다.
인천지방법원 2016. 11. 22. 선고 2016가소435986 판결 법인도 관리인 가능.
동지, 법무부, 전게서, 44.

강행규정이라고 보아야 하고, 따라서 규약 설정 당시의 구성원들이 위 규정과 다른 내용의 규약을 제정하더라도 효력을 인정할 수 없다."고 판시한 부분(대법원 2012. 3. 29. 선고 2009다45320 판결)과, "집합건물의 관리인을 관리단집회의 결의에 의하여 선임 또는 해임하도록 한 집합건물법 제24조제2항의 규정과 달리 다른 결의요건에 의해 관리인을 선임하도록 규정한 규약은 무효이고, 위 규약에 따라 선임된 관리인의 대표권은 없다."고 판시한 부분(서울지방법원 2003. 6. 17. 선고 2001가합37809 판결)은, 법 제24조제3항 단서 부분에 한하여는 폐기되어야 한다고 본다.

관리인선임 결의 역시 집합건물법 제41조제1항에 의한 서면결의가 가능하고, 이러한 서면결의는 관리단집회가 열리지 않고도 관리단집회의 결의가 있는 것과 동일하게 취급하고자 하는 것이어서 그와 같은 서면결의를 함에 있어서는 관리단집회가 소집, 개최될 필요가 없다고 할 것이다(대법원 1995. 3. 10.자 94마2377 결정, 2005. 4. 21. 선고 2003다4969 전원합의체 판결 등 참조). <u>집합건물의 분양계약서에 건축주를 집합건물의 관리인으로 한다는 내용이 포함된 사안에서, 수분양자들로 구성된 관리단집회의 관리인선임 결의에 갈음하는 서면결의가 있다</u>(대법원 2006. 12. 8. 선고 2006다33340 판결).

관리단집회에서 <u>임원선임결의가 있은 후 다시 개최된 관리단집회에서 종전 결의를 그대로 인준하거나 재차 임원선임결의를 한 경우에는,</u> 설령 당초의 임원선임결의가 무효라고 할지라도 다시 개최된 관리단집회 결의가 하자로 인하여 무효라고 인정되는 등의 특별한 사정이 없는 한, 종전 임원선임결의의 무효확인을 구하는 것은 과거의 법률관계 내지 권리관계의 확인을 구하는 것에 불과하여 권리보호의 요건을 결여한 것이다. 이 경우 새로운 관리단집회가 무효인 당초 관리단집회 결의 후 새로 소집권한을 부여받은 관리인에 의하여 소집된 것이어서 무권리자에 의하여 소집된 관리단집회라는 사유는 원칙적으로 독립된 무효사유로 볼 수 없다. 만일 이를 무효사유로 본다면 당초 임원선임결의의 무효로 인하여 연쇄적으로 그 후의 결의가 모두 무효로 되는 결과가 되어 법률관계의 혼란을 초래하고 법적 안정성을 현저히 해하게 되기 때문이다(대법원 2012. 1. 27. 선고 2011다69220 판결).

관리인의 해임은 특별한 해임사유가 없더라도 가능하다고 보아야 한다. 관리단의 관리인과 구분소유자는 위임관계에 있고, 위임은 상호 언제든지 해지할 수 있기 때문이다.

나. 관리인의 사임 및 퇴임
(1) 사임

이 법 또는 규약에서 규정하지 아니한 관리인의 권리의무에 관하여는 「민법」의 위임에 관한 규정을 준용한다(법 제26조제3항).

따라서 관리인은 민법 제689조제1항이 규정한 바에 따라 언제든지 사임할 수 있고, 관리인을 사임하는 행위는 상대방 있는 단독행위이므로 그 의사표시가 상대방에게 도달함과 동시에 그 효력을 발생하고[91],

---

91 대법원 2013. 9. 9.자 2013마1273 결정. 사임은 상대방 있는 단독행위로서 그 의사표시가 상대방에게 도달함과 동시에 효력이 발생하므로 그에 따른 등기가 마쳐지지 아니한 경우

그 의사표시가 효력을 발생한 후에는 마음대로 이를 철회할 수 없음이 원칙이다.

대법원은 "학교법인의 이사는 법인에 대한 일방적인 사임의 의사표시에 의하여 법률관계를 종료시킬 수 있고, 그 의사표시는 수령권한 있는 기관에 도달됨으로써 바로 효력을 발생하는 것이며, 그 효력발생을 위하여 이사회의 결의나 관할관청의 승인이 있어야 하는 것은 아니다."라고 판시하였다.[92] 주식회사의 이사나 대표이사직의 사임은 단독행위로서 회사에 대한 일방적 의사표시에 의하여 곧바로 그 효력이 발생하고 회사(주주총회나 이사회)의 승낙을 요하지 아니하며 그 사임에 따른 변경등기가 없더라도 즉시 그 자격을 상실한다.[93]

그러나 법인이 정관에서 이사의 사임절차나 사임의 의사표시의 효력발생시기 등에 관하여 특별한 규정을 둔 경우에는 그에 따라야 하는바, 위와 같은 경우에는 이사의 사임의 의사표시가 법인의 대표자에게 도달하였다고 하더라도 그와 같은 사정만으로 곧바로 사임의 효력이 발생하는 것은 아니고 정관에서 정한 바에 따라 사임의 효력이 발생하는 것이므로, 이사가 사임의 의사표시를 하였더라도 정관에 따라 사임의 효력이 발생하기 전에는 그 사임의사를 자유롭게 철회할 수 있다.[94] 사임서 제시 당시 즉각적인 철회권유로 사임서

에도 이로써 이사의 지위를 상실함이 원칙이다.
92 대법원 2003. 1. 10. 선고 2001다1171 판결
93 서울고법 1980. 5. 23. 선고 79나2290 판결 : 확정
94 대법원 2008. 9. 25. 선고 2007다17109 판결

제출을 미루거나, 대표자에게 사표의 처리를 일임하거나, 사임서의 작성일자를 제출일 이후로 기재한 경우 등 사임의사가 즉각적이라고 볼 수 없는 특별한 사정이 있을 경우에는 별도의 사임서 제출이나 대표자의 수리행위 등이 있어야 사임의 효력이 발생하고, 그 이전에 사임의사를 철회할 수 있다.[95]

관리인이 누구에게 사임의 의사표시를 하여야 하는지가 문제된다. 사임의 의사표시를 수령할 대리인을 선임하고 이에 대하여 권한을 부여한 후에 의사표시를 하면 된다는 견해와 관리단 또는 관리위원회에 제출하여야 한다는 견해가 있을 수 있다. 대법원은 "종중의 대표자가 사임하는 경우에는 대표자의 사임으로 그 권한을 대행하게 될 자에게 도달한 때에 사임의 효력이 발생하고 이와 같이 사임의 효력이 발생한 뒤에는 이를 철회할 수 없다."고 판시한바 있다.[96]

생각건대, 관리인의 경우는 대법원 판례와 같이 규약에 그 권한을 대행하게 될 자를 지정하여 두고 있으므로, 그 권한을 대행하게 될 자에게 의사표시를 하면 된다고 본다.

(2) 퇴임

임기만료로 퇴임하며, 위임은 당사자 한쪽의 사망이나 파산으로 종료된다. 성년후견개시의 심판을 받은 경우에도 이와 같다(민법

---

[95] 대법원 2006. 6. 15. 선고 2004다10909 판결
[96] 대법원 2006. 10. 27. 선고 2006다23695 판결, 대법원 1991. 5. 10. 선고 90다10247 판결

제690조).

대법원은 "민법상 법인과 그 기관인 이사와의 관계는 위임자와 수임자의 법률관계와 같은 것으로서 이사의 임기가 만료되면 일단 그 위임관계는 종료되는 것이 원칙이나, 그 후임이사 선임시까지 이사가 존재하지 않는다면 기관에 의하여 행위를 할 수밖에 없는 법인으로서는 당장 정상적인 활동을 중단하지 않을 수 없는 상태에 처하게 되고, 이는 민법 제691조에 규정된 급박한 사정이 있는 때와 같이 볼 수 있으므로 임기 만료된 이사라고 할지라도 그 임무를 수행함이 부적당하다고 인정할 만한 특별한 사정이 없는 한 이사의 직무를 계속 수행할 수 있다고 보는 것이다. 그러나 위에서 본 바와 같이, 임기 만료된 이사의 업무수행권은 법인이 정상적인 활동을 중단하게 되는 처지를 피하기 위하여 인정되는 것임에 비추어 본다면, 별다른 급박한 사정도 없이 임기만료 전의 현임이사를 해임하고 그 후임자를 선임하기 위한 이사 및 평의원 연석회의를 스스로 소집하여 이를 제안하는 것과 같은 일은 임기만료된 이사장에게 수행케 함이 부적당한 임무에 해당한다고 할 것"이라고 판시한바 있다[97].

또한 대법원은 "권리능력 없는 사단인 재건축주택조합과 그 대표기관과의 관계는 위임인과 수임인의 법률관계와 같은 것으로서 임기가 만료되면 일단 그 위임관계는 종료되는 것이 원칙이고, 다만 그 후임자가 선임될 때까지 대표자가 존재하지 않는다면 대표기관에 의하여 행위를 할 수밖에 없는 재건축주택조합은 당장

---

[97] 대법원 1982. 3. 9. 선고 81다614 판결

정상적인 활동을 중단하지 않을 수 없는 상태에 처하게 되므로, 민법 제691조의 규정을 유추하여 구 대표자로 하여금 조합의 업무를 수행케 함이 부적당하다고 인정할 만한 특별한 사정이 없고 종전의 직무를 구 대표자로 하여금 처리하게 할 필요가 있는 경우에 한하여 후임 대표자가 선임될 때까지 임기만료된 구 대표자에게 대표자의 직무를 수행할 수 있는 업무수행권이 인정된다. 권리능력 없는 사단의 임기만료된 종전 대표자에게 후임자 선임시까지 업무수행권을 인정할 필요가 있는 경우에 해당한다 하더라도, 임기만료된 대표자의 업무수행권은 급박한 사정을 해소하기 위하여 그로 하여금 업무를 수행하게 할 필요가 있는지를 <u>개별적·구체적으로 가려 인정할 수 있는 것이지 임기만료 후 후임자가 아직 선출되지 않았다는 사정만으로 당연히 포괄적으로 부여되는 것이 아니다</u>. 권리능력 없는 사단의 임기만료된 대표자의 사무처리에 대하여 유추적용되는 민법 제691조는 종전 대표자가 임기만료 후에 수행한 업무를 사후에 개별적·구체적으로 가려 예외적으로 그 효력을 인정케 하는 근거가 될 수 있을 뿐, 그로 하여금 장래를 향하여 대표자로서의 업무수행권을 포괄적으로 행사하게 하는 근거가 될 수는 없으므로, 법인 아닌 사단의 사원 기타 이해관계인이 임기가 만료된 대표자의 직무수행금지를 소구하여 올 경우 민법 제691조만을 근거로 이를 배척할 수는 없다."고 판시하고 있다.[98] 이러한 법리는 관리인에게도 당연히 적용된다고 보아야 한다.

---

98 대법원 2003. 7. 8. 선고 2002다74817 판결

다. 법원에 의한 관리인의 선임과 해임

(1) 법원에 의한 관리인의 선임

민법 제63조는 "이사가 없거나 결원이 있는 경우에 이로 인하여 손해가 생길 염려 있는 때에는 법원은 이해관계인이나 검사의 청구에 의하여 임시이사를 선임하여야 한다."고 규정하고 있다. 따라서 구분소유자도 임시관리인의 선임을 법원에 청구할 수 있다.

임시관리인의 권한은 직무대행자와는 달리 통상의 관리인이 가지는 업무를 모두 수행할 수 있다.[99]

(2) 특별대리인

대법원은 "비법인사단과 그 대표자 사이의 이익이 상반되는 사항에 관한 소송행위에 있어서는 위 대표자에게 대표권이 없으므로, 달리 위 대표자를 대신하여 비법인사단을 대표할 자가 없는 한 이해관계인은 민사소송법 제60조, 제58조의 규정에 의하여 특별대리인의 선임을 신청할 수 있고 이에 따라 선임된 특별대리인이 비법인사단을 대표하여 소송을 제기할 수 있다."고 판시하고 있다(대법원 1992. 3. 10. 선고 91다25208 판결).

따라서 구분소유자는 관리인의 이해상반행위에 대해서는 특별대리인 선임을 청구할 수 있다.

---

[99] 대법원 1968. 5. 22. 자 68마119 결정. 원결정이 주식회사의 이사의 결원이 있어 법원에서 일시 이사의 직무를 행할 자를 선임한 경우에, 그 이사 직무대행자는 이사직무집행정지 가처분 결정과 동시에 선임된 이사직무 대행자와는 달라 그 권한은 회사의 상무에 속한 것에 한한다는 제한을 받지 않는다고 판단하였음은 정당하고, 법률을 오해한 잘못이 있다 할 수 없으므로, 논지는 이유없다.

(3) 법원에 의한 해임

관리인은, 규약으로 정하여 관리위원회의 결의로 하기로 한 경우 외에는, 관리단집회의 결의로 선임되거나 해임된다(법 제24제3항). 구분소유자의 승낙을 받아 전유부분을 점유하는 자는 원칙적으로 관리단집회에 참석하여 그 구분소유자의 의결권을 행사할 수 있으며(동조제4항), 관리인에게 부정한 행위나 그밖에 그 직무를 수행하기에 적합하지 아니한 사정이 있을 때에는 각 구분소유자는 관리인의 해임을 법원에 청구할 수 있다(동조제5항).

이 경우 해임의 소는 관리단과 관리인 사이의 법률관계 해소를 목적으로 하는 형성의 소이므로 법률관계의 당사자인 관리단과 관리인 모두를 공동피고로 하여야 하는 고유필수적 공동소송에 해당한다.[100]

> 서울중앙지방법원 2010. 6. 24. 선고 2009가합36727 판결【관리인해임】
> 【주 문】
> 1. 피고 1을 피고 ○○관리단의 관리인에서 해임한다.
> 2. 소송비용은 피고들이 부담한다.

기존 법률관계의 변경·형성을 목적으로 하는 형성의 소는 법률에 명문의 규정이 있는 경우에 한하여 제기할 수 있는바, 관리인이 업무에 관하여 위법행위 등을 하였다는 이유로 그 해임을 청구하는 소송은 형성의 소에 해당하는데, 법은 이를 명문으로 인정하고 있으므로, 해임청구권 보전을 위한 직무집행정지가처분이 가능하다.

---

100 대법원 2011. 6. 24. 선고 2011다1323 판결.

직무집행정지가처분은 관리단이 아닌 관리인을 피신청인으로 하여야 한다. 직무대행자 선임청구도 같이 할 수 있다.

관리단집회를 통해 새로운 관리인을 선임하였으나, 집회가 절차위반 및 의결정족수 미달로 취소 또는 무효사유가 있는 경우에 구분소유자가 관리인을 상대로 직무집행정지가처분신청을 할 수 있다.

법에 따른 관리인으로 선임된 적이 없이 누군가가 사실상 관리행위를 하고 있는 경우 구분소유자는 그 자를 상대로 직무집행정지가처분을 할 수 있다.

이러한 가처분의 본안소송은 관리단집회 결의 취소 또는 무효확인의 소, 관리인지위 부존재 확인의 소가 될 것이다. 이때 피고는 관리인이 아니라 관리단이다. 즉, 관리단이 아닌 개인을 상대로 한 확인판결은 관리단에 그 효력이 미치지 아니하여 즉시확정의 이익이 없으므로 그러한 확인판결을 구하는 소송은 부적법하다(대법원 2010. 10. 28. 선고 2010다30676 판결).

직무집행정지가처분 사례

서울고등법원 2007. 9. 5.자 2007라266 결정

【주 문】
1. 제1심결정을 취소한다.
2. 채권자와 극동브이아이피오피스텔빌딩 관리단 사이의 2006. 7. 26.자 관리단집회결의무효확인 사건의 판결 확정시까지 채무자 피고 1은 위 관리단 관리인으로서의 직무를, 채무자 피고 2는 관리소장으로서의 직무를 각 집행하여서는 아니 된다.
3. 신청총비용은 채무자들이 부담한다.

관리공백을 막기 위해 위와 같은 직무집행정지가처분 신청을 하면서 직무대행자선임가처분신청을 할 수도 있다. '사건본인'이라고 칭한다.

감사직무대행자선임신청서

신 청 인 ○○○
　　　　○시 ○구 ○동 ○

사건본인 ○○관리단
　　　　○시 ○구 ○동 ○

신 청 취 지
1. 사건본인의 직무대행자로 변호사 ○○○(1967. 4. 25. 생, 주소 서초구 서초동 서초중앙로 119) 또는 법원이 정하는 자를 선임한다.
2. 사건본인의 직무대행자로 선임된 자의 보수를 월3,000,000원으로 정한다.
라는 재판을 구합니다.

대법원은 "원칙적으로 단체의 비용으로 지출할 수 있는 변호사 선임료는 단체 자체가 소송당사자가 된 경우에 한하므로 단체의 대표자 개인이 당사자가 된 민·형사사건의 변호사 비용은 단체의

비용으로 지출할 수 없고, 예외적으로 분쟁에 대한 실질적인 이해관계는 단체에게 있으나 법적인 이유로 그 대표자의 지위에 있는 개인이 소송 기타 법적 절차의 당사자가 되었다거나 대표자로서 단체를 위해 적법하게 행한 직무행위 또는 대표자의 지위에 있음으로 말미암아 의무적으로 행한 행위 등과 관련하여 분쟁이 발생한 경우와 같이, 당해 법적 분쟁이 단체와 업무적인 관련이 깊고 당시의 제반 사정에 비추어 단체의 이익을 위하여 소송을 수행하거나 고소에 대응하여야 할 특별한 필요성이 있는 경우에 한하여 단체의 비용으로 변호사 선임료를 지출할 수 있다."고 판시하고 있다(대법원 2006. 10. 26. 선고 2004도6280 판결).

3. 관리인의 자격

관리인은 구분소유자일 필요가 없다(법 제24조제2항 전단).〈신설 2012.12.18.〉이외에 법은 관리인의 자격에 대해 아무런 규정도 두고 있지 않다.
법인도 가능하다고 본다는 견해가 있다(서울지방법원 2003. 6. 17. 선고 2001가합37809 판결).
통상 관리규약에 자격에 관한 규정을 둔다.

4. 대표권의 제한

법 제25조제2항은 "관리인의 대표권은 제한할 수 있다. 다만, 이로써 선의의 제3자에게 대항할 수 없다."고 규정하고 있는 이외에, 그밖에 관리인의 대표권제한이나 관리인의 수에 대해 아무런 제한도

두고 있지 않다. 따라서 공동관리인을 둘 수도 있다.

5. 관리인의 임기

관리인의 임기는 2년의 범위에서 규약으로 정한다(법 제24조제2항). 이 조항은 2012. 12. 18. 신설된 것이다.

6. 관리인의 권한과 의무

가. 관리인의 권한
관리인은 다음 각 호의 행위를 할 권한과 의무를 가진다(법 제25조 제1항).
 1. 공용부분의 보존·관리 및 변경을 위한 행위
 2. 관리단의 사무 집행을 위한 분담금액과 비용을 각 구분소유자에게 청구·수령하는 행위 및 그 금원을 관리하는 행위
 3. 관리단의 사업 시행과 관련하여 관리단을 대표하여 하는 재판상 또는 재판 외의 행위
 4. 그밖에 규약에 정하여진 행위

(1) 공용부분의 보존·관리 및 변경을 위한 행위
① 보존행위와 공용부분의 방해배제 청구 등
공용부분의 보존행위는 각 공유자가 할 수 있다(법 제16조제1항단서). 관리인은 관리단의 사업 시행과 관련하여 관리단을 대표하여 하는 재판상 또는 재판 외의 행위를 할 수 있다.

한편 구분소유자는 건물의 보존에 해로운 행위나 그 밖에 건물의 관리 및 사용에 관하여 구분소유자 공동의 이익에 어긋나는 행위를 하여서는 아니 된다(법 제5조제1항). 구분소유자가 제5조제1항의 행위를 한 경우 또는 그 행위를 할 우려가 있는 경우에는 관리인 또는 관리단집회의 결의로 지정된 구분소유자는 구분소유자 공동의 이익을 위하여 그 행위를 정지하거나 그 행위의 결과를 제거하거나 그 행위의 예방에 필요한 조치를 할 것을 청구할 수 있다. 다만, 소송의 제기는 관리단집회의 결의가 있어야 한다(법 제43조제1항, 제2항).

모든 구분소유부분이 사무실로 사용되고 있는 빌딩내에서의 독서실의 개설은 집합건물법 제43조제1항, 제5조제1항에 정한 건물의 보존에 해로운 행위 기타 건물의 관리 및 사용에 관하여 구분소유자의 공동이익에 반하는 행위에 해당한다(대법원 1987. 5. 26. 선고 86다카2478 판결).

따라서 구분소유자가 제5조제1항의 행위를 한 경우 또는 그 행위를 할 우려가 있는 경우 다른 구분소유자는 법 제16조제1항단서에 의하여 공용부분의 보존행위로서 방해배제를 청구할 수 있음은 물론 나아가 법 제43조제2항에 의하여 관리단집회의 결의에 의하여 소를 제기할 수도 있다.

그러나 관리인이 방해배제를 청구하려면 법 제43조제2항에 의하여 관리단집회의 결의를 얻어야 하는 것이다. 이를 얻지 않은 경우는 부적법하여 각하된다.

② 보존행위와 하자보수에 갈음하는 손해배상청구권

집합건물의 하자보수에 관한 행위는 집합건물의 보존행위에 해당하므로(대법원 2003. 2. 11. 선고 2001다47733 판결), 구분소유자가 당연히 보존행위의 일환으로 하자보수청구를 할 수 있다.

다만 집합건물의 공용부분에 대한 하자보수청구권은 보존행위로서 구분소유자 개인과 관리단이 모두 이를 행사할 수 있다 할 것이나, <u>하자보수에 갈음하거나 하자보수와 동시에 구하는 손해배상청구권은 관리단의 관리에 관한 사항이라 할 수 없으므로</u> 그 중 전유부분에 대한 것은 전유부분의 소유자에게, 공용부분에 대한 것은 가분채권으로서 전유부분의 비율에 따라 각 공유자에게 귀속된다(대구고등법원 2003. 3. 21. 선고 2002나8002 판결).

(2) 공유대지 및 공용부분외의 부속물의 보존·관리 및 변경을 위한 행위

법 제19조는 "건물의 대지 또는 공용부분 외의 부속시설(이들에 대한 권리를 포함한다)을 구분소유자가 공유하는 경우에는 그 대지 및 부속시설에 관하여 제15조부터 제17조까지의 규정을 준용한다."고 규정하고 있으나, 법 제25조는 '공용부분의 보존·관리 및 변경을 위한 행위'만을 언급하고 있다. 따라서 관리인은 공유대지 및 공용부분외의 부속물의 보존·관리 및 변경을 위한 행위를 법 제19조가 준용하는 법 제16조제1항단서에 의하여 행할 수 있는 것인지, 아니면 법 제25조는 공용부분만 언급하고 있으므로 공유대지 등에 대해서는 법 제16조제1항단서에 의하여 보존행위로서 방해배제를 행사할 수는

없고 민법 제262조제1항 보존행위에 관한 규정으로서 청구할 수 있는지가 문제된다. 후자가 타당하다.

한편 대법원은 "집합건물법 제10조제1항은 '공용부분은 구분소유자 전원의 공유에 속한다. 다만, 일부의 구분소유자만의 공용에 제공되는 것임이 명백한 공용부분은 그들 구분소유자의 공유에 속한다.'고 규정하고 있는바, 집합건물의 어느 부분이 전유부분인지 공용부분인지의 여부는 구분소유가 성립한 시점, 즉 원칙적으로 건물 전체가 완성되어 당해 건물에 관한 건축물대장에 집합건물로 등록된 시점을 기준으로 판단하여야 하고, 그 후의 건물 개조나 이용상황의 변화 등은 전유부분인지 공용부분인지 여부에 영향을 미칠 수 없으며, 집합건물의 어느 부분이 구분소유자의 전원 또는 일부의 공용에 제공되는지의 여부는 소유자들 간에 특단의 합의가 없는 한 그 건물의 구조에 따른 객관적인 용도에 의하여 결정되어야 한다(대법원 2005. 6. 24. 선고 2004다30279 판결 등 참조)"고 판시한바 있다(대법원 2007. 7. 12. 선고 2006다56565 판결).

(3) 공동의 이익에 어긋나는 행위에 대한 소송수행

구분소유자는 건물의 보존에 해로운 행위나 그 밖에 건물의 관리 및 사용에 관하여 구분소유자 공동의 이익에 어긋나는 행위를 하여서는 아니 되고(법 제5조제1항), 이러한 행위를 할 경우 관리인은 구분소유자 공동의 이익을 위하여 그 행위를 정지하거나 그 행위의 결과를 제거하거나 그 행위의 예방에 필요한 조치를 할 것을 청구할 수 있다. 다만 소송의 제기는 관리단집회의 결의가 있어야 한다(법 제43조). 또한 전유부분의 사용금지 청구(법 제44조), 구분소유권의 경매청구(법 제45조), 점유자에 대한 점유부분의 인도(법 제46조)를 관리단 집회를 거쳐 법원에 청구할 수 있다.

　법 제45조에 기하여 법원에 경매청구를 할 수 있는 사람에 대하여 제45조제1항은 '관리인 또는 관리단집회의 결의에 의하여 지정된 구분소유자'라고 정하고 있으므로 집합건물의 구분소유자라도 관리단집회의 결의에 의하여 위와 같이 경매청구를 할 수 있는 사람으로 지정되지 아니하였다면 그는 위 경매청구를 할 당사자적격을 가지지 못한다(대법원 2009. 12. 24. 선고 2009다41779 판결).

　집합건물법 제45조제1항 소정의 경매신청은 집합건물의 구분소유자가 건물의 보존, 관리, 사용을 해하여 공동생활을 유지하기가 심히 곤란하게 된 때, 관리인 또는 관리단집회의 결의에 의하여 지정된 구분소유자가 당해 구분소유자의 전유부분 및 대지사용권의 경매를 구할 수 있도록 하여 당해 구분소유자를 공동생활에서 축출하는 방법으로 두고 있는 법적 장치일 뿐이고, 재건축사업 실행에 불응하는 구분소유자에게 그 의무를 강제하기 위하여 재건축조합이 신청할 수 있는 권리는 아니다(대법원 1995. 3. 14. 선고 94다52966 판결).

(4) 관리단의 사무집행
　관리인은 관리단의 사업 시행과 관련하여 관리단을 대표하여 사무를 집행할 권한이 있다. 즉, 관리인은 관리단의 사무 집행을 위한 분담금액과 비용을 각 구분소유자에게 청구·수령하는 행위 및 그 금원을 관리하는 행위 등을 할 수 있다(법 제25조제1항제2호제3호).

나. 관리인의 의무

(1) 관리인의 사무보고

관리인은 다음 각호에 정한 사항에 대해 <u>매년 1회 이상</u> 구분소유자에게 그 사무에 관한 보고를 하여야 한다(법 제26조제1항).

1. 법 제23조에 따른 관리단(이하 "관리단"이라 한다)의 사무집행을 위한 분담금액과 비용의 산정방법, 징수·지출·적립내역에 관한 사항

2. 제1호 외에 관리단이 얻은 수입 및 그 사용 내역에 관한 사항

3. 관리위탁계약 등 관리단이 체결하는 계약의 당사자 선정과정 및 계약조건에 관한 사항

4. 법 제28조에 따른 규약(이하 "규약"이라 한다) 및 규약에 기초하여 만든 규정의 설정·변경·폐지에 관한 사항

5. 관리단 임직원의 변동에 관한 사항

6. 건물의 대지, 공용부분 및 부속시설의 보존·관리·변경에 관한 사항

7. 관리단을 대표한 재판상 행위에 관한 사항

8. 그 밖에 규약, 규약에 기초하여 만든 규정이나 관리단집회의 결의에서 정하는 사항(령 제6조제1항)

제26조제1항(제52조에서 준용하는 경우를 포함한다)을 위반하여 보고를 하지 아니하거나 거짓 보고를 한 경우 그 행위를 한 관리인은 100만원 이하의 과태료를 부과한다(법 제66조제2항제1호). 과태료는 소관청이 부과한다(법 제66조제3항). 그러나 <u>과태료는 너무 미약한 벌칙이다. 강력한 형사처벌을 하여야 법 취지를 살릴 수 있다고 본다.</u> 최소한 벌금형으로 개정하기를 촉구한다.

관리인은 규약에 달리 정한 바가 없으면 월 1회 구분소유자에게 관리단의 사무 집행을 위한 분담금액과 비용의 산정방법을 서면으로 보고하여야 한다(령 제6조제2항).

관리인은 법 제32조에 따른 정기 관리단집회에 출석하여 관리단이 수행한 사무의 주요 내용과 예산·결산 내역을 보고하여야 한다(령 제6조제3항).

(2) 보고자료 열람 및 등본교부 의무

이해관계인은 관리인에게 제1항에 따른 보고 자료의 열람을 청구하거나 자기 비용으로 등본의 교부를 청구할 수 있다(법 제26조제2항).〈신설 2012.12.18.〉

(3) 규약의 보관 및 열람

규약은 관리인 또는 구분소유자나 그 대리인으로서 건물을 사용하고 있는 자 중 1인이 보관하여야 한다. 제1항에 따라 규약을 보관할 구분소유자나 그 대리인은 규약에 다른 규정이 없으면 관리단집회의 결의로써 정한다(법 제30조제1항제2항).

이해관계인은 제1항에 따라 규약을 보관하는 자에게 규약의 열람을 청구하거나 자기 비용으로 등본의 발급을 청구할 수 있다(법 제30조제3항).

규약을 보관하지 아니하거나 정당한 사유 없이 열람을 거부하거나 등본을 발급해 주지 않는 경우 100만원 이하의 과태료를 부과한다(법 제66조제2항제2호제3호). 과태료는 너무 미약한 벌칙이다. 강력한 형사처벌을 하여야 법 취지를 살릴 수 있다고 본다.

7. 위임관계에 기한 관리인의 권리와 의무

가. 위임관계

이 법 또는 규약에서 규정하지 아니한 관리인의 권리의무에 관하여는 「민법」의 위임에 관한 규정을 준용한다(법 제26조제3항).

따라서 민법상의 위임에 관한 조항은 법에 저촉되지 않는 한 그대로 적용된다.

나. 관리인의 권리

(1) 수임인의 보수청구권

수임인은 특별한 약정이 없으면 위임인에 대하여 보수를 청구하지 못한다(민법 제686조). 다만 관리인이 법인으로서 상법상 회사인 경우에는 상법에 의하여 상당한 보수를 청구할 수 있다.

(2) 수임인의 비용선급청구권

위임사무의 처리에 비용을 요하는 때에는 위임인은 수임인의 청구에 의하여 이를 선급하여야 한다(민법 제687조).

(3) 수임인의 비용상환청구권 등

수임인이 위임사무의 처리에 관하여 필요비를 지출한 때에는 위임인에 대하여 지출한 날 이후의 이자를 청구할 수 있다(민법 제688조).

다. 관리인의 의무

(1) 수임인의 선관의무

수임인은 위임의 본지에 따라 선량한 관리자의 주의로써 위임사무를 처리하여야 한다(민법 제681조).

(2) 수임인의 취득물 등의 인도, 이전의무

수임인은 위임사무의 처리로 인하여 받은 금전 기타의 물건 및 그 수취한 과실을 위임인에게 인도하여야 한다. 수임인이 위임인을 위하여 자기의 명의로 취득한 권리는 위임인에게 이전하여야 한다(민법 제684조).

(3) 수임인의 금전소비의 책임

수임인이 위임인에게 인도할 금전 또는 위임인의 이익을 위하여 사용할 금전을 자기를 위하여 소비한 때에는 소비한 날 이후의 이자를 지급하여야 하며 그 외의 손해가 있으면 배상하여야 한다(민법 제685조).

(4) 위임종료시의 긴급처리

위임종료의 경우에 급박한 사정이 있는 때에는 수임인, 그 상속인이나 법정대리인은 위임인, 그 상속인이나 법정대리인이 위임사무를 처리할 수 있을 때까지 그 사무의 처리를 계속하여야 한다. 이 경우에는 위임의 존속과 동일한 효력이 있다(민법 제691조).

8. 관리위원회

가. 관리위원회 설치 및 기능

2012. 12. 18. 집합건물법의 개정에 의해서 관리단에 관리위원회 제도가 도입되어 2013. 6. 19.부터 시행되고 있다. 관리위원회는 규약으로 정하는 바에 따라 둘 수 있는 임의기관이다. 따라서 관리위원회가 설치되지 않은 경우에는 관리인 방식으로 관리를 하게 된다.[101]

관리단에는 규약으로 정하는 바에 따라 관리위원회를 둘 수 있다(법 제26조의2제1항). 관리위원회는 이 법 또는 규약으로 정한 관리인의 사무 집행을 감독한다. 관리위원회를 둔 경우 관리인은 제25조제1항 각 호의 행위를 하려면 관리위원회의 결의를 거쳐야 한다. 다만, 규약으로 달리 정한 사항은 그러하지 아니하다.〈본조신설 2012. 12. 18.〉

나. 관리위원회의 구성
(1) 위원 선출

관리위원회의 위원은 구분소유자 중에서 관리단집회의 결의에 의하여 선출한다. 다만, 규약으로 관리단집회의 결의에 관하여 달리 정한 경우에는 그에 따른다[102](법 제26조의3제1항). 따라서 임차인은

---

101 김영두, 집합건물 관리단의 기관, 민사법학 제64호(2013.9), 167면 참조.
102 이 단서는 대규모 집합건물인 경우 관리단집회를 소집하는데 어려움이 있다는 현실을 반영하여 통로나 층 등으로 구획한 서거구별로 관리위원을 선출할 수 있음을 인정한 조항이다. 그러나 선출주체는 언제나 구분소유자나 점유자이다(법 제26조의3제2항). 만일 규약에서 관리인이나 관리위원회가 관리위원을 선출할 수 있도록 정하고 있다면 이는 무효이다. 법무부, 전게서, 52.

관리위원회 위원 자격이 없다.[103]

관리위원회의 위원은 선거구별로 선출할 수 있다. 이 경우 선거구 및 선거구별 관리위원회 위원의 수는 규약으로 정한다(령 제7조제1항). 법 제26조의3제1항 단서에 따라 규약으로 관리위원회의 위원 선출에 대한 관리단집회의 결의에 관하여 달리 정하는 경우에는 구분소유자의 수 및 의결권의 비율을 합리적이고 공평하게 고려하여야 한다(령 제7조제2항).

관리위원회에는 위원장 1명을 두며, 위원장은 관리위원회의 위원 중에서 선출하되 그 선출에 관하여는 법 제26조의3제1항을 준용한다(령 제7조제3항).

다음 각 호의 어느 하나에 해당하는 사람은 관리위원회의 위원이 될 수 없다(령 제8조).
1. 미성년자, 피성년후견인
2. 파산선고를 받은 자로서 복권되지 아니한 사람
3. 금고 이상의 형을 선고받고 그 집행이 끝나거나 그 집행을 받지 아니하기로 확정된 후 5년이 지나지 아니한 사람(과실범은 제외한다)
4. 금고 이상의 형을 선고받고 그 집행유예 기간이 끝난 날부터 2년이 지나지 아니한 사람(과실범은 제외한다)
5. 집합건물의 관리와 관련하여 벌금 100만원 이상의 형을 선고받은 후 5년이 지나지 아니한 사람
6. 관리위탁계약 등 관리단의 사무와 관련하여 관리단과 계약을

---

103 · 법무부, 전게서, 50.

체결한 자 또는 그 임직원

  7. 관리단에 매달 납부하여야 할 분담금을 3개월 연속하여 체납한 사람

  구분소유자가 법인인 경우 법인이 위원이 될 수 있고, 이 경우 대표이사가 관리위원회에 참석하여 의결권을 행사할 수 있고, 다만 법인의 대표기관에게 부득이한 사유가 있는 경우에는 다른 임직원 등에게 대리권을 수여하여 의결권을 행사할 수 있다.[104]

(2) 위원 해임

  관리위원회의 위원은 규약에서 정한 사유가 있는 경우에 해임할 수 있다. 관리위원회 위원의 해임 방법에 관하여는 제1항(관리위원회의 위원은 선거구별로 선출할 수 있다. 이 경우 선거구 및 선거구별 관리위원회 위원의 수는 규약으로 정한다.) 및 법 제26조의3제1항을 준용하며, 이 경우 "선출"은 "해임"으로 본다.

(3) 위원 임기

  관리위원회 위원의 임기는 2년의 범위에서 규약으로 정한다. 구분소유자의 승낙을 받아 전유부분을 점유하는 자는 관리단집회에 참석하여 그 구분소유자의 의결권을 행사할 수 있다. 다만, 구분소유자와 점유자가 달리 정하여 관리단에 통지하거나 구분소유자가 집회 이전에 직접 의결권을 행사할 것을 관리단에 통지한 경우에는 그러하지 아니하다(법 제26조의3제2항). 〈신설

---

104 · 법무부, 전게서, 51.

2012.12.18.〉

(4) 관리위원회 소집

관리위원회의 위원장은 필요하다고 인정할 때에는 관리위원회를 소집할 수 있다(령 제9조제1항).

관리위원회의 위원장은 다음 각 호의 어느 하나에 해당하는 경우에는 관리위원회를 소집하여야 한다(령 제9조제2항).
1. 관리위원회 위원 5분의 1 이상이 청구하는 경우
2. 관리인이 청구하는 경우
3. 그 밖에 규약에서 정하는 경우

제2항의 청구가 있은 후 관리위원회의 위원장이 청구일부터 2주일 이내의 날을 회의일로 하는 소집통지 절차를 1주일 이내에 밟지 아니하면 소집을 청구한 사람이 관리위원회를 소집할 수 있다(령 제9조제3항).

관리위원회를 소집하려면 회의일 1주일 전에 회의의 일시, 장소, 목적사항을 구체적으로 밝혀 각 관리위원회 위원에게 통지하여야 한다. 다만, 이 기간은 규약으로 달리 정할 수 있다(령 제9조제4항).

관리위원회는 관리위원회의 위원 전원이 동의하면 제4항에 따른 소집절차를 거치지 아니하고 소집할 수 있다(령 제9조제5항).

(5) 의결방법

관리위원회의 의사(議事)는 규약에 달리 정한 바가 없으면 관리위원회 재적위원 과반수의 찬성으로 의결한다(령 제10조제1항).

관리위원회 위원은 질병, 해외체류 등 부득이한 사유가 있는 경우 외에는 서면이나 대리인을 통하여 의결권을 행사할 수 없다(령 제10조제2항).

(6) 관리위원회의 운영

규약에 달리 정한 바가 없으면 다음 각 호의 순서에 따른 사람이 관리위원회의 회의를 주재한다(령 제11조제1항).
1. 관리위원회의 위원장
2. 관리위원회의 위원장이 지정한 관리위원회 위원
3. 관리위원회의 위원 중 연장자

관리위원회 회의를 주재한 자는 관리위원회의 의사에 관하여 의사록을 작성·보관하여야 한다(령 제11조제2항).

이해관계인은 제2항에 따라 관리위원회의 의사록을 보관하는 자에게 관리위원회 의사록의 열람을 청구하거나 자기 비용으로 등본의 발급을 청구할 수 있다(령 제11조제3항).

제3장 관리규약

1. 개설

가. 규약의 법적성질

관리규약은 단순한 계약이 아니라 자치법규이다.

대법원은 "사단법인의 정관은 이를 작성한 사원뿐만 아니라 그 후에 가입한 사원이나 사단법인의 기관 등도 구속하는 점에 비추어 보면 그 법적 성질은 계약이 아니라 자치법규로 보는 것이 타당하므로, 이는 어디까지나 객관적인 기준에 따라 그 규범적인 의미 내용을 확정하는 법규해석의 방법으로 해석되어야 하는 것이지, 작성자의 주관이나 해석 당시의 사원의 다수결에 의한 방법으로 자의적으로 해석될 수는 없다 할 것이어서, 어느 시점의 사단법인의 사원들이 정관의 규범적인 의미 내용과 다른 해석을 사원총회의 결의라는 방법으로 표명하였다 하더라도 그 결의에 의한 해석은 그 사단법인의 구성원인 사원들이나 법원을 구속하는 효력이 없다."고 판시하고 있다(대법원 2000. 11. 24. 선고 99다12437 판결).

관리규약의 집행을 위한 운영세칙이나 선거관리규정도 관리규약으로서 자치법규의 효력이 있다(대법원 2006. 10. 12. 선고 2006다36004 판결, 대법원 2009. 3. 26. 선고 2008도10138 판결).

나. 규약의 종류

법 제28조에 의한 전부관리단규약과 일부관리단규약이 있고, 법 제51조에 의한 전부단지관리단규약과 일부단지관리단규약이 있다.

2. 규약 내용

가. 규약사항

건물과 대지 또는 부속시설의 관리 또는 사용에 관한 구분소유자들 사이의 사항 중 이 법에서 규정하지 아니한 사항은 규약으로써 정할 수 있다(법 제28조제1항). 일부공용부분에 관한 사항으로써 구분소유자 전원에게 이해관계가 있지 아니한 사항은 구분소유자 전원의 규약에 따로 정하지 아니하면 일부공용부분을 공용하는 구분소유자의 규약으로써 정할 수 있다(동조제2항). 규약을 정하는 경우에 구분소유자 외의 자의 권리를 침해하지 못한다(동조제3항).

나. 규약으로 정할 수 있는 사항
(1) 구분소유자들 사이의 사항

구분소유자는 공용부분의 관리방법에 관한 사항을 정할 수 있다. 규약은 구분소유자외에는 효력이 없다. 다만 규약 및 관리단집회의 결의는 구분소유자의 특별승계인에 대하여도 효력이 있고, 점유자는 구분소유자가 건물이나 대지 또는 부속시설의 사용과 관련하여 규약 또는 관리단집회의 결의에 따라 부담하는 의무와 동일한 의무를 진다(법 제42조).

규약은 구분소유자들사이에만 효력이 있으므로 구분소유자 외의 자의 권리를 침해하지 못한다(법 제28조제3항).

(2) 건물과 대지 또는 부속시설의 관리 또는 사용에 관한 사항
구분소유자들은 규약으로 전유부분의 처분을 제한할 수는 없지만 전유부분의 사용방법을 정하는 것은 가능하다.
구분소유자는 건물의 보존에 해로운 행위나 그 밖에 건물의 관리 및 사용에 관하여 구분소유자 공동의 이익에 어긋나는 행위를 하여서는 아니 된다(법 제5조제1항). 여기서 '공동의 이익에 어긋나는 행위'에 대해 규약으로 구체화 할 수도 있다.

전유부분이 주거의 용도로 분양된 것인 경우에는 구분소유자는 정당한 사유 없이 그 부분을 주거 외의 용도로 사용하거나 그 내부벽을 철거하거나 파손하여 증축·개축하는 행위를 하여서는 아니 된다(동조제2항). 주택법은 입주자의 용도변경이나 내부벽의 철거 및 증개축행위에 대해서 행위허가 기준을 마련하고, 일정한 경우 입주자의 동의를 받도록 하고 있다(주택법 시행령 제47제1항별표3). 그러나 주택법이 적용되지 않는 공동주택이나 집합건물의 경우에는 그러한 규정이 없고, 다만 건축법에서 규정하고 있다(건축법 제19조). 특히 비내력벽의 철거에 관하여는 건축법도 아무런 규정이 없다. 따라서 일단은 비내력벽 철거는 건축법에 제한이 없으므로 가능하다고 할 것이다. 다만 주거용인 경우에는 법 제5조제2항에 의하여 정단한 사유가 없는 한 불가하다고 할 것이고, 규약은 이때 정당한 사유에 대해서 규정할 수는 있을 것으로 보나, 전면적 비내력벽 철거 금지를 규정할 수는 없다고 본다[105].

(3) 법에 규정이 있는 사항
① 규약으로 정할 수 있도록 법이 규정한 사항

항목	관련 조문
1. 관리단의 조직, 운영에 관한 사항	(가) 관리인의 권한과 의무(법 제25조제1항제4호) (나) 관리단의 채무에 대한 구분소유자의 책임(법 제27조제1항단서) (다) 규약의 보관 및 열람(법 제30조) (라) 관리단의 사무(법 제31조) (마) 임시관리단 집회소집 정수(법 제33조제1항, 제2항, 제4항) (바) 집회소집통지(법 제34조제1항, 제4항) (사) 게시에 의한 집회소집통지(법 제34조제4항) (아) 통지된 사항 외의 사항에 대한 의결(법 제36조제1항, 제2항) (자) 의결권의 비율(법 제37조 제1항) (차) 집회의 의장이 될 수 있는 자(법 제39조제1항)
2. 집합건물의 권리에 관한 사항	(가) 공용부분의 관리(법 제16조 제1항, 제2항, 제3항) (나) 공용부분 등의 부담, 수익비율(법 제17조) (다) 건물의 일부 멸실 시의 복구방법(법 제50조 제1항, 제2항, 제3항)
3. 구분소유권 및 대지사용권에 관한 사항	(가) 공용부분에 관한 사항(법 제3조제1항, 제2항, 제4항) (나) 대지에 관한 사항(법 제4조제1항, 제3항) (다) 공용부분에 관한 사항(법 제10조) (라) 전유부분과 대지사용권 분리처분에 관한 사항(법 제20조제2항)

---

105 · 유어녕, 전게서, 643, 644

② 규약으로 정할 수 없는 사항(강행규정)

	규약으로 변경할 수 없는 사항(강행규정)	비고
1	공용부분의 변경에 관한 사항은 관리단집회에서 구분소유자의 4분의 3이상 및 의결권의 4분의 3이상의 결의로써 결정(법 제15조제1항)	휴양콘도미니엄의 경우에는 구분소유자의 과반수까지 낮출 수 있다(제15조제1항 단서 제2호).
2	규약의 설정·변경·폐지에 관한 구분소유자 및 의결권의 각 3/4이상의 찬성(법 제29조제1항)	
3	의무위반자에 대한 제소결의 구분소유자의 4분의 3이상 및 의결권의 4분의 3이상으로 결정(법 제44조제2항, 제45조제2항, 제46조제2항)	행위정지 등의 청구는 구분소유자 및 의결권의 각 과반수(법 제43조제2항)
4	건물이 일부 멸실된 경우로서 대규모 멸실의 경우에 관리단 집회는 구분소유자의 5분의 4이상 및 의결권의 5분의 4이상으로 멸실한 공용부분을 복구할 것을 결의(법 제50조제4항).	
5	재건축결의는 구분소유자의 5분의 4이상 및 의결권의 5분의 4이상의 결의에 따른다(법 47조제2항)	재건축의 내용이 단지 내 다른 건물의 구분소유자에게 특별한 영향을 미칠 때에는 그 구분소유자의 승낙을 받아야 한다(법 제47조제1항 단서)

(4) 법에 규정이 없는 사항

법에 없지만, 관리인의 보수, 이사회 설치, 관리단의 수 및 임기,

관리비 및 장기수선계획과 장기수선충당금의 산정·적립방법, 주차장이나 회의장 사용방법, 기타 사항 등에 대해 정할 수 있다.

3. 규약의 설정·변경·폐지

가. 개요

최초 규약은 선분양의 경우 건물에 입주한 구분소유자가 자발적으로 개최한 집회에서 특별결의(구분소유자 및 의결권의 3/4 이상)로 설정하거나 분양자가 미리 관리규약을 마련하여 분양을 하면서 구분소유자 및 의결권의 5분의 4이상의 서면동의[106]를 받아 설정하는 경우도 있다.

분양자는 예정된 매수인의 2분의 1 이상이 이전등기를 한 날부터 3개월 이내에 구분소유자가 규약 설정 및 관리인 선임(選任)(제24조 제1항의 경우에만 해당한다)을 하기 위한 관리단집회를 소집하지 아니하는 경우에는 지체 없이 이를 위한 관리단집회를 소집하여야 한다(법 제9조의3).[본조신설 2012.12.18.]

법 제28조는 "건물과 대지 또는 부속시설의 관리 또는 사용에 관한 구분소유자 상호간의 사항 중 이 법에서 규정하지 아니한 사항은 규약으로써 정할 수 있다."라고 규정하고, 같은 법 제29조는 "규약의 설정은 관리단집회에서 구분소유자 및 의결권의 각 4분의

---

106 제41조(서면 또는 전자적 방법에 의한 결의 등) ① 이 법 또는 규약에 따라 관리단집회에서 결의할 것으로 정한 사항에 관하여 구분소유자의 5분의 4 이상 및 의결권의 5분의 4 이상이 서면이나 전자적 방법 또는 서면과 전자적 방법으로 합의하면 관리단집회에서 결의한 것으로 본다.

3 이상의 찬성을 얻어 행한다."고 규정하여 단체자치의 원칙에 따라 자율적으로 규약을 제정할 수 있음을 명시하고 있는데, 이러한 절차에 따라 제정된 집합건물의 규약은 그 내용이 강행법규에 위반된다거나 구분소유자의 소유권을 필요하고 합리적인 범위를 벗어나 과도하게 침해 내지 제한함으로써 선량한 풍속 기타 사회질서에 위반된다고 볼 정도로 사회관념상 현저히 타당성을 잃었다고 여겨지는 등의 특별한 사정이 있는 경우를 제외하고는 이를 유효한 것으로 시인하여야 할 것이다(대법원 2004. 5. 13. 선고 2004다2243 판결[107]).

나. 요건
(1) 집회의 특별결의

규약의 설정·변경 및 폐지는 관리단집회에서 구분소유자의 4분의 3 이상 및 의결권의 4분의 3 이상의 찬성을 얻어서 한다(법 제29조제1항). 이는 강행규정이다(대법원 2008. 12. 24. 선고 2008다61561 판결).

---

[107] 구분소유자가 집합건물의 규약에서 정한 업종준수의무를 위반할 경우, 단전·단수 등 제재조치를 할 수 있다고 규정한 집합건물 규약의 내용이 무효라고 판단한 원심판결을 파기한 사례. 이 사건 규약은 적법한 절차에 의하여 제정되었고, 공동주택과는 달리 상가에 대한 단전 등의 조치는 구분소유자의 생활에 미치는 영향은 적고 단지 영업을 하지 못함으로 인한 금전적 손해만을 가져오는 것이며, 집합건물에 관한 단체법적 법률관계를 규율함에 있어서 단전 등의 조치 이외에는 달리 위반메뉴의 조리·판매만을 선별하여 중지시킬 다른 효과적인 제재수단을 상정하기 어렵고, 나아가 의무위반행위에 대하여 바로 단전 등의 제재조치가 가하여지는 것이 아니라 1차적으로 시정을 구하고 그에 불응할 때 비로소 제재조치로 나아가도록 되어 있고, 제재조치의 정도를 채무자 관리인이 임의로 정하는 것이 아니라 대표위원회의 결의에 의하여 미리 정하여진 양정기준에 따라 정하도록 되어 있으며, 위 규약이 위반행위의 정지시까지만 단전 등 조치를 취할 수 있도록 규정하고 있어 구분소유자로서는 일단 위반행위를 중지하면 바로 단전조치를 중단하도록 되어 있는 점 등에 비추어 보면, 이 사건 조항의 내용이 구분소유자의 소유권을 필요하고 합리적인 범위를 벗어나 과도하게 침해 내지 제한함으로써 사회관념상 현저히 타당성을 잃은 경우에 해당한다고는 보이지 아니하고, 또한 집합건물 구분소유자들이 상호간의 과다경쟁을 방지하고 공동의 이익을 도모하기 위하여 각자의 자유의사에 따른 협의로 업종을 제한하고, 이에 위반할 경우 구분소유권의 본질적 내용을 침해하지 아니하는 범위 내에서 자율적인 제재조치를 취하는 것은 단체자치의 원칙상 허용된다 할 것이고, 집합건물법 제43조 내지 제45조가 이를 완전히 금지하는 규정이라고 볼 수는 없으므로 이 사건 조항이 집합건물법의 강행규정에 위반된다고 할 수도 없다.

(2) 구분소유자의 수와 의결권

① 숫자

집합건물법 제38조제1항에 의하면, 관리단집회의 의사는 구분소유자 및 의결권의 각 과반수로써 의결한다고 규정하고 있는데, 집합건물법이 이와 같이 지분비율에 의한 의결권의 과반수라는 요건 외에 구분소유자의 과반수라는 요건을 또다시 요구하고 있는 것은, 집합건물이 물권으로서의 재산적 측면과 소유자집단 또는 공동생활집단으로서의 인적 측면이라는 양면성을 가지는 점을 고려하여, 특정 소수의 구분소유자가 집합건물의 대부분을 소유하고 있는 때에 의결권의 비율만으로 관리단집회의 의사가 결정되는 것으로 한다면 그들의 전횡을 막을 수 없게 되므로 그러한 전횡을 막고, 구분소유건물의 공정·공평하고 원활한 유지·관리를 위함이라고 볼 것인바, 그와 같은 위 집합건물법의 규정취지에 비추어 <u>구분소유자 중 1인이 다수의 구분소유권을 가지고 있다고 하더라도 구분소유자의 수를 계산함에 있어서는 이를 1인으로 보아야 할 것이다</u>(부산지방법원 2006. 11. 1. 선고 2006가합7153 판결).

전유부분을 여럿이 공유하는 경우에는 공유자는 관리단집회에서 의결권을 행사할 1인을 정한다(법 제37조제1항).

② 의결권

각 구분소유자의 의결권은 규약에 특별한 규정이 없으면 제12조에 규정된 지분비율에 따른다(법 제37조제2항).

(3) 규약의 설정 등과 관련한 결의의 특별요건

㈎ 일부 구분소유자의 권리에 특별한 영향을 미치는 경우(법 제29조제2항)

① 규약의 설정·변경 및 폐지는 관리단집회에서 구분소유자의 4분의 3 이상 및 의결권의 4분의 3 이상의 찬성을 얻어서 한다. 이 경우 규약의 설정·변경 및 폐지가 일부 구분소유자의 권리에 '특별한 영향'을 미칠 때에는 그 구분소유자의 승낙을 받아야 한다(법 제29조제2항).

② 특별한 영향 긍정 사례
Ⓐ 상가업종제한 폐지 규약

> 대법원 2008. 12. 24. 선고 2008다61561 판결
> 가. 원심은, 2007. 12. 17.자 결의에 따른 ○○상가의 업종제한을 둔 정관규정의 폐지와 업종에 관하여 아무런 제한을 두고 있지 아니한 새로운 정관의 의결이 구분소유자들의 권리에 영향을 미친다고 하더라도 이는 모든 구분소유자들에게 동일하게 영향을 미치는 것이므로, 집합건물의 소유 및 관리에 관한 법률 제29조 제1항 후단의 '일부의 구분소유자의 권리에 특별한 영향을 미칠 때'에 해당하지 않는다는 이유로 위 결의에 대하여 원고들의 개별 승낙은 필요하지 않다고 판단하고 있다.
> 나. 그러나 구분소유자들이 규약에 의해 각 점포에서 영위할 영업의 종류를 정하는 것은 특정 점포의 구분소유자에게 그 업종을 독점적으로 운영하도록 보장하는 의가 내포되어 있는 것이므로 그에 관한 규약을 폐지하고 업종제한이 없는 새로운 구약을 채택한다면 구분소유자가 누리던 기존의 독점적 지위가 박탈되는 결과가 될 것이고, 이 경우 그 개정 규약이 모든 구분소유자들에게 다 같이 적용된다고 하여 그독자적 지위를 상실함으로 인하여 개별 구분소유자가 받는 영향까지 동일하다고 볼 수는 없다 할 것이다. 그러므로 원심으로서는 위 규약 폐지의 필요성 및 합리성과 그로 인해 각 구분소유자들이 받게 될 이익과 불이익을 비교형량하고 당해 구분소유관계의 실태에 비추어 볼 때 원고들이 입

을 불이익이 수인해야 할 상당성 있는 한도를 초과한다고 인정되는지를 심리하여 그것이 집합건물의 소유 및 관리에 관한 법률 제29조 제1항 후단의 '일부의 구분소유자의 권리에 특별한 영향을 미치는 때'에 해당하는지 여부를 판단함으로써 원고들의 개별적 동의가 필요한지를 정하였어야 할 것이다.

Ⓑ 승강기 교체

서울남부지방법원 2006. 6. 2. 선고 2005가합13869 판결

판결요지

고층세대의 구분소유자들만이 공유하는 승강기의 보수 및 교체 비용을 저층세대 구분소유자에게까지 부담시키는 결의는 저층세대 구분소유자들의 권리에 특별한 영향을 미치는 것이어서 저층세대 구분소유자들의 승낙을 얻어야 하는지 여부

이 ○○아파트의 경우 ○○아파트에만 승강기가 설치되어 있으므로 이는 고층세대 1동 건물에 있는 구분소유자들의 공유라 할 것이고, 피고의 주장과 같이 고층 세대와 저층세대가 혼재하고 있고, 고층세대의 고밀화로 인하여 저층세대가 자신들의 대지 지분의 면적 비율보다 많은 비율로 건축면적을 점유하고 있다고 하더라도 고층세대에 설치된 승강기를 저층세대를 포함하는 이 ○○아파트 전체 구분소유자들의 공유라고 할 수는 없다고 할 것이다.
<u>그런데 이 사건 결의는 고층세대의 공유물인 승강기 교체비용의 50%를 저층세대를 포함하는 이 ○○아파트 전체 구분소유자들이 납부한 장기수선충당금에서 사용한다는 내용의 결의로 이는 일부 구분소유자들인 저층세대 구분소유자들의 권리에 특별한 영향을 미치는 규약의 변경에 해당하므로</u> 집합건물법 제29조 제1항에 따라 저층세대 구분소유자들의 승낙을 얻어야 함에도 불구하고 위와 같은 규약 변경에 관하여 저층세대 구분소유자들의 승낙을 얻지 아니하였으므로 이 사건 결의는 집합건물법 제29조제1항 규정에 위반하여 무효라 할 것이다.

③ 특별한 영향 부정 사례

> **대법원 2006. 10. 12. 선고 2006다36004 판결**
> [1] 집합건물의 소유 및 관리에 관한 법률상의 관리단이 정한 규약의 위임규정에 근거하여 작성된 층별 번영회의 회칙이 같은 법 제29조제1항전문에 따라 해당 층 구분소유자 및 의결권의 4분의 3 이상의 찬성을 얻은 점, 관리단 규약에서 업종제한에 관한 자세한 사항을 층별 번영회에서 정하도록 위임한 것은 해당 층 구분소유자들의 이해관계 조정을 위한 층별 번영회의 회칙에 대하여 다른 층의 구분소유자들이 동의하여 이를 관리단 규약의 내용으로 받아들이겠다는 취지인 점 등에 비추어 볼 때, 층별 번영회의 회칙의 업종제한규정이 같은 법 제42조 에 정한 '규약'의 일부로서 효력을 가지므로 해당 층의 구분소유자의 특별승계인 및 임차인 등에 대하여 효력을 미친다고 본 사례.
> [2] 업종제한에 관한 관리단 규약을 새로 설정하는 경우, 그로 인하여 구분소유자들이 소유권 행사에 다소 제약을 받는 등 그 권리에 영향을 미친다고 하더라도 이는 모든 구분소유자들에게 동일하게 영향을 미치는 것이고, 특별한 사정이 없는 한 집합건물의 소유 및 관리에 관한 법률 제29조 제1항 후문의 '일부의 구분소유자의 권리에 특별한 영향을 미칠 때'에 해당하지 않는다.

(나) 일부 공용부분에 대한 규약의 설정·변경·폐지

법은 일부 공용부분에 관한 사항이지만 구분소유자 전원에게 이해관계가 있는 사항은 구분소유자 전원이 관리하도록 하고 있다.

즉, 법 제28조제2항은 "일부공용부분에 관한 사항으로써 구분소유자 전원에게 이해관계가 있지 아니한 사항은 구분소유자 전원의 규약에 따로 정하지 아니하면 일부공용부분을 공용하는 구분소유자의 규약으로써 정할 수 있다."고 규정하고 있는바, 이를 반대해석하면 그렇다는 것이다. 구분소유자 전원의 이해관계가 있는 사항에 대해서 규약의 설정·변경 및 폐지는 관리단집회에서 구분소유자의

4분의 3 이상 및 의결권의 4분의 3 이상의 찬성을 얻어서 한다(법 제29조제1항).

그러나 법 제28조제2항에 규정한 사항에 관한 구분소유자 전원의 규약의 설정·변경 또는 폐지는 그 일부공용부분을 공용하는 구분소유자의 4분의 1을 초과하는 자 또는 의결권의 4분의 1을 초과하는 의결권을 가진 자가 반대할 때에는 할 수 없다(법 제29조제2항).

다. 규약의 효력
(1) 시간적 효력

건물에 대하여 구분소유 관계가 성립되면 구분소유자 전원을 구성원으로 하여 건물과 그 대지 및 부속시설의 관리에 관한 사업의 시행을 목적으로 하는 관리단이 설립된다(법 제23조제1항). 따라서 규약은 분양을 시작하여 1명이라도 입점을 하면 구분소유관계가 성립하고, 그 즉시 관리단이 구성된다.

따라서 최초 규약은 선분양의 경우 ① 건물에 입주한 구분소유자가 자발적으로 개최한 집회에서 특별결의(구분소유자 및 의결권의 3/4 이상)를 한 때나, ② 분양자가 미리 관리규약을 마련하여 분양을 하면서 구분소유자 및 의결권의 5분의 4이상의 서면동의[108]를 받은 때에 효력이 생긴다고 보아야 한다.

---

108 제41조(서면 또는 전자적 방법에 의한 결의 등) ① 이 법 또는 규약에 따라 관리단집회에서 결의할 것으로 정한 사항에 관하여 구분소유자의 5분의 4 이상 및 의결권의 5분의 4 이상이 서면이나 전자적 방법 또는 서면과 전자적 방법으로 합의하면 관리단집회에서 결의한 것으로 본다.

(2) 인적 범위

규약 및 관리단집회의 결의는 구분소유자의 특별승계인에 대하여도 효력이 있다. 점유자는 구분소유자가 건물이나 대지 또는 부속시설의 사용과 관련하여 규약 또는 관리단집회의 결의에 따라 부담하는 의무와 동일한 의무를 진다(법 제42조).

4. 규약의 보관 및 열람 등본 발급 청구

규약은 관리인 또는 구분소유자나 그 대리인으로서 건물을 사용하고 있는 자 중 1인이 보관하여야 한다(법 제30조제1항). 제1항에 따라 규약을 보관할 구분소유자나 그 대리인은 규약에 다른 규정이 없으면 관리단 집회의 결의로써 정한다(법 제30조제2항). 이해관계인은 제1항에 따라 규약을 보관하는 자에게 규약의 열람을 청구하거나 자기 비용으로 등본의 발급을 청구할 수 있다(법 제30조제3항).

5. 임의적인 단전·단수가 가능한가.

가. 문제의 제기

아파트나 상가 등 집합건물의 경우 각 관리규약에서 관리비가 연체되거나 업종준수의무를 위반한 경우 관리단이 규약을 근거로 단전·단수를 할 수 있는지가 문제된다.

집합건물 내에서의 관리비 체납이나 업종준수의무 위반 등은 재판을 통해 해결하는 것이 원칙임에도 불구하고, 손쉽게 의무이행을 강요하기 위해 단전·단수조치를 대부분의 관리규약에 기재하고 있으며, 이 규약을 근거로 단전·단수 조치가 쉽게 취해지는 경향이 있다.

이러한 단전·단수 조치는 당해 건물에서 영업을 하는 경우에는 치명적인 영업방해가 되는 것이고, 거주를 한다고 하더라도 사실상 거주가 불가능하게 하는 극단적인 조치이므로 매우 신중하게 행해져야 한다.

나. 단전·단수 가능여부
(1) 상가의 경우
㈎ 관리규약 상 업종준수의무 위반 시

상가의 경우 관리규약 상의 업종제한 위반 시에 단전·단수를 허용한 사례가 있다.

즉, 대법원은 "집합건물법 제28조는 "건물과 대지 또는 부속시설의 관리 또는 사용에 관한 구분소유자 상호간의 사항 중 이 법에서 규정하지 아니한 사항은 규약으로써 정할 수 있다."라고 규정하고, 같은 법 제29조는 "규약의 설정은 관리단집회에서 구분소유자 및 의결권의 각 4분의 3 이상의 찬성을 얻어 행한다."고 규정하여 단체자치의 원칙에 따라 자율적으로 규약을 제정할 수 있음을 명시하고 있는데, 이러한 절차에 따라 제정된 집합건물의 규약은 그 내용이 강행법규에 위반된다거나 구분소유자의 소유권을 필요하고 합리적인 범위를 벗어나 과도하게 침해 내지 제한함으로써 선량한 풍속 기타 사회질서에 위반된다고 볼 정도로 사회관념상 현저히 타당성을 잃었다고 여겨지는 등의 특별한 사정이 있는 경우를 제외하고는 이를 유효한 것으로 시인하여야 할 것이다. 이 사건 규약은 적법한 절차에 의하여 제정되었고, 공동주택과는 달리 상가에 대한 단전 등의 조치는 구분소유자의 생활에 미치는 영향은 적고 단지 영업을 하지 못함으로 인한 금전적 손해만을 가져오는 것이며, 집합건물에 관한 단체법적 법률관계를 규율함에 있어서 단전 등의 조치 이외에는 달리 위반메뉴의 조리·판매만을 선별하여 중지시킬 다른 효과적인 제재수단을 상정하기 어렵고, 나아가 의무위반행위에 대하여 바로 단전 등의 제재조치가 가하여지는 것이 아니라 1차적으로 시정을 구하고 그에 불응할 때 비로소 제재조치로 나아가도록 되어 있고, 제재조치의 정도를 채무자 관리인이 임의로 정하는 것이 아니라 대표위원회의 결의에 의하여 미리 정하여진 양정기준에 따라 정하도록 되어 있으며, 위 규약이 위반행위의 정지시까지만 단전 등 조치를 취할 수 있도록 규정하고 있어 구분소유자로서는 일단 위반행위를 중지하면 바로 단전조치를 중단하도록 되어 있는 점 등에 비추어 보면, 이 사건 조항의 내용이 구분소유자의 소유권을 필요하고 합리적인 범위를 벗어나 과도하게 침해 내지 제한함으로써 사회관념상 현저히 타당성을 잃은 경우에 해당한다고는 보이지 아니하고, 또한 집합건물 구분소유자들이 상호간의 과다경쟁을 방지하고 공동의 이익을 도모하기 위하여 각자의 자유의사에 따른 협의로 업종을 제한하고, 이에 위반할 경우 구분소유권의 본질적 내용을 침해하지 아니하는 범위 내에서 자율적인 제재조치를 취하는 것은 단체자치의 원칙상 허용된다 할 것이고, 집합건물법 제43조 내지 제45조가 이를 완전히 금지하는 규정이라고 볼 수는 없으므로 이 사건 조항이 집합건물법의 강행규정에 위반된다고 할 수도 없다. 따라서 구분소유자의 규약위반행위에 대하여 단전 등의 제재조치를 할 수 있다고 규정한 이 사건 조항은 특별한 사정이 없는 한 유효하다고 할 것이다"라고 판시하고 있다(대법원 2004. 5. 13. 선고 2004다2243 판결).

즉, 대법원은 상가의 경우 무조건 단전·단수는 불가하지만, 적법하게 제정된 규약에 단전·단수 규정이 있고, 여러 가지 보완적인 규정을 가지고 있는 경우에는 가능하다는 입장이다. 즉, ① 1차적으로 시정을 구하고, ② 단전·단수 조치를 취할지 여부는 미리 정하여진 양정기준에 따라 정하고, ③ 위반행위의 정지시까지만 단전 등 조치를 취할 수 있다면, 단전·단수가 가능하다는 입장이다.

> **대법원 2006. 6. 29. 선고 2004다3598 판결**
> 집합건물의 관리단이 전(前) 구분소유자의 특별승계인에게 특별승계인이 승계한 공용부분 관리비 등 전 구분소유자가 체납한 관리비의 징수를 위해 단전·단수 등의 조치를 취한 사안에서, 관리단의 위 사용방해행위가 불법행위를 구성한다고 한 사례.
>
> 나아가 단전·단수 등의 조치가 적법한 행위로서 불법행위를 구성하지 않기 위해서는 그 조치가 관리규약을 따른 것이었다는 점만으로는 부족하고, 그와 같은 조치를 하게 된 동기와 목적, 수단과 방법, 조치에 이르게 된 경위, 그로 인하여 입주자가 입게 된 피해의 정도 등 여러 가지 사정을 종합하여 사회통념상 허용될 만한 정도의 상당성이 있어 위법성이 결여된 행위로 볼 수 있는 경우에 한한다 할 것인데, 이 사건의 경우 원고에 대하여 행하여진 당초의 단전·단수 등의 조치가 불법행위에 해당하고 원고가 이를 다투며 관리비 지급을 거부하였다는 것이므로, 그런 와중에 3개월이 경과됨으로써 3개월 이상 관리비 연체라는 관리규약상의 요건이 충족되었다 하더라도 그러한 사정만으로 종전부터 계속되어 오던 피고의 위법한 단전·단수 등의 조치가 그 시점부터 사회통념상 허용될 만한 정도의 상당성이 있는 행위로서 적법행위로 된다고 할 수는 없는 것이다.

(나) 임대차계약서 상 차임연체로 인한 단전·단수

대법원 2007. 9. 20. 선고 2006도9157 판결

[1] 임대업자가 임차인의 의무이행을 강요하기 위하여 계약서상 규정(차임을 2개월 이상 연체하면 단전·단수조치를 할 수 있다)을 근거로 임차물에 대하여 단전·단수조치를 취한 경우, 업무방해죄의 성립에 관한 법률의 착오를 인정할 수 있는지 여부(원칙적 소극)

[2] 호텔 내 주점의 임대인이 임차인의 차임 연체를 이유로 계약서상 규정에 따라 위 주점에 대하여 단전·단수조치를 취한 경우, 약정 기간이 만료되었고 임대차보증금도 차임연체 등으로 공제되어 이미 남아있지 않은 상태에서 미리 예고한 후 단전·단수조치를 하였다면 형법 제20조의 정당행위에 해당하지만, 약정 기간이 만료되지 않았고 임대차보증금도 상당한 액수가 남아있는 상태에서 계약해지의 의사표시와 경고만을 한 후 단전·단수조치를 하였다면 정당행위로 볼 수 없다고 한 사례

대법원 2006. 4. 27. 선고 2005도8074 판결

사무실 임차인이 임대차계약 종료 후 갱신계약 여부에 관한 의사표시나 명도의무를 지체하고 있다는 이유로 임대인이 단전조치를 취하여 업무방해죄로 기소된 사안에서, 피해자의 승낙, 정당행위, 법률의 착오 주장을 모두 배척한 사례

이 사건 임대차계약서 제16조 제2항은 "제16조 제1항의 경우 임대인이 임차인에게 단전조치 등을 요구할 수 있다."는 취지로 규정되어 있으나, 피해자는 임대차계약의 종료 후 '갱신계약에 관한 의사표시 혹은 명도의무를 지체'하였을 뿐 차임, 관리비의 연체 등과 같은 위 제16조 제1항 각 호의 위반행위를 한 적이 없기 때문에 이 사건의 경우 단전조치에 관한 계약상의 근거가 없고(가사 계약상의 근거가 있다 하여도 피해자의 승낙은 언제든지 철회할 수 있는 것이므로 이 사건에 있어서와 같이 피해자측이 단전조치에 대해 즉각 항의하였다면 그 승낙은 이미 철회된 것으로 보아야 할 것이다), 피해자가 이 사건 단전조치와 같은 이유로 2003. 12.경에도 피고인에 의한 단전조치를 당한 경험이 있다거나 이 사건 단전조치 전 수십 차례에 걸쳐 피고

인으로부터 단전조치를 통지받았다거나, 혹은 피고인에게 기한유예 요청을 하였다는 사정만으로는 이 사건 단전조치를 묵시적으로 승낙하였던 것으로 볼 수도 없으므로, 이 사건 단전조치는 피해자의 승낙에 의한 행위로서 무죄라고 볼 수 없다.

(정당행위 해당 여부)에 관하여
 어떠한 행위가 사회상규에 위배되지 아니하는 정당한 행위로서 위법성이 조각되는 것인지는 구체적인 사정 아래서 합목적적, 합리적으로 고찰하여 개별적으로 판단하여야 할 것이고, 이와 같은 정당행위를 인정하려면, 첫째 그 행위의 동기나 목적의 정당성, 둘째 행위의 수단이나 방법의 상당성, 셋째 보호이익과 침해이익과의 법익균형성, 넷째 긴급성, 다섯째 그 행위 외에 다른 수단이나 방법이 없다는 보충성 등의 요건을 갖추어야 할 것인바(대법원 1986. 10. 28. 선고 86도1764 판결, 1994. 4. 15. 선고 93도2899 판결, 2000. 4. 25. 선고 98도2389 판결, 2001. 2. 23. 선고 2000도4415 판결 등 참조), 차임이나 관리비를 단 1회도 연체한 적이 없는 피해자가 임대차계약의 종료 후 임대료와 관리비를 인상하는 내용의 갱신계약 여부에 관한 의사표시나 명도의무를 지체하고 있다는 이유만으로 그 종료일로부터 16일 만에 피해자의 사무실에 대하여 단전조치를 취한 피고인의 행위는 그 권리를 확보하기 위하여 다른 적법한 절차를 취하는 것이 매우 곤란하였던 것으로 보이지 않아 그 동기와 목적이 정당하다거나 수단이나 방법이 상당하다고 할 수 없고, 또한 그에 관한 피고인의 이익과 피해자가 침해받은 이익 사이에 균형이 있는 것으로도 보이지 않으므로, 같은 취지의 원심 판단은 정당하고, 이 사건 단전조치가 사회상규에 위배되지 아니하는 정당행위로서 무죄라는 상고이유의 주장도 받아들일 수 없다.

(2) 공동주택

 대법원은 위 2004다2243 판결에서 "공동주택과는 달리"라는 표현을 사용하여 공동주택에서의 단전·단수는 불가능한 것처럼 설시하고 있다.

그러나 공동주택의 경우 관리단이 전기·수돗물공급업자와 위·수탁계약을 맺고 전기·수돗물의 공급 관리 및 요금징수를 대행하고 있는 경우에는 단전·단수업무까지 대행하고 있는 것으로 볼 수 있어 관리규약에 기초해 전기료·수도료의 미납을 이유로 하는 단전·단수조치 그리고 공동관리의 필수경비인 관리비의 징수를 목적으로 하는 단전·단수조치를 취할 수는 있지만, 그 밖의 다른 관리상의 목적을 이유로 하는 단전·단수조치에 대한 규정은 허용될 수 없다는 주장도 있다[109].

따라서 공동주택에서는 비록 관리규약이나 계약서 단전단수 규정이 있다고 하더라도 정당행위를 인정하려면, 첫째 그 행위의 동기나 목적의 정당성, 둘째 행위의 수단이나 방법의 상당성, 셋째 보호이익과 침해이익과의 법익균형성, 넷째 긴급성, 다섯째 그 행위 외에 다른 수단이나 방법이 없다는 보충성 등의 요건을 갖추어야 할 것이다(대법원 2006. 4. 27. 선고 2005도8074 판결, 대법원 1986. 10. 28. 선고 86도1764 판결, 1994. 4. 15. 선고 93도2899 판결, 2000. 4. 25. 선고 98도2389 판결, 2001. 2. 23. 선고 2000도4415 판결 등 참조).

따라서 공동주택에서의 단전·단수는 생활에 직접적인 영향을 미치므로 매우 주의하여야 한다.

---

[109] 서보학, 단전단수 조치와 업무방해죄의 성립여부, 대한변호사협회, 인권과 정의, 통권 358호, 53-70.

다. 결론

전기와 물은 일상생활 또는 영업활동의 필수적인 조건이다. 따라서 임의적인 단전·단수는 상호간의 권리에 대한 균형성을 인정하기 어렵고, 다른 법적 절차를 통해 권리구제가 가능하다는 점에서 긴급성도 정당화되기 어렵다. 따라서 단전·단수조치는 매우 신중하게 이루어져야 할 것이다.

다만 불가피한 경우 관리규약에 근거를 두어야 하고, 이때에도 보완적인 조치들을 선행하도록 하여야만 정당성이 인정될 것이다.

제4장 상가업종제한

1. 머리글

가. 구분점포 인정

법은 제정 당시([시행 1985.4.11.] [법률 제3725호, 1984.4.10., 제정])에는 전유부분의 성립요건인 구조상독립성을 엄격하게 적용하여 상가의 경우 소위 구분점포를 인정하지 않았다.

그러다가 2013. 7. 18. 법 개정(시행 2004. 1. 19)을 통하여 비로소 상가 구분점포를 도입하였다. 개정이유를 살펴보면 다음과 같다.

집합건물법
[시행 2004.1.19.] [법률 제6925호, 2003.7.18., 일부개정]
◇개정이유

 상가 등의 집합건물안의 구분된 점포 등은 독립하여 거래되고 있는 것이 사회적 현실임에도 현행법상 구분소유권의 목적이 되지 아니하고 전체 건물에 대한 지분등기만이 허용되고 있어 집합건물안 점포 소유자의 소유권 행사 등에 제약요인이 되고 있는 점을 고려하여, 상가 등의 집합건물안의 구분된 점포가 일정한 요건을 갖춘 경우 구분소유권의 대상이 되게 하고, 이를 통하여 부동산등기법에 의한 단독소유 형태의 소유권등기가 가능하도록 하려는 것임.

◇주요골자

 가. 이용상 구분된 점포가 용도·면적 등에 관한 일정한 요건을 갖춘 경우 그 구분점포를 구분소유권의 대상이 되도록 함(법제1조의2 신설).

 나. 구분점포를 건축물대장에 등록하는 경우에는 구분점포의 용도에 해당하는 바닥면적의 합계를 포함하여 등록하도록 하고, 전유부분 용지의 구조란에는 경계벽이 없다는 뜻을 기재하도록 함(법 제54조제1항 및 제6항 신설).

 다. 구분점포에 대하여 신규로 건축물대장 등록신청을 하는 경우에는 건축사 또는 측량기술자가 작성한 평면도를 첨부하도록 함(법 제56조제2항).

 라. 구분점포에 대하여는 구분점포로 인정될 당시의 용도를 다른 용도로 변경할 수 없도록 함(법 제57조제4항 신설).

 마. 구분점포에 관하여 건축물대장의 신규 또는 변경 등록신청이 있는 경우 소관청이 건축물의 현황 등을 조사하도록 함(법 제59조제2항 신설).

 바. 구분점포의 경계표지 또는 건물번호표지에 대하여 손괴 등의 행위를 한 자는 3년 이하의 징역 또는 1천만원 이하의 벌금에 처하도록 하고, 건축사 또는 측량기술자가 평면도를 사실과 다르게 기재한 때에는 2년 이하의 징역 또는 500만원 이하의 벌금에 처하도록 함(법 제65조제1항 및 제2항 신설).

 즉 1동의 건물이 다음 각 호에 해당하는 방식으로 여러 개의 건물부분으로 이용상 구분된 경우에 그 건물부분(이하 "구분점포"라 한다)은 이 법에서 정하는 바에 따라 각각 소유권의 목적으로 할 수 있다(법 제1조의2).

1. 구분점포의 용도가 「건축법」 제2조제2항제7호의 판매시설 및 같은 항 제8호의 운수시설(집배송시설은 제외한다)일 것
  2. 1동의 건물 중 구분점포를 포함하여 제1호의 판매시설 및 운수시설(이하 "판매시설등"이라 한다)의 용도에 해당하는 바닥면적의 합계가 1천제곱미터 이상일 것
  3. 경계를 명확하게 알아볼 수 있는 표지를 바닥에 견고하게 설치할 것
  4. 구분점포별로 부여된 건물번호표지를 견고하게 붙일 것

 상가업종제한의 문제는 민법이 아닌 집합건물법에서 문제되는 것이므로, 위에서 본 구분점포나 집합건물법이 적용되는 집합건물 상가에서 문제된다.

 통상 상가업종제한은 분양계약과 등시에 이루어진다. 그러나 이러한 분양자와 피분양자 사이에 이루어지는 업종제한계약은 당사자 사이에만 효력이 있는 것이 원칙이다. 즉, 분양자가 피분양자 갑에게 약국으로 지정을 하여 분양을 한 경우에 다른 피분양자 을이 같은 건물에서 약국을 할 경우 분양자는 제재를 할 수 있지만 정작 갑과 을은 계약관계에 있지 아니하므로 갑이 을을 상대로 직접 영업금지를 청구할 수는 없는 것이 원칙이라는 것이다.

 그런데 대법원은 "건축회사가 상가를 건축하여 점포별로 업종을 정하여 분양한 후에 점포에 관한 수분양자의 지위를 양수한 자 또는 그 점포를 임차한 자는 특별한 사정이 없는 한 상가의 점포 입점자들에 대한 관계에서 상호 묵시적으로 분양계약에서 약정한

업종제한 등의 의무를 수인하기로 동의하였다고 봄이 상당하므로, 상호간의 업종제한에 관한 약정을 준수할 의무가 있다고 보아야 하고, 따라서 점포 수분양자의 지위를 양수한 자 등이 분양계약 등에 정하여진 업종제한약정을 위반할 경우, 이로 인하여 영업상의 이익을 침해당할 처지에 있는 자는 침해배제를 위하여 동종업종의 영업금지를 청구할 권리가 있다."고 판시하고 있다(대법원 2006. 7. 4. 자 2006마164 결정).

한편 분양자는 피분양자와 업종제한계약을 체결하면서 이러한 내용을 관리규약에 반영하여 두고 분양계약 시에 관리규약에 대해서도 동의를 받아 왔다. 이러한 관리규약이 효력을 가지면 이는 각 점포의 구분소유자와 그 특별승계인 및 점유자에게도 그 효력이 미친다(법 제42조).

그리고 업종제한약정 위반을 이유로 한 동종영업금지청구권은 분양계약이나 관리단규약 등에 특별히 달리 정한 것이 있거나 기타 특별한 사정이 없는 한 통상적으로 동일 상권을 이루는 같은 건물 내에 소재하고 있는 모든 상가 점포들에 대하여 주장할 수 있다(대법원 2006. 7. 4. 자 2006마164 결정).

따라서 업종제한 가능여부는, 첫째는 분양자와 각 피분양자끼리 맺은 업종제한계약의 효력이 다른 피분양자에게도 효력이 있는지, 있다면 그 근거는 무엇인지, 둘째는 업종제한내용이 관리규약에 반영되어 있다면 이를 위반한 것이 공동의 이익을 침해하는 것인지가 문제되는 것이다. 만일 업종제한내용이 분양계약과 관리규약 모두에 반영되어 있다면 분양계약 내용문제는 관리규약 문제에 흡수될 것이다.

이하에서는 먼저 분양계약의 효력을 살펴보고, 그 후에 관리규약의 효력을 살펴보고자 한다.

2. 분양계약상 업종제한 의무

가. 업종제한계약의 유효성 여부

업종제한계약이 위헌이거나 민법 제103조 위반이거나 약관규제법 위반이라는 등 주장이 있지만, 대법원은 확고하게 그 유효성을 인정하고 있다.

즉 대법원은 "분양계약 또는 수분양자들 상호간의 약정에 의한 업종 제한은 모두 사적자치의 영역에 속하는 사항으로서 계약자유의 원칙에 따른 것이고, 그 내용 또한 점포 소유자 등이 업종을 변경하고자 할 때에는 그들의 자치적인 모임인 상가자치관리위원회의 동의를 받도록 한 것에 불과하여 영업 활동을 본질적으로 제한하는 것은 아니며, 한편 서로 중복되지 않도록 권장업종을 지정하는 것은 인근 주민들의 생활상의 편의를 도모하고 입주 상인들의 영업상 이익을 존중하여 상호간의 이해관계를 조정하는 측면에서 현실적인 필요성도 있는 것이므로, 당해 업종 제한 약정이 헌법상 직업선택의 자유를 침해하는 것이라거나 불공정거래행위로서 무효라고 볼 수 없다."고 판시하고 있다(대법원 1997. 12. 26. 선고 97다42540 판결).

원칙적으로 업종제한계약은 분양자와 피분양자 사이에만 효력을 가지는 것이 원칙이다. 그러나 이렇게 되면 만일 분양자가 의무위반자에 대한 제재를 소홀히 하면 침해를 받는 자(갑이 약국으로 지정을 받았는데 을이 음식점으로 분양을 받았음에도 불구하고 약국을 하는 경우에 갑을 말함)는 침해자에게 영업금지 등을 청구할 수 없게 되어 상가의 구분소유 관계는 혼란에 빠진다[110].

그래서 다양한 해석론이 나와 이를 보완하는 노력을 하고 있다.

나. 분양계약당사자 사이의 업종준수의무

분양계약의 당사자는 당연히 업종준수의무계약은 효력이 있으므로, 분양자는 이를 위반한 피분양자를 상대로 분양계약을 해제할 수 있다(대법원 1997. 4. 7. 자 97마575 결정). 대법원은 "분양회사가 상가 분양 당시 층별 지정업종 및 품목을 중복되지 않게 정해놓고 수분양자들에게 분양을 원하는 층의 층별 지정업종의 범위 내에서 세부적인 취급품목을 지정하여 분양계약을 체결하고, 그 분양계약서에 '협의한 업종과 취급품목으로만 영업하여야 하며, 다른 업종이나 품목으로 변경하고자 할 경우에는 분양회사의 사전 서면승인을 받아야 하고, 수분양자가 위 계약을 위반할 경우에 분양회사는 계약을 해제할 수 있다.'고 규정한 취지는, 경업금지를 분양계약의 내용으로 하여 만약 분양계약 체결 이후라도 수분양자가

---

110 「건축물분양에 관한 법률 시행령」 제8조 제4호, 제5호, 제12호는 분양자는 분양광고에 분양가격(면적별·용도별 또는 위치별로 구분할 수 있다), 건축물의 층별 용도, 구분소유권에 대하여 우선적으로 공개모집을 하는 경우 그 업종, 건축물 내 위치, 전체 분양면적 중 우선 모집 면적비율, 분양받을 자의 자격제한 등 우선 공개모집의 내용에 관한 사항(제3항에 해당하는 경우로 한정한다)을 포함하여야 하므로, 결국 대부분의 상가분양에서 업종지정 행위가 일어나게 된다.

경업금지의 약정을 위배하는 경우에는 그 분양계약을 해제하는 등의 조치를 취함으로써 기존 점포를 분양받은 상인들의 영업권이 실질적으로 보호되도록 최선을 다하여야 할 의무를 부담하겠다는 것이므로, 분양회사의 이러한 경업금지의무는 상가 분양계약의 목적달성에 있어 필요불가결하고 이를 이행하지 아니하면 <u>분양계약의 목적이 달성되지 아니하여 수분양자들이 분양계약을 체결하지 아니하였을 것이라고 여겨질 정도의 주된 채무라고 봄이 상당하다</u>"고 판시하고 있다(대법원 2005. 7. 14. 선고 2004다67011 판결).

다. 제3자에 대한 효력

(1) 다양한 해석론

원칙적으로 업종제한계약은 분양자와 피분양자 사이에만 효력을 가지는 것이 원칙이지만, 상가분양의 현실을 고려하여, 제3자에게도 그 효력을 확장하는 해석론이 전개되고 있다.

제3자를 위한 계약이론과 채권자대위권을 근거로 하는 견해가 있다.

(2) 판례(묵시적 동의 이론)

상가건물의 업종제한에 관한 법리는 우리 대법원이 개발한 독특한 법리로서 다른 외국에서는 찾아보기 힘든 법 이론이다.

즉, 대법원은 "건축회사가 상가를 건축하여 점포별로 <u>업종을 정하여 분양한 후에 점포에 관한 수분양자의 지위를 양수한 자 또는 그 점포를 임차한 자는 특별한 사정이 없는 한 상가의 점포 입점자들에 대한 관계에서 상호 묵시적으로 분양계약에서 약정한 업종제한</u>

등의 의무를 수인하기로 동의하였다고 봄이 상당하므로, 상호간의 업종제한에 관한 약정을 준수할 의무가 있다고 보아야 하고, 따라서 점포 수분양자의 지위를 양수한 자 등이 분양계약 등에 정하여진 업종제한약정을 위반할 경우, 이로 인하여 영업상의 이익을 침해당할 처지에 있는 자는 침해배제를 위하여 동종업종의 영업금지를 청구할 권리가 있다."고 판시하고 있다(대법원 2006. 7. 4. 자 2006마164 결정).

라. 침해에 대한 구제방법

점포 수분양자의 지위를 양수한 자, 임차인 등이 분양계약 등에 정하여진 업종 제한 약정을 위반할 경우, 이로 인하여 영업상의 이익을 침해당할 처지에 있는 자는 침해배제를 위하여 동종업종의 영업금지를 청구할 권리가 있는 것이다(대법원 2009. 12. 24. 선고 2009다61179 판결, 대법원 2004. 9. 24. 선고 2004다20081 판결, 대법원 2006. 7. 4.자 2006마164, 165 결정 등 참조).

3. 관리규약의 효력과 업종제한

대법원은 구분소유자가 집합건물의 규약에서 정한 업종준수의무를 위반할 경우, 단전·단수 등 제재조치를 할 수 있다고 규정한 집합건물 규약의 내용에 대해 "구분소유자의 소유권을 필요하고 합리적인 범위를 벗어나 과도하게 침해 내지 제한함으로써 사회관념상 현저히 타당성을 잃은 경우에 해당한다고는 보이지 아니하고, 또한 집합건물 구분소유자들이 상호간의 과다경쟁을 방지하고 공동의 이익을 도모하기 위하여 각자의 자유의사에 따른 협의로 업종을 제한하고, 이에 위반할 경우 구분소유권의 본질적 내용을 침해하지 아니하는 범위 내에서 자율적인 제재조치를 취하는 것은 단체자치의 원칙상 허용된다 할 것이고, 집합건물법 제43조 내지 제45조가 이를 완전히 금지하는 규정이라고 볼 수는 없으므로 이 사건 조항이 집합건물법의 강행규정에 위반된다고 할 수도 없다."고 판시하여, 그 유효성을 인정하고 있다(대법원 2004. 5. 13. 선고 2004다2243 판결).

관리규약은 상가건물 관리단의 자치법규로서 그에 근거하여 업종제한을 위반한 다른 수분양자에 대해서는 영업금지청구, 손해배상청구, 계약해제, 업종제한 이행청구, 경매 및 인도청구, 단전 및 단수조치 등을 취할 수 있다.

한편 이러한 업종준수의무를 폐지하는 내용의 규약 변경에 대해서는 일부 구분소유자의 권리에 특별한 영향을 미치는 것이므로 동의를 받아야 한다(법 제29조제1항후문).

4. 분양계약과 관리규약에 모두 업종준수의무가 있는 경우

대법원은 "지정업종 및 품목을 위반하여 영업하는 수분양자가 없도록 하여 기존의 수분양자들의 기득권을 보호해 주어야 할 피고의 경업금지의무는 수분양자들이 관리단을 구성하고 적법절차에 의하여 <u>공동관리규약을 설정하는 등 스스로 집합건물의 관리를 행하게 되어 구분소유자의 내부적 경업금지의무 위반을 자체적으로 규율할 수 있을 때까지 지속된다</u>고 봄이 상당하고, <u>소유권이전등기의무를
</u>

이행함으로써 이러한 경업금지의무가 소멸되는 것은 아니다"라고 판시하고 있다(대법원 2005. 7. 14. 선고 2004다67011 판결).[111]

이 판결에 대해 유어녕 변호사는 분양계약상 업종준수의무는 관리규약 제정 시까지만 효력이 있는 것이라고 판단하고 있으나[112], 필자는 다른 견해를 가지고 있다. 위 판결은 반드시 관리규약 설정시까지만 업종준수계약이 효력이 있는 것은 아니라고 본다. 즉, 관리규약의 제정에도 불구하고 업종제한 약정은 계속하여 유효하다고 본다[113].

5. 결론

상가업종제한은 분양계약이나 상가관리규약으로서 가능하다. 따라서 상가를 분양받거나 매수를 하는 자, 또는 중개를 하는 자는 업종제한이 있는지를 철저히 확인하여야 할 것이다. 한편 업종제한은 관리단 결의에 의하여 해제할 수도 있다. 그리고 업종제한이 있는 상가에 입점하는 경우 미리 업종을 명확히 제시하여(예를 들어 골프용품 판매면 정확히 '골프용품 판매'라고 기재하여야 하고 단지 '스포츠 용품'라고 기재하면 분쟁소지가 있음) 가능한지를 관리단에 문의하여야 할 것이다.

---

111 이 판결에 대해 유어녕 변호사는 분양계약상 업종준수의무는 관리규약 제정 시까지만 효력이 있는 것이라고 판단하고 있으나(유어녕, 전게서, 674), 필자는 다른 견해를 가지고 있다. 위 판결은 반드시 관리규약 설정시까지만 업종준수계약이 효력이 있는 것은 아니라고 본다.
112 유어녕, 전게서, 674
113 배병일, 상가건물의 업종제한 규약, 한국법학원, 저스티스 통권 105호

제5장 집회

제1절 서설

1. 집회의 중요성

　관리단의 사무는 이 법 또는 규약으로 관리인에게 위임한 사항 외에는 관리단집회의 결의에 따라 수행한다(법 제31조). 결의에 통과한 사항에 대해서는 반대한 구분소유자에게도 효력이 미치고, 나아가 포괄승계인이나 특정승계인 및 점유자에게도 효력이 미친다(법 제42조). 따라서 집회는 관리규약과 함께 집합건물 관리에 있어서 매우 중요하므로, 구분소유자는 반드시 집회에 참석하여 의사를 피력하여야 할 것이다.

2. 집회의 결의사항

집회의 결의사항은 반드시 집회에서만 정할 수 있는 절대적 결의사항과 집회에서 결의하거나 규약으로 정하거나 관리인의 권한으로 할 수 있는 선택권이 있는 상대적 결의사항이 있다.

절대적 결의사항	상대적 결의사항
① 일부공용부분의 관리에 관한 사항(제14조)	① 규약보관자의 선임(제30조 제2항)
② 공용부분의 변경에 관한 사항(제15조 제1항)	② 관리단집회 의장의 선출(제39조 제1항)
③ 관리인의 선임 및 해임(제24조 제3항)	③ 구분소유자가 공동이익에 반하는 행위를 한 경우에 그 행위정지·결과제거 또는 행위예방의 조치를 취할 것을 담당하는 구분소유자의 지정(제43조 제1항)
⑤ 구분소유자가 공동이익에 반하는 행위를 한 경우에 그 행위정지 또는 행위예방에 필요한 조치를 목적으로 하는 소송의 제기(제43조 제2항)	④ 구분소유자가 의무를 위반한 경우에 법원에 대하여 그 전유부분 및 대지사용권의 경매를 청구할 것을 담당하는 구분소유자의 지정(제45조 제1항)
⑥ 구분소유자가 공동이익에 반하는 행위를 한 경우에 그 전유부분의 사용금지를 목적으로 하는 소송의 제기(제44조 제1항)	⑤ 점유자가 의무를 위반한 경우에 전유부분의 인도를 청구할 것을 담당하는 구분소유자의 지정(제46조 제1항)

⑦ 구분소유자가 집합건물법상의 의무(제5조 제1항·2항 참조)나 규약상의 의무를 위반한 경우에 법원에 대하여 그 전유부분 및 대지사용권에 대한 경매를 청구할 것인가의 여부(제45조 제1항)	
⑧ 점유자가 집합건물법상의 의무(제5조 제1항·2항 참조)나 규약상의 의무를 위반한 경우에 그 전유부분을 목적으로 하는 계약해제 및 그 전유부분의 인도를 청구할 것인가의 여부(제46조 제1항)	
⑨ 건물을 철거하여 그 대지를 구분소유권의 목적이 될 신건물의 대지로 이용할 것인가의 여부(제47조 제1항 본문)	
⑩ 건물의 일부가 멸실된 경우에 그 멸실된 공용 부분의 복구에 관한 사항(제50조 제4항)	
⑪ 단지관리단에 속하게 될 사업목적의 결정(제51조 제3항)	

대법원은 "집합건물법(2003. 7. 18. 법률 제6925호로 개정되기 전의 것. 이하 '법'이라 한다) 제19조는 "건물의 대지 또는 공용부분 이외의 부속시설(이들에 대한 권리를 포함한다)이 구분소유자의 공유에 속하는 경우에는 제15조 내지 제17조의 규정은 그 대지 및 부속시설에 이를 준용한다."라고 규정하고 있으므로, 구분소유자의 공유에 속하는 집합건물 대지의 변경에 관한 사항은 법 제15조제1항이 규정한 바에 따라 구분소유자 및 의결권의 각 4분의

3 이상의 다수에 의한 관리단집회의 결의로써 결정하되 그 대지의 개량을 위한 것으로서 과다한 비용이 드는 것이 아닐 때에는 통상의 관리단집회 결의로써 결정하여야 하고, 그 관리에 관한 사항은 법 제16조제1항에 따라 법 제15조제1항본문의 경우를 제외하고는 통상의 관리단집회 결의로써 결정하여야 한다. 한편 위와 같이 법 제15조제1항의 결의를 요하는 집합건물 대지의 변경은 기존 토지의 외관을 변경하거나 그 기능과 용도를 변경함으로써 그 대지의 형상 또는 효용을 실질적으로 변경시키는 것으로서, 어떠한 행위가 집합건물 대지의 변경에 해당하는지 여부는 변경이 되는 부분과 그 범위, 변경의 방식이나 태양, 변경 전과 변경 후의 외관이나 용도에 있어서 동일성 여부, 그밖에 변경에 소요되는 비용 등을 종합적으로 고려하여 판단하여야 한다(대법원 2001. 11. 27. 선고 2000다33638, 2000 다33645 판결, 대법원 2008. 9. 25. 선고 2006다86597 판결 등 참조). 따라서 대지상에 견고한 철골조립식 주차장을 설치하는 것이 집합건물의 대지를 '관리'하는 행위인지 '변경'하는 행위인지 문제된 사안에서, 그러한 주차장을 설치하여 운영하는 내용의 계약은 집합건물 대지의 변경에 관한 것에 해당하므로 그에 관한 사항은 구 집합건물법 제15조제1항이 정하는 것에 따라 관리단집회의 결의로써 결정하여야 한다."고 판시하였다(대법원 2011. 3. 24. 선고 2010다85133 판결).

대법원은 "이 사건 아파트의 기존의 중앙집중 난방방식을 지역난방으로 변경하기 위해서는 기존의 공용부분에 해당하는 중앙집중 난방시설 및 배관설비 대부분을 철거하고 지역난방용으로 새로운 난방시설 및 배관설비를 설치하여야 하며 그 비용이 약 70억 원에

달하고 있으므로 이는 공용부분의 형상 또는 효용을 실질적으로 변경시키는 공용부분의 변경이고, 이러한 경우에는 <u>집합건물법 제15조제1항, 제41조제1항에 따라 구분소유자 및 의결권의 각 4분의 3 이상의 다수의 결의에 의하거나, 구분소유자 및 의결권의 각 5분의 4 이상의 서면에 의한 합의가 있어야 하는바</u>, 전 입주자대표회의가 아파트 입주자 3,144세대 중 2,396세대(76.2%)의 서면에 의한 동의만을 받아 난방방식 변경을 결정하고 관할구청에 행위허가를 신청한 것은 집합건물법을 위반한 행위에 해당한다."고 판시하였다(대법원 2008. 9. 25. 선고 2006다86597 판결).

제2절 집회의 종류 및 소집권자, 소집절차, 결의사항

1. 정기관리단 집회

관리인은 매년 회계연도 종료 후 3개월 이내에 정기 관리단집회를 소집하여야 한다(법 제32조). 이는 강행규정이므로, 규약에 의해 정기관리단집회를 2년에 1회를 개최하는 것으로 할 수 없고, 정기관리단집회를 생략할 수도 없다.[114]

---

114 · 법무부, 전게서, 54. 55.

2. 임시관리단집회

가. 소집권자
(1) 관리인
관리인은 필요하다고 인정할 때에는 관리단집회를 소집할 수 있다(법 제33조제1항).

(2) 소수 구분소유자의 집회 소집
구분소유자의 5분의 1 이상이 회의의 목적 사항을 구체적으로 밝혀 관리단집회의 소집을 청구하면 관리인은 관리단집회를 소집하여야 한다. 이 정수(定數)는 규약으로 감경할 수 있다(법 제33조제2항).

제2항의 청구가 있은 후 1주일 내에 관리인이 청구일부터 2주일 이내의 날을 관리단집회일로 하는 소집통지 절차를 밟지 아니하면 소집을 청구한 구분소유자는 <u>법원의 허가를 받아 관리단집회를 소집할 수 있다</u>(법 제33조제3항)

<u>관리인이 없는 경우에는 구분소유자의 5분의 1 이상은 관리단집회를 소집할 수 있다.</u> 이 정수는 규약으로 감경할 수 있다(법 제33조제4항). 위임의 형식에는 아무런 제한이 없다.[115]

위 규정은 2012. 12. 18. 개정된 것인데, 개정 전과 비교해보면, 임시집회요구권자의 요건을 '구분소유자의 5분의 1이상으로서

---

115 · 법무부, 전게서, 56.

의결권의 5분의 1이상'을 요건으로 한 것을 '구분소유자의 5분의 1 이상'으로 완화한 것이고, 집회소집권자를 관리인이 소집통지절차를 밟지 아니하는 경우 소집을 청구한 구분소유자는 관리단집회를 소집할 수 있도록 한 것을, 소집을 청구한 구분소유자가 법원의 허가를 받아 소집할 수 있도록 하여 소집요건을 강화한 것이다.

3. 집회의 소집절차

가. 소집통지의 방법

(1) 집회 1주일 전 모든 구분소유자에게 통지

관리단집회를 소집하려면 관리단집회일 1주일 전에 회의의 목적사항을 구체적으로 밝혀 각 구분소유자에게 통지하여야 한다. 다만, 이 기간은 규약으로 달리 정할 수 있다(법 제34조제1항).

전유부분을 여럿이 공유하는 경우에 제1항의 통지는 제37조제2항에 따라 정하여진 의결권을 행사할 자(그가 없을 때에는 공유자 중 1인)에게 통지하여야 한다(법 제34조제2항).

회의개최 7일 전의 계산을 함에 있어 기간의 초일은 산입하지 아니하므로, 8월 10일에 총회를 개최하려고 하는 경우, 8월 9일부터 기산하여 7일이 되는 8월 3일 오전 0시(8월 2일 24시)에 기간이 만료하는 것이다. 따라서 8월 2일까지는 총회 소집통지를 발송하여야 한다(예를 들어 2010. 11. 11.이 집회일이라면 집회일 전날까지 즉 2010. 11. 10.부터 역산하여 7일이 되는 날이므로 최소한 2010. 11. 3.에는 통지를 하여야 한다). 민법 제111조는 도달주의를 취하고 있으므로 도달하여야 한다고 본다.

대법원은 "비법인사단의 회칙에 총회 개최시에는 소집통지서에 회의 목적사항을 기재하여 총회일 7일 전까지 소집통지를 발하도록 규정한 취지는 그 구성원의 토의권과 의결권의 행사를 보장하기 위한 것이므로, 회원에 대한 소집통지가 단순히 법정 기간을 1일이나 2일 지연하였을 뿐이고 회원들이 사전에 총회의 목적사항을 숙지하고 있는 등 특별한 사정이 있었다면, 회원의 토의권 및 결의권의 적정한 행사는 방해되지 아니한 것이므로 이러한 경우에는 그 총회 결의는 유효하다."고 판시하고 있다(대법원 1995. 11. 7. 선고 94다24794 판결)

(2) 도달 간주 되는 경우

다만, 법은 도달주의의 예외로서 통지는 구분소유자가 관리인에게 따로 통지장소를 제출하였으면 그 장소로 발송하고, 제출하지 아니하였으면 구분소유자가 소유하는 전유부분이 있는 장소로 발송한다. 이 경우 제1항의 통지는 통상적으로 도달할 시기에 도달한 것으로 본다(법 제34조제3항).

(3) 규약으로 통지기간을 달리 정하고 발신주의를 취한 경우

관리단집회일 1주일 전에 통지하여야 하는데, 이 기간은 규약으로 달리 정할 수 있다(법 제34조제1항). 또한 규약으로 발신주의를 취할 수도 있다고 본다.

(4) 도달 갈음하는 경우

건물 내에 주소를 가지는 구분소유자 또는 제3항의 통지장소를 제출하지 아니한 구분소유자에 대한 제1항의 통지는 <u>건물 내의 적당한 장소에 게시함으로써 소집통지를 갈음할 수 있음을 규약으로 정할 수 있다</u>. 이 경우 제1항의 통지는 게시한 때에 도달한 것으로 본다(법 제34조제4항).

(5) 소집통지 방법

서면, 전화(대법원 1987. 5. 12. 선고 96다카2705 판결), 팩스, 이메일, 휴대폰문자 등 어느 방법도 가능하다. 다만 분쟁 발생 시를 대비하여 입증이 용이한 서면이 타당할 것이다.

(6) 소집절차 생략

관리단집회는 구분소유자 전원이 동의하면 소집절차를 거치지 아니하고 소집할 수 있다(법 제35조). 동의는 집회 개최 전에 있어야 한다. 다만 전원이 출석하여 그 자리에서 소집절차 생략에 대해 동의를 하고 집회를 개최하는 것도 가능하다고 본다.

생략대상은 법 제34조가 정한 모든 내용이라고 본다.[116] 즉, 미리 통지하지 않은 사항도 결의를 할 수가 있는 것이다(법 제36조제3항).

나. 통지의 내용

회의의 목적사항을 구체적으로 밝혀 일시·장소와 함께 통지하여야

---

116 유어녕, 전게서, 689

한다(법 제34조제1항).

다만, 목적사항이 공용부분의 변경(법 제15조제1항), 규약의 설정·변경·폐지(법 제29조제1항), 재건축결의(법 제47조제1항), 대규모 멸실의 복구(법 제50조제4항)인 경우에는 그 통지에 그 의안 및 계획의 내용을 적어야 한다(법 제34조제5항).

4. 결의사항

가. 미리 통지한 사항

관리단집회는 제34조에 따라 통지한 사항에 관하여만 결의할 수 있다(법 제35조제1항).

미리 통지한 사항은, '회의의 목적사항'이나, '의안 및 계획의 내용'이 될 것이다.

실무상 '기타사항'으로 통지한 경우가 문제된다. 이에 대해 대법원은 "비법인사단인 재건축조합이 총회소집통지를 함에 있어서 회의의 목적사항을 열거한 다음 '기타 사항'이라고 기재한 경우, 총회소집통지에는 회의의 목적사항을 기재토록 한 민법 제71조 등 법규정의 입법취지에 비추어 볼 때, '기타 사항'이란 회의의 기본적인 목적사항과 관계가 되는 사항과 일상적인 운영을 위하여 필요한 사항에 국한된다고 보아야 한다."고 판시하고 있다(대법원 1996. 10.

25. 선고 95다56866 판결)[117].

나. 미리 통지하지 않고 결의할 수 있는 예외

관리단집회의 결의에 관하여 특별한 정수가 규정된 사항을 제외하고는 규약으로 달리 정할 수 있다(법 제36조제2항).

또한 법 제35조에 의하여 소집절차가 생략되는 경우도 예외이다(법 제36조제3항).

---

[117] 경과 보고, 조합장 선임, 기타 사항을 안건으로 하여 위 1993. 7. 11.자 임시총회의 소집통지를 하였을 뿐이라면 위 임시총회에서 소집통지에 기재하지 않은 사항인 이사와 감사를 선임하고, 참여조합원을 선정하는 결의를 할 수 없다고 보아야 할 것이고, 더군다나 그 당시의 피고 조합의 정관상 감사는 1인을 두도록 하고 있음에도 불구하고 감사를 2인 선임한 것은 정관의 규정에도 위반되어 효력이 없다고 할 것이며, 한편 소집통지를 함에 있어서 회의의 목적사항을 열거한 다음 기타 사항이라고 기재한 경우에도 총회소집통지에는 회의의 목적사항을 기재토록 한 규정의 입법취지에 비추어 볼 때 기타 사항이란 회의의 기본적인 목적사항과 관계가 되는 사항과 일상적인 운영을 위하여 필요한 사항에 국한된다고 보아야 할 것이므로, 조합장 이외의 임원의 선출이나 참여조합원의 선정이 위 임시총회의 목적이라고 하거나 혹은 위 소집통지의 기타 안건에 속한다고 볼 여지가 있다고 한 원심의 판시는 잘못된 것이라고 하지 않을 수 없다. 그러나, 원심이 판시한 바와 같이 조합장의 자격을 가진 위 김◇회에 의하여 적법하게 소집된 1994. 8. 27.자 정기총회에서, 위 1993. 7. 11.자 임시총회의 결의사항을 추인하는 한편 감사의 정원을 2인으로 하는 내용의 정관개정이 이루어진 이상 위 1993. 7. 11.자 임시총회의 결의가 유효하게 되었다는 원심의 판단은 결과적으로 정당하다 할 것이고, 따라서 원심판결에 앞서 본 바와 같은 잘못이 있다고 하더라도 이는 판결 결과에 영향이 없다 할 것이므로, 원심판결에 총회의 결의나 추인에 관한 법리오해, 심리미진, 판례위반 등의 잘못이 있다는 상고이유 제2점도 받아들일 수 없다.

제3절 의결권

1. 의결권의 비율

가. 규약에 달리 정함이 없는 경우

각 구분소유자의 의결권은 규약에 특별한 규정이 없으면 전유부분의 면적비율에 따른다(법 제37조제1항). 즉, 의결권은 각 구분소유자가 평등하게 가지는 것이 아니라 전유부분의 면적만큼 행사하는 것이다.

나. 규약에 특별한 규정이 있는 경우

규약이 특별한 규정이 있으면 이에 따른다. 즉, 규약에 '분양면적 비율' 또는 '면적에 상관없이 1나의 전유부분에 1개'라고 되어 있으면 이에 따른다.

다만 특별결의사항은 강행규정이므로 규약으로 변경할 수 없다(대법원 2008. 12. 24. 선고 2008다61561 판결).

2. 의결권 행사자 지정

가. 공유자의 의결권 행사자 지정

전유부분을 여럿이 공유하는 경우에는 공유자는 관리단집회에서 의결권을 행사할 1인을 정한다(법 제37조제2항).

대법원은 "제37조제2항은 집합건물법이 구분소유자들 간의 법률관계를 합리적으로 규율하기 위한 법으로서, 같은 법 제28조제1항이 "건물과 대지 또는 부속시설의 관리 또는 사용에 관한 구분소유자 상호간의 사항 중 이 법에서 규정하지 아니한 사항은 규약으로써 정할 수 있다"고 규정하고 있는 점에 비추어, 관리단집회의 의결에 있어서 구분소유자의 수가 문제되는 경우 전유부분이 수인의 공유에 속하는 때라도 그 공유자 전원을 하나의 구분소유자로 계산하도록 하는 강행규정이다. 따라서 전유부분의 공유자는 서로 협의하여 공유자 중 1인을 관리단집회에서 의결권을 행사할 자로 정하여야 하고, 협의가 이루어지지 않을 경우 공유물의 관리에 관한 민법 제265조에 따라 전유부분 지분의 과반수로써 의결권 행사자를 정하여야 하며(또는 공유자 중 전유부분 지분의 과반수를 가진 자가 의결권 행사자가 된다[118]), 의결권 행사자가 의결권을 행사한 경우 집합건물법 제38조제1항에 의하여 당해 구분소유자의 수는 1개로 계산되지만 의결권에 대하여는 집합건물법 제37조제1항에 따라 규약에 특별한 규정이 없는 경우에는 같은 법 제12조에 의하여 당해 전유부분의 면적 전부의 비율에 의한다고 할 것이고, 한편 지분이 동등하여 의결권 행사자를 정하지 못할 경우에는 그 전유부분의 공유자는 의결권을 행사할 수 없으며, 의결권 행사자가 아닌 공유자들이 지분비율로 개별적으로 의결권을 행사할 수도 없다."고 판시하고 있다(대법원 2008. 3. 27. 자 2007마1734 결정).

---

118 동지, 대법원 2013. 3. 28. 선고 2012다4985 판결

의결권행사자로 지정되지 않았다고 하여 구분소유자가 아닌 것은 아니므로, 총회 참석권 및 발언권은 있으되, 다만 의결권은 없다고 본다.[119]

전유부분을 여럿이 공유하는 경우에 집회소집 통지는 제37조제2항에 따라 정하여진 의결권을 행사할 자(그가 없을 때에는 공유자 중 1인)에게 통지하여야 한다(법 제34조제2항).

나. 점유자의 의결권 행사자 지정

구분소유자의 승낙을 받아 동일한 전유부분을 점유하는 자가 여럿인 경우에는 제16조제2항[120], 제24조제4항[121] 또는 제26조의3제2항[122]에 따라 해당 구분소유자의 의결권을 행사할 1인을 정하여야 한다.〈신설 2012.12.18.〉

---

119 유어녕, 전게서, 699.

120 ② 구분소유자의 승낙을 받아 전유부분을 점유하는 자는 제1항 본문에 따른 집회에 참석하여 그 구분소유자의 의결권을 행사할 수 있다. 다만, 구분소유자와 점유자가 달리 정하여 관리단에 통지한 경우에는 그러하지 아니하며, 구분소유자의 권리·의무에 특별한 영향을 미치는 사항을 결정하기 위한 집회인 경우에는 점유자는 사전에 구분소유자에게 의결권 행사에 대한 동의를 받아야 한다. 〈신설 2012.12.18.〉

121 ④ 구분소유자의 승낙을 받아 전유부분을 점유하는 자는 제3항 본문에 따른 관리단집회에 참석하여 그 구분소유자의 의결권을 행사할 수 있다. 다만, 구분소유자와 점유자가 달리 정하여 관리단에 통지하거나 구분소유자가 집회 이전에 직접 의결권을 행사할 것을 관리단에 통지한 경우에는 그러하지 아니하다. 〈신설 2012.12.18.〉

122 ② 관리위원회 위원의 임기 및 점유자의 의결권 행사에 관하여는 제24조제2항 및 제4항을 준용한다.

3. 의결방법

가. 구분소유자의 과반수 및 의결권의 과반수

관리단집회의 의사는 이 법 또는 규약에 특별한 규정이 없으면 구분소유자의 과반수 및 의결권의 과반수로써 의결한다(법 제38조제1항). 이러한 결의 요건을 변경하기 위해서는 규약설정에 관한 제29조제1항에 따른 집회결의(숫자 및 의결권의 각 4분의 3이상 찬성)가 있어야 한다.

예를 들어 면적이 동일한 11개의 전유부분에 대하여 갑이 5개, 을, 병이 각 2개, 정, 무가 각 1개씩 소유할 경우, 구분소유자 숫자는 5명이고, 총 의결권은 11이다. 따라서 갑, 을, 병만이 찬성하면 의결권은 9/11로서 3/4이상이지만 구분소유자 숫자는 3/5으로서 3/4 미만이다.

법은 의결정족수만 규정하고, 의사정족수는 규정하고 있지 않다. 그러나 의결정족수가 구분소유자의 과반수 및 의결권의 과반수이므로, 이 정족수를 채우지 못한 집회는 의결이 불가하므로, 집회가 무의미해 진다.

나. 구분소유자의 수와 의결권

(1) 미등기자

관리단은 어떠한 조직행위를 거쳐야 비로소 성립되는 단체가 아니라 구분소유관계가 성립하는 건물이 있는 경우 당연히 그 구분소유자 전원을 구성원으로 하여 성립되고, 그 의결권도 구분소유자 전원이 행사한다고 할 것이며, 여기서 <u>구분소유자라 함은 일반적으로 구분소유권을 취득한 자(등기부상 구분소유권자로 등기되어 있는 자)</u>를 지칭하는 것이나, 다만 수분양자로서 <u>분양대금을 완납</u>하였음에도 분양자측의 사정으로 소유권이전등기를 경료받지 못한 경우와 같은 특별한 사정이 있는 경우에는 이러한 수분양자도 구분소유자에 준하는 것으로 보아 관리단의 구성원이 되어 의결권을 행사할 수 있다(대법원 2005. 12. 16. 자 2004마515 결정). 따라서 분양대금을 미납한 자는 의결권을 행사할 수 없다. 그리고 신탁하였다면 신탁회사가 의결권을 행사한다.[123]

(2) 미분양된 구분소유자

집합건물의 분양이 개시되고 입주가 이루어져서 공동관리의 필요가 생긴 때에는 그 당시의 <u>미분양된 전유부분의 구분소유자를 포함한 구분소유자 전원을 구성원으로 하는 관리단이 설립</u>된다고 할 것이다(대법원 2002. 12. 27. 선고 2002다45284 판결).

(3) 임차인의 의결권 행사(2012. 12. 18. 법 개정으로 인하여 의결권 행사가능)

임차인은 구분소유자가 아니다. 그러나 구분소유자의 승낙을 받아 전유부분을 점유하는 자는 관리단집회 중 법이 인정한 집회에 참석하여 그 구분소유자의 의결권을 행사할 수 있다. 즉, 점유자가 모든 관리단집회에 참석하여 의결권을 행사할 수 있는 것은 아니고, ① 공용부분의 관리에 관한 사항을 정하는 집회(법 제16조제2항),

---

123 · 법무부, 전게서, 58.

② 관리인의 선임·해임 집회(법 제24조제4항), ③ 관리위원회 위원의 선임·해임을 위한 집회(법 제26조의3제2항)에 한하여 구분소유자로부터 의결권 행사에 관한 대리권을 수여 받지 않더라도 그 구분소유자의 의결권을 행사할 수 있다. 다만, 구분소유자와 점유자가 달리 정하여 관리단에 통지하거나 구분소유자가 집회 이전에 직접 의결권을 행사할 것을 관리단에 통지한 경우에는 그러하지 아니하다(법 제24조제4항). 〈신설 2012.12.18.〉

따라서 위 3가지 집회가 아닌 관리규약의 설정을 위한 집회의 경우에는 점유자가 구분소유자로부터 대리권을 수여 받은 경우에만 의결권을 행사할 수 있다(법 제38조제2항, 령 제15조).

그런데 구분소유자가 집회 이전에 자신이 직접 의결권을 행사할 것을 통지하지 아니하거나 임차인과 합의하여 구분소유자가 의결권을 행사함을 통지 하지 아니하고, 임차인과 함께 관리단집회에 참석한 경우에는 구분소유자는 의결권을 행사하지 못하고 임차인이 행사한다.[124]

(4) 1개의 전유부분을 수인이 공유하는 경우 : 1인

전유부분을 여럿이 공유하는 경우에는 공유자는 관리단집회에서 의결권을 행사할 1인을 정한다(법 제37조제2항). 전유부분을 여럿이 공유하는 경우에 제1항의 통지는 제37조제2항에 따라 정하여진 의결권을 행사할 자(그가 없을 때에는 공유자 중 1인)에게 통지하여야

---

124 법무부, 전게서, 60.

한다(법 제34조제2항).

구분소유건물이 수인의 공유에 속하는 경우 그 공유자들은 행사할 자를 지정하여 의결권을 행사하거나 공유자들 전원이 통일된 의견으로 공동하여 직접 의결권을 행사하여야 하고, 개개의 공유자들이 지분비율범위 내에서 개별적으로 의결권을 행사할 수는 없다 할 것이다(서울고등법원 2007. 9. 5. 자 2007라266 결정).

관리단집회의 의결에 있어서 구분소유자의 수가 문제되는 경우 전유부분이 수인의 공유에 속하는 때라도 그 공유자 전원을 하나의 구분소유자로 계산하도록 하는 강행규정이다(대법원 2008. 3. 27.자 2007마1734 결정).

예를 들어 7명의 구분소유자가 20개의 전유부분을 공유하면 구분소유자 숫자는 7인이고, 4명이 2개의 전유부분을 공유할 경우 구분소유자 숫자는 2인이다.[125]

(5) 구분소유자 1인이 여러 채를 가지고 있는 경우

법 제38조제1항의 '구분소유자의 과반수'를 계산함에 있어, 다수의 집합건물을 소유한 자를 1인으로 볼 것인지, 아니면 소유하고 있는 집합건물의 개수에 해당하는 수인으로 볼 것인지 여부가 문제된다.

---

125 · 법무부, 전게서, 65.

이에 대해 부산지방법원은 "집합건물법 제38조제1항에 의하면, 관리단집회의 의사는 구분소유자 및 의결권의 각 과반수로써 의결한다고 규정하고 있는데, 집합건물법이 이와 같이 지분비율에 의한 의결권의 과반수라는 요건 외에 구분소유자의 과반수라는 요건을 또다시 요구하고 있는 것은, 집합건물이 물권으로서의 재산적 측면과 소유자집단 또는 공동생활집단으로서의 인적 측면이라는 양면성을 가지는 점을 고려하여, 특정 소수의 구분소유자가 집합건물의 대부분을 소유하고 있는 때에 의결권의 비율만으로 관리단집회의 의사가 결정되는 것으로 한다면 그들의 전횡을 막을 수 없게 되므로 그러한 전횡을 막고, 구분소유건물의 공정·공평하고 원활한 유지·관리를 위함이라고 볼 것인바, 그와 같은 위 집합건물법의 규정취지에 비추어 <u>구분소유자 중 1인이 다수의 구분소유권을 가지고 있다고 하더라도 구분소유자의 수를 계산함에 있어서는 이를 1인으로 보아야 할 것이다.</u>"라고 판시한 바 있다(부산지방법원 2006. 11. 1. 선고 2006가합7153 판결).

다. 관리단 집회의 의사결정의 원칙

과반수란 50%를 넘는 것을 의미한다. 따라서 50%는 과반수가 아니다.

4. 서면 또는 대리인에 의한 의결권 행사

가. 개설

의결권은 ①서면이나 ②전자적 방법(전자정보처리조직을 사용하거나 그 밖에 정보통신기술을 이용하는 방법으로서 대통령령으로 정하는 방법을 말한다. 이하 같다)으로 또는 ③대리인을 통하여 행사할 수 있다(법 제38조제2항).

나. 서면에 의한 의결권 행사

관리단집회의 소집통지를 할 때에는 서면에 의하여 의결권을 행사하는데 필요한 자료를 첨부하여야 한다. 서면에 의한 의결권 행사는 규약 또는 관리단집회의 결의로 달리 정한 바가 없으면 <u>관리단집회의 결의</u> 전까지 할 수 있다(령 제14조).

서면은 집회의 소집권자에게 제출하면 될 것이다.

집회개최 전에 서면에 의한 의결권을 행사하였는데, 그 이후 구분소유자가 변경된 경우에는, 의결권 행사자는 관리단집회 개최시를 기준으로 하므로, 만일 관리단집회 개최 전에 구분소유자가 변경된 경우에는 전 소유자가 제출한 서면결의는 무효이고, 이 경우는 새로운 구분소유자가 의결권이 있다.[126]

다. 전자적 방법에 의한 의결권 행사

법 제38조제2항에서 "대통령령으로 정하는 방법"이란 다음 각 호의 방법을 말한다(령 제13조제1항).

1. 「전자서명법」 제2조제3호에 따른 공인전자서명 또는 같은 조 제8호에 따른 공인인증서를 통하여 본인 확인을 거쳐 의결권을 행사하는 방법

---

126 · 법무부, 전게서, 74.

2. 규약에서 「전자서명법」 제2조제1호에 따른 전자문서를 제출하는 방법 등 본인 확인절차를 완화한 방법으로 의결권을 행사할 수 있도록 제1호와 달리 정하고 있는 경우에는 그에 따른 방법

전자적 방법(이하 "전자투표"라 한다)으로 의결권을 행사할 수 있도록 하는 경우에는 관리단집회의 소집통지에 다음 각 호의 사항을 구체적으로 밝혀야 한다(령 제13조제2항).
 1. 전자투표를 할 인터넷 주소
 2. 전자투표를 할 기간
 3. 그 밖에 전자투표에 필요한 기술적인 사항

전자투표는 규약 또는 관리단집회의 결의로 달리 정한 바가 없으면 관리단집회일 전날까지 하여야 한다(령 제13조제3항).

관리단은 전자투표를 관리하는 기관을 지정하여 본인 확인 등 의결권 행사 절차의 운영을 위탁할 수 있다(령 제13조제4항).

라. 대리인에 의한 의결권 행사
대리인은 의결권을 행사하기 전에 의장에게 대리권을 증명하는 서면을 제출하여야 한다(령 제15조제1항).

대리인의 자격에 대해서는 아무런 제한이 없다. 다만 규약으로 대리인 자격을 제한할 수는 있을 것이다.

1명의 대리인이 수명의 구분소유자를 대리할 수도 있다. 대리인 1인이 수인의 구분소유자를 대리하는 경우에는 구분소유자의 과반수 또는 의결권의 과반수 이상을 대리할 수 없다(령 제15조제2항).

　백지위임장을 제출한 경우에 언제까지 수임자 부분을 보충하여야 하는지가 문제된다. 이에 대해 대법원은 "새마을금고법과 정관에 따라 새마을금고의 회원이 다른 회원을 대리인으로 하여 의결권 등을 행사함에 있어 미리 대리인을 지정하지 아니하고 위임장 소지인으로 하여금 대리권을 행사하게 할 의도로 위임장에 대리인의 성명을 기재하지 아니한 경우, 총회 개최시까지 위임장에 대리인의 성명이 보충되지 아니하였다고 하더라도 그 위임장을 소지한 자를 대리인으로 지정한 것으로 보아야 할 것이므로 그 위임장을 소지한 자가 총회에 출석한 이상 그 회원 역시 총회에 출석한 것으로 보아야 한다."고 판시하고 있다(대법원 1998. 10. 13. 선고 97다44102 판결).

　대리권을 증명하는 서면은 위조나 변조 여부를 쉽게 식별할 수 있는 원본이어야 하고, 특별한 사정이 없는 한 사본은 그 서면에 해당하지 아니하고, 팩스를 통하여 출력된 팩스본 위임장 역시 성질상 원본으로 볼 수 없다(대법원 2004. 4. 27. 선고 2003다29616 판결).

　관리인 선임을 위한 구분소유자의 의결권 행사는 대리인에 의하여 할 수 있는데(법 제38조제2항), 집합건물법은 대리인에 의한 의결권 행사의 방법 등에 아무런 제한을 두고 있지 않으므로, 이러한 의결권의 위임이나 대리권의 수여가 반드시 개별적·구체적으로 이루어져야만 하는 것은 아니며(대법원 2012.

11. 29. 선고 2011다79258 판결 참조), 묵시적으로 이루어지는 것도 가능하다(대법원 2015. 3. 26. 선고 2014다73602 판결[127] 참조). 관리단집회에서 네스앙스를 관리인으로 선임하는 결의에 관하여 수탁자인 한국토지신탁이 의결권 행사에 관한 권한을 네스앙스에 묵시적으로 위임하였다고 볼 여지가 충분히 있다(대법원 2015. 10. 15. 선고 2013다207255 판결).

5. 서면 또는 전자적 방법에 의한 결의

이 법 또는 규약에 따라 관리단집회에서 결의할 것으로 정한 사항(통상결의사항, 특별결의사항을 가리지 않는다)에 관하여 구분소유자의 5분의 4 이상 및 의결권의 5분의 4 이상이 ① 서면이나 ② 전자적 방법 또는 ③ 서면과 전자적 방법으로 합의하면 관리단집회에서 결의한 것으로 본다. 다만, 제15조제1항제2호(휴양 콘도미니엄의 공용부분 변경에 관한 사항인 경우)의 경우에는 구분소유자의 과반수 및 의결권의 과반수가 서면이나 전자적 방법 또는 서면과 전자적 방법으로 합의하면 관리단집회에서 결의한 것으로 본다(법 제41조제1항). 인감증명서가 첨부되지 않아도 무방하다.[128]

2012. 12. 28. 법 개정 전에는 '서면'만 규정하고 있었다. 따라서 판례도 "명문의 규정이 없는 이상 집합건물법 제41조제1항의

---

127 구분소유자나 수분양자가 임차인 등에게 사전적·포괄적으로 상가건물의 관리에 관한 의결권을 위임하거나 업종 제한 변경의 동의에 관한 대리권을 수여한 경우에는 위 임차인 등이 참여한 결의나 합의를 통한 업종 제한의 설정이나 변경도 가능하다고 할 것이다.
128 법무부, 전게서, 72.

'서면'에 전자문서가 포함된다고 해석할 수는 없고, 따라서 관리단집회에서 결의할 사항에 관하여 전자문서 또는 전자투표에 의한 합의가 있다고 하더라도, 이를 집합건물법 제41조제1항에 따른 적법한 서면합의로 볼 수 없다."고 판시한바 있으나(대법원 2012. 3. 29. 선고 2009다45320 판결), 이제는 법 개정으로 이 판례는 폐기되어야 한다.

이러한 서면결의는 집회가 개최되지 않는다는 점에서 집회가 개최되는 경우에 있어서 서면에 의한 의결권행사와는 다르다.

한편 총회를 개최하였으나, 의결정족수에 미달하여 부족분에 대해 서면동의를 받은 경우, 이는 무효이다. 즉, 총회개최 결과 정족수에 미달하면 그 총회는 부결된 것이며, 구분소유자의 추가서면동의서 징구로 집회가 유효할 수는 없는 것이다.[129]

서면결의는 관리단집회가 열리지 않고도 관리단집회의 결의가 있은 것과 동일하게 취급하고자 하는 것이어서 서면결의를 함에 있어서 관리단집회가 소집·개최될 필요가 없음은 당연하다(대법원 1995. 3. 10. 자 94마2377 결정).

서면결의로서 정기관리단 집회를 생략할 수는 없다.

---

129 법무부, 전게서, 73.

6. 대의제에 의한 의결권의 행사

구분소유자들은 미리 그들 중 1인을 대리인으로 정하여 관리단에 신고한 경우에는 그 대리인은 그 구분소유자들을 대리하여 관리단집회에 참석하거나 서면 또는 전자적 방법으로 의결권을 행사할 수 있다(법 제41조제2항).

법무부는 이 조항에 대해 "관리단집회의 결의를 간편하게 할 수 있도록 여러 명의 구분소유자중 1인을 대리인으로 선출하여 미리 관리단에 신고한 경우 그 대리인이 모인 집회로 하여금 관리단집회의 기능을 행하도록 한 것이다(대리인집회)"라고 설명하고 있다.

7. 점유자의 의견진술권

구분소유자의 승낙을 받아 전유부분을 점유하는 자는 집회의 목적사항에 관하여 이해관계가 있는 경우에는 집회에 출석하여 의견을 진술할 수 있다(법 제40조).

제1항의 경우 집회를 소집하는 자는 제34조에 따라 소집통지를 한 후 지체 없이 집회의 일시, 장소 및 목적사항을 건물 내의 적당한 장소에 게시하여야 한다(법 제40조제2항).

제4절 집회 의장, 의사록

1. 의장

관리단집회의 의장은 관리인 또는 집회를 소집한 구분소유자 중 연장자가 된다. 다만, 규약에 특별한 규정이 있거나 관리단집회에서 다른 결의를 한 경우에는 그러하지 아니하다(법 제39조제1항).

의장은 반드시 구분소유자가 아니라도 무방하다. 관리인이 구분소유자가 아니라도 무방하기 때문이다. 집회의 결의를 통하여 의장을 구분소유자가 아닌 자를 선출해도 무방하다고 본다.

2. 의사록

관리단집회의 의사에 관하여는 의사록을 작성하여야 한다(법 제39조제1항). 의사록에는 의사의 경과와 그 결과를 적고 <u>의장과 구분소유자 2인 이상이 서명·날인하여야 한다(동조제2항)</u>. 의사록에 관하여는 제30조(규약의 보관 및 열람)를 준용한다.

3. 규약(의사록)의 보관 및 열람

규약(의사록)은 관리인 또는 구분소유자나 그 대리인으로서 건물을 사용하고 있는 자 중 1인이 보관하여야 한다(법 제30조제1항, 제39조제4항).

제1항에 따라 규약을 보관할 구분소유자나 그 대리인은 규약에 다른 규정이 없으면 관리단집회의 결의로써 정한다(법 제30조제2항).

이해관계인은 제1항에 따라 규약을 보관하는 자에게 규약의 열람을 청구하거나 자기 비용으로 등본의 발급을 청구할 수 있다(법 제30조제3항).

규약, 의사록 또는 서면(전자적 방법으로 기록된 정보를 포함한다)을 보관하지 아니한 경우, 정당한 사유 없이 제2호에 규정된 서류(전자적 방법으로 기록된 정보를 포함한다)의 열람이나 등본의 발급청구를 거부한 경우, 의사록을 작성하지 아니하거나 의사록에 적어야 할 사항을 적지 아니하거나 거짓으로 적은 경우에는 그 행위를 한 관리인, 의장, 규약·의사록·서면을 보관할 사람에게는 100만원 이하의 과태료를 부과한다(법 제66조제2항).

제5절 결의의 효력 등

1. 특별승계인

규약 및 관리단집회의 결의는 구분소유자의 특별승계인에 대하여도 효력이 있다(법 제42조제1항). 특별승계인이라 함은 매매나 증여, 경매 등으로 소유권을 취득한 자를 말한다.

2. 점유자

점유자는 구분소유자가 건물이나 대지 또는 부속시설의 사용과 관련하여 규약 또는 관리단집회의 결의에 따라 부담하는 의무와 동일한 의무를 진다(법 제42조제2항).

3. 결의 취소의 소

구분소유자는 다음 각 호의 어느 하나에 해당하는 경우에는 집회 결의 사실을 안 날부터 6개월 이내에, 결의한 날부터 1년 이내에 결의취소의 소를 제기할 수 있다(법 제42조의2).
 1. 집회의 소집 절차나 결의 방법이 법령 또는 규약에 위반되거나 현저하게 불공정한 경우
 2. 결의 내용이 법령 또는 규약에 위배되는 경우

이 조문은 2012. 12. 18. 법 개정 시 신설된 조문이다. 다수의 권리관계를 조속히 안정시키기 위한 조문이다.

집합건물
경매·재건축·관리 實務

발행일 2016년 12월 10일
저 자 김은유, 임승택, 김태원
발행처 주식회사 파워에셋
출판등록 2014년 5월 2일(제2014-000010호)
주 소 충청남도 아산시 탕정면 탕정면로 124
책내용문의(저자) 02-592-6390 / lawmain@hanmail.net

이 책의 저작권은 저자와 출판사에 있습니다
서면에 의한 저자와 출판사의 허락없이 책의 전부 또는 일부 내용을 사용할 수 없습니다.

ISBN 979-11-952851-2-9-13320   **값 30,000원**

저자와의 협의에 의해 인지는 붙이지 않습니다
잘못 만들어진 책은 구입처나 본사에서 교환해 드립니다.